오대산의
인문학

오대산의 인문학

2019년 10월 10일 초판 1쇄 발행

감수	퇴우정념
글	권혁진 허남욱
펴낸이	원미경
펴낸곳	도서출판 산책
편집	김미나 정은미

등록	1993년 5월 1일 춘천80호
주소	강원도 춘천시 우두강둑길 23
전화	(033)254_8912
이메일	book4119@hanmail.net

ISBN 978-89-7864-078-7   정가 17,000원

오대산의 인문학

감수 퇴우정념

글   권혁진 허남욱

오대산은 불교에서 지혜를 상징하는 문수보살님을 모신 성스러운 산입니다. 신라 선덕여왕 때 자장율사는 중국 산서성 오대산에 문수보살이 출현한다는 말을 듣고, 울산에서 배를 타고 기나긴 구도 여정을 떠나게 됩니다. 그리고 중국 오대산에 도착해 북대에서 지극한 기도 끝에 문수보살을 친견합니다. 이때 문수보살이 신라의 동북방에도 중국 오대산과 기운이 통하는 오대산이 있으니 찾으라는 당부를 하시니, 이렇게 한국 오대산의 역사는 시작됩니다.

자장율사는 오대산 중대 적멸보궁에 이르러 문수보살에게 받은 부처님의 사리를 모시고, 이곳이 문수보살의 성산聖山이라는 점을 분명히 합니다. 오대산의 신앙대상인 문수는 지혜와 학문을 주관하는 보살입니다. 이런 점에서 오대산은 불교의 최고 성산인 동시에 우리나라 인문학의 고향이라 이를 만합니다. 그러므로『성종실록』권261에는 "오대산과 금강산에는 사찰이 대단히 많으며, 승려들이 얼마나 되는지 알 수 없다."는 말이 있는 것입니다.

사찰과 승려가 많았던 것처럼, 오대산에는 다양한 이야기와 인문학적 요소들이 가득합니다.『세종실록』「지리지」에서 말하는 한강의 시원지가 오대산에 있으며, 임진왜란 직후 사명당에 의해서『실록』과『의궤』등이 보관되는 사고가 만들어지는 곳도 바로 오대산입니다. 오대산 하면 으레 떠오르는 전나무 숲은 사고가 건립되면서 주변의 산림이 금원으로 지정되며 생긴 500년의 유산이랍니다.

　이외에도 고려말의 고승인 나옹스님과 조선의 마지막 국사였던 혼수스님이 주석한 곳이 이곳 오대산이며, 조선 초의 함허당과 설잠 김시습이 참배했던 도량도 오대산입니다. 또 근래에는 일제강점기를 전후해서 총 4차례나 종정을 역임하신 한암스님과 화엄 사상을 필두로 동양학 전체에 능통했던 탄허스님께서 주석하신 사찰도 이곳이었습니다.

　물론 세조가 상원사에서 문수보살을 친견하고 당시로써는 불치병인 창병을 치료한 일화 등은 더 말할 필요가 없을 것입니다. 이런 다양한 요소들로 인해, 조선 후기까지도 오대산은 불교를 떠나 많은 유학자가 참배하는 명산으로 자리매김을 하게 됩니다. 이 과정에서 이들이 남긴 기행문이 바로 다양한「유산기遊山記」입니다.

　『오대산의 인문학』은 이런「유산기」를 중심으로 오대산과 관련된 다양한 내용을 흥미롭게 정리한 책입니다. 권혁진 박사는 이 분야에 독보적인 역량을 지니신 분으로 오대산의 인문적인 가치를 밝히는데 수고로움을 마다하지 않으셨습니다. 이 덕분에 많은 곳에 흩어져 있던 자료들이 하나로 꿰어져 보물과 같은 책이 만들어졌으니, 매우 감사하고 기쁜 일이 아닐 수 없습니다.

　모쪼록 많은 분이 보셔서, 옛사람의 낭만과 더불어 오대산의 청량한 바람이 깃들 수 있기를 기원해 봅니다.

월정사 심검당에서 청신한 전나무를 바라보며
제4교구 교구장 퇴우정념 筆

7세기에 자장율사는 중국 오대산을 직접 보고, 귀국 후에 비슷한 산을 골랐다. 7년 후 어렵사리 찾아낸 산이 강원도 오대산이었다. 문수보살이 오대산에 머물고 각 봉우리마다 일만 보살씩 총 오만보살의 진신이 나타난다고 여겼다. 오대산 신앙은 『화엄경』의 청량산에서 유래한다. 불경에 등장하는 산을 중국인들은 실제 산으로 재해석했고, 우리나라도 영향을 받은 것이다. 자장율사가 중국에서 가져온 불사리는 오대산 적멸보궁에 모셔졌고, 월정사와 상원사를 비롯하여 다섯 봉우리마다 모두 절이 들어서면서 한국 불교의 성지가 되었다.

오대산이 성지로 전국에 알려지면서 발길이 이어졌다. 매월당 김시습은 오대산 여기저기에 시를 남겼다. 중대에 올라 바람을 쐬고 구름을 보자 노래가 절로 나왔다.

거문고에 바람 부니 부처님 말씀인 듯,
항아리에 구름 걸리니 신선 내려온 듯.
풍경소리 아득히 솔바람 소리와 섞이니,
여래가 오묘한 불법 말씀하시는 듯.

오대산과 관련된 옛 문헌을 읽다보니 유학자들은 오대산을 수백 편이 넘는 시로 노래하거나, 유람한 내용을 산문으로 남겨 유산기 문화를 꽃피웠다. 화가들은 질세라 화폭에 담았다. 김홍도는 월정사와 상원사, 중대와 오대산사고를 붓으로 재현하였다. 민간신앙에서는 전나무 길에 성황신을 모시는 성황당을 세웠다.

김창흡은 1718년에 이곳을 둘러보고 남긴 「오대산기」에서 오대산의 명성이 금강산에 버금가는 것은 당연하다면서, 어느 쪽이 으뜸이 될지 알지 못하겠다고 평가한다. 그 이유는 네 가지 미덕 때문이었다. 가볍거나 뾰족한 모습이 없고 중후하여 덕이 있는 군자와 비슷한 점, 초목이 우거져 속세 사람이 찾아오기 어려운 점, 암자가 깊은 숲속에 자리 잡고 있어 곳곳에서 여름 장마 때 외출하지 않고 한 방에 모여 수도할 수 있는 점, 다른 산과 달리 물맛이 아주 좋은 점이 그것이다.

여기에 미덕을 하나 더 추가해도 되지 않을까. 오대산은 문수신앙의 본산이고, 문수보살은 지혜를 상징한다. 오대산의 지혜로움은 불교문화만 고집하지 않고 포용하여 융합하였다. 유학자들과 민간신앙도 받아들여 다양한 문화를 꽃피웠다. 불교만 고집했으면 오늘의 오대산 문화가 없었을 것이다. 자기주장만 하는 혼란스런 시국에 대한 해법을 오대산은 이미 오래전부터 보여주었다.

몇 년 동안 유산기와 한시를 들고 오대산 이곳저곳을 다닌 결과물을 내놓게 되었다. 오대산의 진면목을 알기 위해 겨우 첫걸음을 내딛었고, 월정사 퇴우 정념 스님의 도움으로 책을 발간하게 되었다. 감사에 보답하는 방법은 오대산을 더 깊이 연구하는 것이다.

차 례
contents

오대산의 문화경관

1

오대산
인문기행

오대산
인문기행

성오평에서 오대산을 바라보다

한양과 강원도를 이어주는 관동대로는 백두대간을 넘은 후 동해를 따라 내려가다가 울진군 평해읍에 이르러서야 긴 여정을 마친다. 조선시대 강원도를 찾는 이들은 관동대로 위에서 여행기를 남기고, 나그네의 고단함을 한시로 노래했다. 평창군 진부조선시대에는 강릉에 속했다를 지날 때 오대산 유람은 필수 코스였다. 금강연을 구경하고 월정사에서 하룻밤 묵었으며, 상원사를 거쳐 적멸보궁까지 갔다 온 것을 기록으로 남겨 자랑하였다. 사정이 있어 길을 재촉해야만 하는 이들은 월정사삼거리에서 구름에 싸인 오대산을 바라보며 아쉬움을 달래야 했다.

1553년에 홍인우洪仁祐, 1515~1554는 관동대로를 걷고 있었다. 사정이 있어 오대산에 들지 못한 한을 「관동록關東錄」에 적었다.

> 서쪽으로 26~7리를 가서 독산원(禿山院)을 지나 성야(省野)에 이르렀다. 오대산을 바라보면서 십년 전의 내 행적을 찾아보고 싶었으나, 비로 인해 길이 막힐까 두려워 그냥 지나 오대천을 건넜다.
>
> 여기서 성야(省野)는 월정사삼거리가 있는 간평리다.
>
> 1691년에 이세구(李世龜, 1646~1700)도 오대산을 유람하지 못한 아쉬움을 「동유록(東遊錄)」에 남겼다.
>
> 5리를 가니 평평한 뜰이다. 뜰 북쪽 길로 오대산 월정사에 이를 수 있다. 겨우 20리지만 사람이 피곤하고 말도 매우 피곤하니 힘차게 쏜 화살도 마지막에 힘이 떨어지는 것과 같다. 형세가 들어갈 수 없어 머리를 들어 슬퍼할 뿐이다.

한 사람 더 살펴보자. 송환기宋煥箕, 1728~1807는 1781년에 오대산을 지나면서도 일에 구애되어 월정사에 들어가 금강연을 보고, 산 정상에 올라 사방을 굽어보며 여러 승경지를 구경하지 못한 것이 매우 아쉬웠다. 등불 아래서 오대산의 장엄함을 칭찬한 채지홍蔡之洪, 1683~1741의 「해산록海山錄」을 보면서 위안을 삼았다. 「동유일기東遊日記」에 자세하다.

관동대로를 걷다가 오대산을 바라보던 곳, 홍인우는 '성야省野'라고 했는데 약간씩 달리 표기한 기록이 보인다. 신익성申翊聖, 1588~1644은 「유금강소기遊金剛小記」에서 "오대산 앞에 있는 들판을 성평

간평리에서 바라본 오대산

省坪이라 부른다."고 기록했고, 김창흡金昌翕, 1653~1722은 「오대산기 五臺山記」에서 "여기서부터 진부로 이어진 큰 길을 벗어나 북쪽 월 정사로 향했다. 이곳은 성오평省烏坪인데 벌판의 빛깔이 푸르다."라 고 했다. 강재항姜再恒, 1689~1756의 「오대산기」에서도 비슷한 표현 을 볼 수 있다. "성조평省烏坪에 이르니 들판 빛이 푸르다. 서남쪽에 네댓 봉우리가 자욱한 구름 사이로 솟았는데, 수려한 자태를 손으 로 잡을 듯하다." 성조평은 성오평의 오기인 것 같다. 오대산이 보 이는 월정사삼거리가 있는 간평리를 '성야省野', '성평省坪', '성오평 省烏坪' 등으로 불렀음을 알 수 있다.

가장 오래된 기록은 『삼국유사』의 보천태자와 관련된 글이다.

> 신라 신문왕의 아들 보천태자는 아우 효명과 저마다 일천 명을 거느리
> 고 성오평(省烏坪)에 이르러 여러 날 놀다가 태화(太和) 원년(477년)에
> 형제가 함께 오대산으로 들어갔다.

관동대로가 지나는 월정사삼거리. 이곳은 신라 태자가 노닐던 곳이고, 오대산을 유람할 수 없던 이들이 아쉬워하면서 망연히 오 대산을 바라보던 곳이다. 반대로 오대산으로 향하던 사람들은 이 곳부터 흥에 겨워 발걸음이 가벼워졌다. 오대산 유람이 시작되는 곳이다.

만과봉에서 과거시험을 보다

오대산으로 향하기 전에 잠시 들릴 곳이 있다. 신익성申翊聖, 1588~1644의 「유금강소기」가 가야 할 곳을 알려준다.

> 오대산 앞에 있는 들판을 성평(省坪)이라 부르는데 어림대(御林臺)가
> 있다. 어림대는 조그만 언덕인데 민간에 전해지길 세조가 오대산에 행차
> 했을 때 이곳에서 머무르며 문사와 무사를 뽑았는데, 무사를 뽑을 때 활
> 과 말로 시험을 치르지 않고 소를 타고 가파른 고개 아래로 달려가게 하
> 여 떨어지지 않은 사람을 합격시켰다고 한다. 그래서 강릉에는 '소를 타
> 는 걸로 급제했다[騎牛及第]'라는 이야기가 있다.

강재항姜再恒, 1689~1756의 발길도 같은 곳을 향하였다. 「오대산기」
에 같은 듯 다르게 기록하였다. "성조평省鳥坪에 이르니 들판 빛이 푸
르다. 서남쪽에 네댓 봉우리가 자욱한 구름 사이로 솟았는데, 수려
한 자태가 손에 잡힐 듯하다. 만과봉萬科峰에 도착하였다. 세조가 일
찍이 동쪽을 유람할 때 이곳에서 과거시험을 보았다고 한다." 어림
대御林臺가 만과봉萬科峰으로 바뀌었지만 동일한 장소다. 임금이 행
차했기 때문에 어림대이고, 만 명이 과거시험을 봐서 만과봉이다.

만과봉이 들려주는 세조와 관련된 전설은 이렇다. 세조가 왕위
에 오른 뒤 어느 날 꿈속에서 단종의 어머니가 나타나 세조의 얼굴
에 침을 뱉었고, 그 후로 세조는 심하게 종기를 앓게 되었다. 종기
가 낫지 않자 오대산 상원사에서 기도를 하며 요양을 하게 되는데,
하루는 상원사 앞 맑은 물에서 목욕을 하다가 어린 동자가 등을 민
후 종기가 씻은 듯이 낫게 되었다. 병을 고치게 되자 월정사삼거리
뒤에 있던 조그마한 봉우리 위에 자리를 잡고 과거시험을 보았다.

이때 시험을 보러 오는 사람들에게 흙 한 줌과 돌을 하나씩 가져 오게 하여 쌓은 것이 동산이 되었고, 시험에 참가한 유생들이 모두 만 명에 이를 정도로 많았다고 한다.

전설은 촌노들의 입에서 입으로 전해져오기만 한 것이 아니다. 『신증동국여지승람』은 "세조대왕께서 12년에 관동에 행차하다가 오대산 동구에 수레를 머물게 하고, 과거를 베풀어 진지陳祉 등 18 명을 뽑았다."고 기록한다. 『연려실기술』은 "12년에 강릉 오대산에

만과봉

행차하였는데 어림대御林臺에서 행차를 멈추고 무사를 시험하여 급제를 주었다.”고 적고 있다. 또 “12년 병술 봄에 임금이 오대산에 행차하여 시험을 보여 18명을 뽑았다.”는 기록도 보인다.

『조선왕조실록』은 세조 12년(1466) 윤3월 17일에 상원사에 행차했다가 행궁으로 돌아와서 신숙주, 한계희, 노사신에게 명하여 문과시장文科試場에 나아가서 참시參試하게 하였다. 다음날 문과에 진지陳趾 등 18인을 뽑고, 무과에 이길선李吉善 등 37인을 뽑았다고 기록하였다.

성해응成海應, 1760~1839은 조선시대 유행어를 알려준다. 당시에 촌사람처럼 어리숙한 관리를 ‘기우관騎牛官’이라 불렀던 것 같다. 아마도 부정하게 관직에 오른 실력 없는 관리를 지칭했던 것 같다. 처음에는 유래를 알지 못했는데 신익성의 「유금강소기」를 읽고서야 정확한 뜻을 알게 되었고, ‘기우관騎牛官’이 아니라 ‘기우과騎牛科’가 맞는 표현인데 음이 비슷하여 기우관이 되었다고 해설한다.

만과봉은 관동대로에서 조금 떨어진 밭 가운데 있다. 소나무 울창한 만과봉은 섬처럼 보인다.

독산원에서 하화중생을 생각하다

원院이란 공적 임무를 띠고 파견되는 관리나 상인, 기타 여행자들에게 숙식을 제공하기 위해 중요한 길에 설치한 건물이다. 원은 고려시대에 사원에 부속되어 있는 경우가 많아 서로 동일시되기도 했으며, 관리를 승려들이 맡기도 했다. 『신증동국여지승람』은 강릉대도호부에 속한 '독산원禿山院'이 부 서쪽 90리에 있다고 알려준다. 김시습의 「독산원기禿山院記」는 독산원의 설립 배경과 성격을 명확하게 알려준다. 나아가 이상적 수행자상인 '상구보리하화중생上求菩提下化衆生'의 의미를 되새기게 한다. 위로는 불교의 지혜인 보리를 추구하고, 아래로는 고통 받는 다양한 중생을 교화하는 것을 수행의 목적으로 삼는다는 '상구보리하화중생'은 자리自利와 이타利他의 다른 이름이다. 특히 '하화중생'은 자신의 깨달음만을 추구하는 것이 아니라 중생을 교화하는 일을 함께 목적으로 삼기 때문에 대승불교에서 특히 중요시한다. 자기의 이익만 생각하는 세태에서 「독산원기」는 이타利他를 한번쯤 생각하게 한다.

> 관동은 모두가 산이요 동해에 임하여 지세가 험한 까닭에 도로도 힘들고 고생스럽다. 독산원(禿山院)은 오대산 남쪽 성오평(省塢坪)의 경계에 있다. 서쪽으로 진부를 누르는데 쑥과 명아주가 하늘에 닿고, 동쪽으로 대관령과 접하는데 소나무 전나무가 해를 가린다. 추운 때에 얼음과 눈이 두텁게 깔리고, 여름비에 진흙과 모래가 짙고 미끄러워 길가는 사람들이 이를 괴로워했다. 오대산에 사는 스님 도안(道安)이 측은한 생각이 들어 보관하던 남는 물건을 모조리 내어다가 방의 기둥 앞 뒤 구역과 마구간을 합해 열 네 칸과 상·온돌·대자리를 빠짐없이 갖추니 고을 사람들 모두 그의 착함을 칭찬하였다. 계묘년(1483년)에 착공하여 갑진년(1484년)에 끝냈는데, 이듬해(1485년) 봄 췌세옹(贅世翁; 김시습의 호)이 원을 지나다가 아름답게 여겨 이 기문을 짓는다.

홍인우洪仁祐의 『치재유고恥齋遺稿』에 실린 「일록초日錄鈔」는 1538년(중종 33)인 24세부터 1554년(명종 9) 졸하기 전까지의 일록日錄을 뽑은 것이다. 유생으로 지낼 때부터 이후 서경덕과 이황을 만나 수학한 시기, 금강산을 유람한 시기, 부친상을 당해 거상하는 시기 등 교유 내용과 심경 등을 자세히 알 수 있는 기록이다. 1545년 4월 26일에 월정사에 들린 일도 기록으로 남아 있다. 금강연을 구경하고 절 서쪽에 있는 요사채로 들어가니 벽 위에 김시습의 독산원기가 있는데 필적이 매우 기이하고 예스러워서[奇古] 감탄하였다. 독산원에 걸리지 않고 월정사에 걸린 것은 도안道安 스님이 김시습에게 작품을 받아 월정사에 보관했을 것이다. 홍인우는 8년 뒤인 1553년 5월 12일에 대관령을 거쳐 횡계를 지나 서쪽으로 26~7리를 가서 독산원을 지나 성야省野에 이르렀다. 오대산을 바라보면서 십년 전 자신의 행적을 찾아보고 싶었으나, 비로 인해 길이 막힐까 두려워 그냥 지나갔다. 「관동록」에 자세하다.

큰 만과봉

오대산의
인문학

1484년에 세워진 독산원은 1553년 이후 기록에 등장하지 않는다. 홍인우가 지나간 이후에 퇴락하였을 것이다. 이후 나그네들은 해가 지기 전에 진부역으로 혹은 횡계역으로 발걸음을 재촉해야만 했다.

독산원은 어디에 있었을까. 횡계에서 오다가 독산원을 지나 성야省野; 성오평에 이르렀다고 하니 지금의 유천리에 있었을 것이다. 유천리에는 장거리가 있어 예전부터 붐볐다고 한다. 독산원禿山院에서 '독산禿山'을 눈여겨볼 필요가 있다. 독산은 '민둥산'이다. 대머리처럼 생긴 산이 주변에 있어서 독산원이라 했을 것이다. 만과봉에서 북쪽을 바라보면 국도 건너편으로 야트막하며 둥근 봉우리가 보인다. 소나무가 무성하지만 나무가 없다면 영락없이 민둥산이다. 마을 사람들은 '큰만과봉'이라 부른다.

전나무숲 속 오대동문

오대산을 대표하는 나무는 전나무다. 오대산으로 향하는 길 양쪽에서 전나무가 반긴다. 숙종 44년인 1718년 윤8월 7일에 김창흡金昌翕은 오대산으로 향하고 있었다.

> 들판이 끝나고 골짝 어귀로 들어섰다. 오래된 전나무 수천 그루가 길 양쪽에 늘어섰는데 모두 한 아름은 되었다. 붉게 물든 단풍나무가 전나무 사이에 뒤섞여 있다.

전나무가 인상적이었기 때문에 「오대산기五臺山記」에 특별히 적어놓았다. 300여 년 전에도 아름드리 전나무가 빽빽하였다. 1727년 9월에 찾은 강재항姜再恒의 눈에도 전나무가 들어왔다. "시내를 따라 북쪽으로 올라가 골짝 입구로 들어섰다. 오래된 전나무 수백 그루가 의젓하게 줄지어 서 있고, 길을 끼고 좌우로 단풍잎이 한창 물들었다. 청색과 홍색이 어우러졌는데, 자못 인간 세상이 아닌 듯하다." 이 정도면 전나무가 오대산의 대표 나무가 되기에 충분하다.

주문을 통과하면 장엄한 전나무 숲이 펼쳐진다. 선인들이 봤었을 장관이 이랬을 것이다. 밑동만 남은 고사목은 몇 사람이 안아야 할 정도다. 1651년 금강산에서 돌아오는 길에 오대산에 들른 이경석李景奭, 1595~1671은 울울창창한 전나무를 보고 「늙은 전나무가 높이 솟다」란 시를 짓는다.

울창한 나무 태고의 자태 품은 듯　鬱鬱猶含太古姿
서리 맞은 가지와 잎 구름 두른 듯　抱霜枝葉帶雲垂
늙은 나무와 수작할 수 있다면　若令老木能酬酢
복희씨 이전의 일을 묻고 싶네　欲問羲皇以上時

마치 중국 고대의 전설상의 왕인 복희씨 때 나무인 듯 수령을 헤아리기 어렵고, 하늘로 솟은 모습은 신령스럽게 태고의 모습을 보여준다. 그때의 나무인 듯 숲을 가득 채운 전나무를 바라보며 망연자실하다 보니 길옆 성황각이 더욱 조그맣게 보인다.

성황각 옆 작은 바위를 눈여겨봐야 한다. 오대동문五臺洞門이란 글씨가 새겨져 있다. 오대산 입구라는 뜻이다. 예전에 일주문 역할을 했던 곳이다. 오대동문은 속계와 불국토인 오대산을 구분하는 경계점이다. 전나무숲길 입구부터 속세의 찌든 때를 조금씩 벗기 시작하다가 여기서부터는 모두 벗어버려야 한다. 그렇기 때문에 월정사를 방문할 때는·반드시 숲길을 걸어서 가야 한다.

오대의 산수 티끌 하나도 없어서　五臺山水一無埃
오대에 들었다가 오대를 나가면　入五臺人出五臺
입구 가까운 땅 안타깝게 여기게 되고　却恨洞門咫尺地
화연(化緣)은 멀어지고 속연(俗緣)이 오네　化緣已遠俗緣來

　오대동문 글씨 옆을 보니 가늘게 새긴 글씨가 단아하다. 탈속의
공간, 속세의 들끓는 욕망이 사라진 청정한 경계인 오대산에서 교
화의 인연[化緣]으로 있다가 환속하여 속세의 인연[俗緣]을 다시 맺게
되면, 또는 이곳을 유람한 후 다시 현실세계로 나가게 되면. 다시
청정한 공간인 이곳을 그리워하며 찾을 것이라고 경계한다.

오대동문 글씨가 새겨진 바위

오대동문五臺洞門 옆 돌탑 사이로 조규중曺圭重 등 몇몇 사람의 이름이 보인다. 오대산을 찾은 속세의 사람들이다.

전나무숲길을 따라 월정사로 향하다가 잠시 쉬어가던 곳이 사미대沙彌臺다. 사미대는 사미승과 떨어질 수 없다. 출가하여 십계를 받은 어린 남자 승려를 사미승이라고 한다. 사미승이 앉아 있곤 해서 이름을 얻었을 것이다. 수행을 하던 사미승은 가끔 고향이 그리우면 이곳에 앉아서 고향을 생각하였을 것이다. 그래서인지 사미대는 절

사미대

오대산의 인문학

과 멀리 떨어져 있지 않다. 김창흡의 글에 의하면 그는 사미대에서 흐르는 시내를 보면서 시를 읊조렸고, 다시 3~4리를 가서 금강연에 도착하였다고 한다. 숲길에서 벗어나 계곡으로 향하니 너럭바위가 깊은 못을 만들고, 나무는 바위에 그늘을 만들어 쉬어가기 적당하다. 사미승이 앉아있었던 자리에 김창흡뿐만 아니라 오대산을 찾은 강재항姜再恒, 1689~1756과 송광연宋光淵, 1638~1695도 이곳에서 땀을 식히며 유산기에 기록해 놓았다. 송광연의 「오대산기」다.

> 아침 먹을 때 진부역에서 월정사로 들어가니 거의 30여 리다. 골짜기 입구에 사미대와 금강연이 있는데, 둘 다 경치가 빼어나다.

오대산 최고의 승경 금강연

전나무숲길에서 유유자적 거닐던 유람객들은 아무 생각 없이 월정사 경내로 향한다. 금강교 아래 계곡물을 힐끔 쳐다보고 사천왕문을 향해 야트막한 언덕을 오른다. 예전 유람객들은 언제나 월정사 경내로 들어가기 전에 금강연金剛淵에 들렀다. 첫걸음 하는 나그네도 익히 금강연의 명성을 들었는지라 한동안 앉아 있다가 월정사로 향하곤 했다.

고려 말에 정추鄭樞, 1333~1382는 "금강연 푸르게 일렁거리며, 갓 위에 묵은 먼지 씻어내네"라 읊조렸고, 『신증동국여지승람』은 이렇게 설명한다. "네 면이 모두 너럭바위고 폭포는 높이가 열 자다. 물이 휘돌아 모여서 못이 되는데, 용이 숨어 있다는 말이 전해온다. 봄이면 열목어가 천 마리, 백 마리씩 무리 지어서 물을 거슬러

금강연

올라오다가, 이 못에 와서 이리저리 돌아다니며 자맥질한다. 힘을
내어 폭포로 뛰어오르는데, 혹 오르는 것도 있으나 어떤 것은 반쯤
오르다가 도로 떨어지기도 한다." 바위에 앉아 금강연을 바라보노
라면 이전의 내가 아니다. 속세의 찌든 욕망은 금강연의 물로 정화
된다. 폭포의 우렁찬 소리는 욕심과 노여움과 어리석음에서 벗어
나라고 죽비처럼 내려친다.

　　김세필金世弼, 1473~1533도 정추와 같은 경험을 『십청집十淸集』에
수록된 「금강연」에 묘사하였다.

　　월정사(月精寺) 옆 금강연(金剛淵)　金剛淵傍月精寺
　　화난 용 울부짖듯 한낮에도 우레 치네　白日驚雷吼怒龍
　　날리는 물방울 앉아있는 나그네 적셔　不惜飛流侵客坐
　　늙은 얼굴서 오랜 세속 티끌 씻어내네　十年塵土洗衰容

　　후에 김창흡도 전나무숲길을 통과하여 금강연에 도착하였다. 금
강연은 폭이 백 칸쯤 되어 보인다. 좌우로 늘어선 바위는 편안히
앉기에 적당하였다. 연못 속에는 물고기가 줄지어 헤엄치는데, 봄
철에는 열목어가 다투어 뛰어오르는 것이 용문龍門을 오르는 듯하
여 참으로 기이한 볼거리였다. 김창흡이 방문한 시기는 1718년 윤
8월이었다. 깊은 오대산엔 벌써 가을 기운이 역력했다.

　　금강연 넓이는 백 걸음　金潭廣百武
　　초입새에 모습 드러내네　開面十地初
　　봄엔 철쭉꽃 붉으며　春時躑躅紅
　　열목어 뛰어 오르니　或躍餘頂魚

폭포 오르면 용문이요　登級卽龍門
떨어져도 자유로이 노니네　落鱗遊自如
쓸쓸히 나중에 와보니　蕭條來後時
단풍 그림자 못에 떨어지네　楓影落潭虛

금강연은 언제나 절경이다. 봄엔 연못 양쪽 언덕은 철쭉으로 붉게 물든다. 온통 붉은 가운데로 하얗게 부서지는 폭포는 오대산의 자랑거리고, 폭포를 거슬러 올라가는 열목어는 화룡점정이다. 가을날 봄날의 절경을 생각하고 와서 보니 맥이 풀린다. 망연히 금강연을 바라보니 단풍잎이 그림자를 떨군다. 붉은 철쭉 대신 붉은 단풍이지만 또 하나의 승경으로 다가왔다.

수많은 문인들이 묘사의 대열에 참여한다. 송광연은 오대산에서 금강연이 단연 절경이라며, 너럭바위는 갈아놓은 듯이 매끈하고 은빛 폭포는 빗겨 흐른다고 묘사했다. 말에서 내려 산보하니 속세의 잡념이 말끔히 사라진다고도 했다. 강재항은 연못 아래에 신룡神龍이 숨어 있다고 하지만, 물이 맑고 얕은데 어찌 신룡을 볼 수 있겠냐고 반문한다. 허목은 금강연이 한강의 근원지라고 보았다.

정기안鄭基安, 1695~1767의 「유풍악록遊楓岳錄」도 빼놓을 수 없다.

연못은 흐르면서 폭포가 되는데 바위에 드리워졌다. 바위엔 계단이 있는데 물고기 계단[魚級]이라 한다. 스님이 말하길 "열목어가 무리를 지어 뛰어오르는 것이 용문龍門에 오르는 것과 같습니다. 한번 올라간 후에 다시 하류로 돌아오지 않는데, 여기서부터 상류는 바위 위로 흐르는 여울이 모두 얕아서 말라 죽는 것이 많습니다. 하지만 뛰어올라간 것은 즐기는 바가 있는 것 같고, 오르지 못한 것은 부끄러워하는 바가 있는 것 같습니다. 뛰어오르는 것은 누차 뛰어서 반드시 올라간 뒤에 그칩니다. 아! 몸을 잊고 영화에 도박을 하여 나가는 것만 알고 물러나는 것을 알지 못하는 것은 이 물고기일 것입니다." 스님의 말이 비록 풍자를 내포하지 않은 것이라도 또한 분명한 경계가 될 수 있다. 계곡을 따라 내려가니 둑이 연못에 임해있다. 물과 바위가 맑고 아름다우며 소나무와 전나무가 그늘을 드리운다. 시를 읊조리다가 시간이 지나서 되돌아왔다.

중국 황하 상류에 물결이 매우 빠른 폭포인 용문龍門이 있어 강과 바다의 큰 고기들이 용문 아래로 수없이 모여들지만 오르지 못하고, 만일 오르면 용이 된다는 전설이 있다. 전설은 입신출세나 벼슬길에 오르는 관문을 통과하는 상징이 되었다. 반대로 용문을 솟아오르려다가 떨어질 때 바위에 이마를 부딪쳐 큰 상처를 입고 하류로 떠내려가는 것을 점액點額이라 하여 과거시험에 낙방한 것을 빗대었다. 스님은 금강연에서 폭포를 거슬러 오르려는 열목어를 보고 중국의 고사 등용문登龍門을 떠올렸다. 대부분은 시련이나 역경을 피해가지 않고 정면으로 부딪치는 강인함으로, 생명력으로 바라볼 것이다. 물고기들도 우리네 보통사람들과 같은 생각이었던 것 같다. 뛰어올라간 것을 즐기고, 오르지 못한 것은 부끄러워하여 누차 뛰어서 반드시 올라간 뒤에야 그쳤다. 나가는 것만 알고 물러나는 것을 알지 못하는 물고기를 보고 저자는 깨달음을 얻는다. '지족불욕知足不辱 지지불태知止不殆' 만족할 줄 알면 치욕당하지 않고 멈출 줄 알면 위태롭지 않는다는 평범한 말은, 만족과 멈춤을 모르는 욕망에 싸인 보통사람들에게는 나약한 자의 위안일 수 있다. 그러나 위태로움과 욕됨을 당하는 원인을 탐색해보면 언제나 그랬듯이 만족할 줄 모르는 욕망과 그칠 줄 모르는 욕심 때문인 것으로 드러난다.

선인들은 시문에만 그날의 흥취를 남겼을 뿐만 아니라 바위에도 남겨서 금강연을 명소로 만들었다. 정기안은 기문을 남겼을 뿐만 아니라 이곳이 금강연이라는 것을 증명해준다. "월정사에 이르니 절 아래에 큰 시내가 있다. 시냇가 층진 너럭바위 위에 '금강연金剛淵'을 새겼다."란 글을 남겼다. 그가 이곳을 찾았을 때는 강원도 도사로 재직 중이던 1742년이었고, 9月부터 10月까지 오대산, 천후산, 금강산 등지를 유람한 적이 있었다. 금강연 옆 바위에 아직도 그가 새긴 글씨가 선명하다.

금강연 주변 바위 여기저기에 이곳을 찾은 것을 기념하기 위해 자신의 이름을 새겨놓았다. 평평한 곳이면 위치와 크기를 상관하지 않았다. 몇십 명의 이름을 쉽게 찾을 수 있다.

조정구趙鼎九, 1862~1926의 이름이 보인다. 판서 봉하鳳夏의 손자로, 동석東奭의 아들이며, 홍선대원군興宣大院君의 둘째 사위이다. 1880년 (고종 17) 증광문과에 병과로 급제하여, 부승지 · 부제학 · 대사성 · 이조참의 · 규장각직제학 · 예조참판 등을 거쳤다. 한일합방 때 전의정부찬정이라는 명의로 일본정부가 주는 은사금 및 남작의 칭호를 거절하고 합방조서와 고유문을 찢었다. 합방에 항의하여 두 차례나 자결을 시도하였으나 가족들이 구원하여 실패에 그쳤다.

조경구趙經九가 나란히 있다. 1897년 목릉참봉穆陵參奉으로 임관하여 1900년에 중추원의관이 되었다. 1905년 한성재판소수반판사

漢城裁判所首班判事에 임명되었고, 1906년 비서감승祕書監丞에 임명되었다. 같은 해 윤치호尹致昊·남정철南廷哲·김학진金鶴鎭 등과 함께 민족의식 고취와 2세 교육을 목표로 책을 출판하는 광학서포廣學書鋪 설립에 참여하였다.

이헌위李憲瑋, 1791~?는 1832년 강원도관찰사에 임명되었고, 1834년에는 동지돈녕부사, 1836년에 부제학을 거쳐 이조참판을 역임한 뒤 형조판서로 승진하였다. 1840년에 형조판서·병조판서·사헌부대사헌을 역임한 뒤 이듬해 다시 한성부판윤이 되었다. 강원도관찰사였을 때 이곳을 들렀을 것이다.

김수현金壽鉉, 1825~?은 건너편 바위에 새겨져 있다. 1866년 개성부유수로 재직 중 치적이 뛰어나 임기가 연장되고 가자되었다. 1872년에는 동지정사로 청나라에 다녀와 혼란한 대내외 사정을 알렸다. 그 뒤 지의금부사 등을 지내다가 1882년 임오군란 직전 형조판서에 임명되었으나, 군란이 수습된 그해 10월에야 정식으로 취임하였다. 또, 군란이 일어나자 흥선대원군이 종척집사로 임명하였지만 이에 응하지 않았다. 후에 예조판서·공조판서·이조판서와 의정부의 좌우참찬 등의 요직을 거쳤으며, 1894년 갑오경장 당시 제1차 김홍집 내각에서 의정부좌찬성으로 활약하였다

예천군수와 강릉군수를 역임한 김병황金炳驤은 아들 명규命圭, 도규道圭와 함께 왔다는 것을 보여준다. 이밖에 이재구李載龜, 황희민黃羲民, 유형철柳亨喆, 류간철柳衎喆, 박행권朴行權, 최동식崔東植, 이석춘李錫春, 최인담崔仁潭, 원만훈元万薰, 최산집崔山集, 이시서李詩書, 정명주鄭明周 등이 여기저기에서 오대산 유람의 역사를 알려준다.

불법이 길이 번창할 곳, 월정사

　나라 안의 명산 중에서도 가장 좋은 곳, 불법이 길이 번창할 곳, 그곳에 세워진 월정사의 역사는 신라 선덕여왕 12년(643) 자장율사부터 시작된다. 자장율사는 중국 오대산에서 문수보살을 친견하게 되는데, 이때 문수보살이 부처님의 사리와 가사를 전해주며 신라에서 오대산을 찾으라는 가르침을 준다. 귀국한 자장율사는 강원도 오대산에 도착하여 중대에 진신사리를 묻고 문수보살을 친견하고자 지금의 월정사터에 움막을 짓고 기도를 하였다. "월정사는 처음에 자장법사가 모옥을 지었으며, 그 다음에는 신효거사信孝居士가 와서 살았다. 그 다음에는 범일梵日의 제자인 신의두타信義頭陀가

김홍도가 그린 월정사

와서 암자를 세우고 살았으며, 뒤에 수다사水多寺 장로長老 유연有緣
이 와서 살면서 점점 큰 절이 되었다."『삼국유사』의 기록이다.

고려 태조 왕건은 월정사에 매년 봄·가을로 백미 200석과 소금
50석을 공양하고, 이러한 원칙이 계승되도록 하였다. 충렬왕 33년
(1377)에 화재로 모두 타버리자 이일 스님이 중창했고, 조선 순조
33년(1833)에 또 다시 큰 화재를 입었다. 헌종 10년(1844)에 영담,
정암 스님 등이 중건하여 대찰의 모습을 회복했다. 1950년 한국전
쟁을 맞아 칠불보전을 비롯한 21동의 건물과 성보문화재가 다시
잿더미가 되었다. 현대 월정사 중창주는 만화당 희찬 스님이다. 스
님은 한국 전쟁 때 전소된 적광전을 1968년에 중건한 것을 시작으
로 월정사 주요 전각 대부분을 중건했다.

조선시대에 월정사를 찾은 유람객들은 인상적인 것으로 월정사를
기록하였다. 김창흡의 눈에 들어온 것은 탑이었다. 김창흡의 「오대
산기」에 이런 대목이 보인다.

> 월정사로 들어가 법당을 살펴보니, 널찍하고 화려하여 견줄 곳이 없을
> 듯하다. 법당 앞에 12층 석탑이 있는데, 옆에 풍경이 매달려 있고 위에는
> 금경(金莖)이 꽂혀 있다. 석탑을 만든 솜씨가 매우 뛰어나다. 중이 말하기
> 를, "이 탑은 경천대사(擎天大寺)탑과 함께 첫째를 다툽니다."라고 한다.

경천대사탑은 고려 충목왕 4년인 1348년 경천사에 세워진 석탑
을 가리킨다. 경천사 석탑은 목조건축의 기둥과 공포, 난간과 현판
이 잘 표현되어 있고, 특히 기와가 정교하게 표현된 옥개석은 고려
시대 목조건축의 생생한 모습을 반영하였다는 평가를 받는다. 강
재항姜再恒, 1689~1756이 월정사에 도착하였을 때 반긴 것도 넓은 경

내에 우뚝 선 석탑이었다. 석탑 옆에 풍경을 매달아 놓았고, 꼭대기에 쇠로 된 기둥이 꽂혀 있었다고 묘사하였다.

송광연宋光淵, 1638~1695은 불상이 인상적이었다.

> 칠불보전(七佛寶殿)에 금불상 일곱이 있다. 그 밖에 시왕전(十王殿)과 나한당(羅漢堂)등에는 불상이 셀 수 없을 정도도 많다. 경내의 건물들이 모두 신라시대에 창건한 것인데, 사치스러울 정도로 심히 화려하니 당시의 경제력을 짐작할 수 있다.

칠불보전은 일곱 분의 불보살을 모신 전각이다. 비로자나불, 석가모니불, 문수보살, 보현보살, 관세음보살, 대세지보살, 지장보살이 모셔져 있었다. 오대 오만 불보살 신앙과 관련된 곳임을 알 수 있다. 월정사는 오대산 일대의 사찰을 총괄하는 사찰로 오대산 신앙의 모든 보살을 칠불보전에 모셨던 것이다. 정시한丁時翰, 1625~1707은 절에 들어가면서 금가루로 쓴 '월정사月精寺' 세 글자가 인상적이었다. 범종각과 정문을 지나 법당에 이르니 '칠불보전七佛寶殿' 네 글자가 눈에 띄었다. 일곱 불상은 중국에서 온 것이라고 한다. 법당 앞에 있는 9층탑은 기이하고 교묘하여 하늘이 만든 것 같다고 감탄한다. 그러나 전쟁 통에 칠불보전을 비롯하여 10여 채의 건물이 전소되었다.

정시한은 사라진 유물에 대한 정보를 제공해준다. 아침 식사 뒤에 여러 요사채와 빈 전각을 두루 보다가 서북쪽에 있는 비석을 발견했다. 고려 때 이제신李齊臣이 글을 지은 것이지만 글자가 깎여 있어 모두 해석하지 못하였다고 아쉬워한다. 이때가 1687년 10월이었다. 그런데 이제신의 글이란 것은 오류다. 그 이전에 윤선거尹

宣擧, 1610~1669는 1644년 3월 4일 저녁에 월정사에 왔다가 익재益齋 이제현이 쓴 비석을 봤다고 「파동기행巴東紀行」에 기록하였다.

정시한과 윤선거가 본 비석은 월정사에 대장경을 시납한 사실을 기록한 글이다. 정시한이 방문했을 때 이미 일부 글자가 깎여 온전한 해독이 불가능한 상태였다. 이후 언제 비석이 사라졌는지 알 수 없다. 다만 탁본의 일부가 조선후기에 이우李俁가 편찬한 『대동금석서大東金石書』에 수록되어 있다. 이 책은 비석이 1339년(충숙왕 8)에 세워졌으며 이제현이 글을 짓고 승려 종고宗古가 글씨를 썼다고 알려준다. 남겨진 비문의 내용을 종합하면 1339년 월정사에 대장경을 봉안하는데 왕비가 백금을 하사 하였고, 원나라에서 환관을 지냈던 신안군 이방수도 백금 두 덩어리를 시주하였으며, 당시 재상의 부인 김씨 등도 여기에 동참하였다는 내용이지만 전모를 알수 없다.

조덕린趙德鄰, 1658~1737은 1708년에 「오대산상원사중창권선문五臺山上院寺重創勸善文」을 본 감흥을 「관동록關東錄」에 실었다.

> 월정사는 산 밖 평평한 곳에 있는데 자못 크고 빛난다. 잠시 금강연 옆에 앉았다. (중략) 수레를 타고 절로 들어갔다. 스님이 고적(古跡)을 들고와서 보여준다. 세조대왕(世祖大王)이 이 산의 상원사를 창건할 때의 교사(敎辭)다. 교사는 이러이러하다. 붉은 체천지보(體天之寶)*를 눌렀는데 체천지보는 옥보전(玉筯篆)*으로 썼다.
>
> * 체천지보(體天之寶): 체천은 '천명(天命)에 의거한다'는 뜻을 담고 있다. 『세조실록』에 어보(御寶)를 처음 만들고 승정원(承政院)에 쓰임새를 의논하게 한 기사가 있는데, 이로 미루어 세조가 이 어보를 제작할 당시에는 특정한 사용처를 두지 않았음을 알수 있다
> * 옥보전(玉筯篆): 진(秦)나라 이사(李斯)가 창시(創始)한 소전(小篆)

「오대산상원사중창권선문」

　세조 10년(1464)에 세조의 만수무강을 빌고자 상원사를 새롭게
단장하면서 지은 글로, 이 사실을 전해 들은 세조가 쌀, 무명, 베와
철 등을 보내면서 쓴 글과 함께 월정사에 소장되어 전해지던 것을
조덕린이 본 것이다. 1732년에 권섭權燮, 1671~1759도 「유행록」에 비
슷한 내용을 기록한다. "월정사 사적에는 민지와 김승인의 기문과
권선 두 첩이 있고, 「상원중창기」 아래에는 세조의 이름과 '체천지
보體天之寶'도장이 찍혀 있다. 물목 아래에는 세자의 수결과 왕세자
의 도장이 찍혀 있고, 효령, 임영, 영웅 세 대군과 정하동 이하 230
명의 수결이 있다."

　「오대산상원사중창권선문」은 한문과 번역으로 되어 있는데, 세
조와 상원사 및 신미와의 관계를 살필 수 있는 역사적인 사료다.

훈민정음을 제정한 이후에 필사한 가장 오래된 자료로 조선 초기의 한글 서체를 살피는 데에 있어서 귀중한 자료로 평가되어 국보로 지정되었다. 조선 전기에 작성된 문서인 권선문을 월정사성보박물관에서 볼 수 있다.

월정사는 화려한 탑과 불상, 오래된 비석과 국보로 유명하다. 더 중요한 것은 깨달음을 주는 공간이라는 점이다. 이민구李敏求, 1589~1670는 1635년에 강원도 관찰사가 되어 오대산에 왔다가 「오대산 월정사에서」란 시를 남긴다.

> 천년 고찰 월정사(月精寺) 千年月精寺
> 물은 한강의 근원이라 하네 水號漢江源
> 나그네 흰 구름과 함께 와서 客與白雲到
> 스님과 맑은 밤에 담소하는데 僧來淸夜言
> 탑은 빛나 창문에 어른대고 塔光搖戶牖
> 풍경 소리 마음을 일깨우네 鈴語警心魂
> 내일 호계(虎溪) 건너게 되면 明日虎溪渡
> 고독원(孤獨園)을 잊지 못하리 依依孤獨園

늘 관광객으로 요란한 월정사의 낮에 생각하기 어려운 경계다. 지금도 주위가 고요한 한 밤 중이면 이민구의 시 속으로 들어갈 수 있을 것이다. 달 밝은 밤이면 탑에 달려있는 풍경이 빛을 발한다. 바람에 흔들리는 빛은 풍경소리를 내면서 창문 창호지에서 명멸한다. 이러한 경계 속에 있노라면 속세의 끓던 욕망은 어느새 헛된 것이 되어서 사라져버릴 것이다. 호계虎溪는 중국 여산廬山 동림사東林寺 앞에 있는 개울이다. 이민구는 금강연을 호계라고 생각했을

터. 진晉나라 고승 혜원慧遠은 손님을 전송할 때 호계를 절대로 건너지 않았다. 도잠陶潛과 육수정陸修靜을 배웅할 때에 서로 뜻이 맞아 무심코 호계를 건너게 되었다고 한다. 속세와 청정한 공간을 경계 짓는 호계를 건너, 비록 속세로 돌아가 아귀다툼을 하더라도 월정사를 잊지 못할 것이다. 아니 더 간절할 것이다.

이명한李明漢, 1595~1645은 1639년에 강원 감사가 되어서 이곳에 왔다가 「월정사」를 『백주집白洲集』에 남긴다. 연작시 중 한 수다.

탑 그림자 누대와 조용하고 塔影當樓靜
종소리 건물에 이르자 작아지는데 鍾聲度院稀
새벽 나무에 까마귀 울고 鴉啼山木曙
등 희미한데 스님은 염불하네 僧語佛燈微

양치하는데 바리때에 얼음 얼고 漱口氷生椀
문을 여니 옷에 눈 내리는데 開門雪到衣
향 사르고 경전을 보니 焚香看道帙
평생의 잘못 문득 깨닫네 頓覺百年非

새벽의 월정사는 고요하기 그지없다. 속인들의 발자국소리가 사라진 시간. 강원감사가 행차했던 월정사의 낮도 소란스럽기는 마찬가지였을 것이다. 새벽 종소리마저 사라져서 잠을 더 청하려다가 까마귀 소리와 스님 독경 소리에 이불 밖으로 나왔다. 산 속은 이미 한겨울이다. 양치할 물은 얼고 눈까지 내린다. 눈 내리는 소리가 들릴 정도로 적막하기 그지없다. 경내를 산책하려다가 경전을 펼쳐 한 구절 읽으니 죽비로 맞은 듯 깨달음이 있다.

월정사

자장慈藏

속명은 김선종랑(金善宗郎). 법명은 자장(慈藏). 아버지는 무림(茂林)이다. 계를 받고 불교에 귀의하는 법도를 확립했으며, 불도에 입문하는 자를 위해 통도사(通度寺)를 창건하고 금강계단(金剛戒壇)을 쌓았다. 진골 출신으로 소판(蘇判)의 관직에 있었던 무림은 아들을 낳으면 출가시킬 것을 축원하여 천부관음(千部觀音)을 조성한 뒤 그를 낳았다. 그는 어버이를 여읜 뒤에 처자를 버리고 깊은 산에서 고골관(枯骨觀)을 닦았다. 왕이 재상으로 기용하려 하였으나 "내 차라리 계(戒)를 지키고 하루를 살지언정 계를 깨뜨리고 백 년을 살기를 원하지 않는다(吾寧一日持戒死 不願百年破戒而生)."라며 목숨을 걸고 응하지 않아, 왕은 출가를 허락하였다.

636년(선덕여왕 5) 승실(僧實) 등 제자 10여 명과 함께 당나라로 가서, 청량산(淸凉山)의 문수보살상에 기도하고, 가사(袈裟)와 부처의 발우, 그리고 불두골(佛頭骨) 한 조각과 함께, 사구게(四句偈)를 받았다. 당태종이 장안(長安)의 승광별원(勝光別院)에 머무르도록 한 뒤 명성을 얻어 대중이 따르자, 종남산(終南山) 운제사(雲際寺)의 동쪽 산록으로 들어가 3년 동안 수도하다가 다시 장안으로 가서 태종에게서 두터운 예우를 받았다. 643년 선덕여왕은 당태종에게 글을 보내어 자장을 보내줄 것을 요청하였다.

대장경과 번당(幡幢)·화개(華蓋) 등을 가지고 7년 만에 귀국하자, 왕은 분황사(芬皇寺)에 머무르게 하고 대국통(大國統)으로 임명하였다. 645년 황룡사(皇龍寺)에 9층탑을 세우고 제2대 주지로 취임하였다. 649년(진덕여왕 3)에는 국가의 복식을 중국의 제도와 같게 하기를 권하여 실행을 보았으며, 다음 해에는 당나라 연호를 쓰도록 하였다. 또한, 궁중에서 대승론(大乘論)을 설하고, 황룡사에서 보살계본(菩薩戒本)을 강하여 불교의 홍통(弘通)을 통한 국민 교화에 힘썼다. 그리고 불교 교단의 기강을 바로하기 위해서 시험과 계(戒)를 통해서 승려들을 관장하고 순검사(巡檢使)로 하여금 지방의 사찰을 살피도록 하였다.

한편, 원녕사를 다시 증축하고 『화엄경』을 강할 때, 52명의 여인이 법을 듣고 깨닫자 문인(門人)들이 그 수만큼의 나무를 심어 이적(異蹟)을 기념하였는데, 그 나무를 지식수(知識樹)라고 불렀다. 이로 인하여 신라에 화엄사상을 최초로 소개한 인물을 자장이라고 보고 있다.

특히, 그는 신라가 불교와 인연이 깊은 터전이라고 믿었는데, 그러한 불국토(佛國土) 사상의 대표적인 사례가 오대산의 신라적 설정이다. 『화엄경』에 따르면 오대산은 문수보살이 머무는 곳으로 중국에 있는 것으로 되어 있다. 그러한 오대산이 신라에도 있으며, 문수진신(文殊眞身)과 5만의 여러 불·보살이 머무르고 있다는 신앙을 신라에 전하였다.

저서로는 『아미타경소(阿彌陀經疏)』 1권, 『아미타경의기(阿彌陀經義記)』 1권, 『사분율갈마사기(四分律羯磨私記)』 1권, 『십송율목차기(十誦律木叉記)』 1권, 『관행법(觀行法)』 1권 등이 있다. 그러나 이들 저서는 현재 전해오지 않는다. 다만, 일본 승려 양충(良忠)의 『법사찬사기(法事讚私記)』 중에 자장의 『아미타경의기』에서 옮긴 구절이 남아 있다.

한국민족문화대백과사전

신효信孝

신효(信孝)는 충청남도 공주 출신으로 신라 때의 승려이다. 『삼국유사(三國遺事)』 「탑상(塔像)」편 '대산월정사오류성중(臺山月精寺五類聖衆)'조에 그에 관한 내용이 전하는데 다음과 같다. 신효는 지극한 효성으로 어머니를 봉양하였다. 그의 어머니는 고기가 없으면 밥을 먹지 않았기 때문에 매일 고기를 구하려고 산과 들을 돌아다녔다. 그러던 중 길에서 학 다섯 마리를 만나 활을 쏘았더니 그중 한 마리가 날개깃 하나를 떨어뜨리고 모두 날아가 버렸다. 신효가 그 깃으로 눈을 가리고 사람을 보니 모두 짐승으로 보였다. 이 상하게 여긴 그는 고기를 구하는 것을 포기하고는 자신의 넓적다리 살을 베어 어머니를 대접했다.

이후 신효는 깨달은 바가 있어 승려가 되었는데 자신이 살던 집을 절로 만들어 효가원(孝家院)이라 하였다. 그는 길을 떠나 전국을 여행하였다. 경주 경계 하솔(河率)에 이르러 학의 깃으로 사람들을 보니 모두 사람의 형상으로 보였다. 그는 늙은 아낙네로 변신한 관음보살의 가르침을 받고 자장법사가 집을 지어 머물렀던 곳으로 들어가 살았다. 어느 날 다섯 명의 승려가 신효를 찾아와 말하기를 "그대가 가지고 온 가사(袈裟) 한 폭은 지금 어디 있는가?"라고 하였다. 신효가 영문을 몰라 하자 승려들이 또한 말하였다. "그대가 눈을 가리고 사람을 본 그 학의 깃이 바로 가사이다." 신효가 학의 깃을 승려들에게 건네니 가사의 찢어진 곳에 대었는데 꼭 맞았다. 학의 깃털이 아니고 베였던 것이다. 신효는 작별한 후에야 비로소 그들이 다섯 성중의 화신임을 알았다.

신효가 살던 곳은 오늘날의 오대산 월정사(月精寺)를 일컫는다. 이 월정사에는 신효 이후 범일(梵日)의 제자인 신의(信義)가 와서 암자를 세우고 살았으며 뒤에 또 수다사(水多寺)의 장로 유연(有緣)이 살았는데 이로부터 점차 큰 절을 이루었다고 한다.

한국민족문화대백과사전

비구니 선원으로 이름 높은 지장암

깨달음을 얻기 위해 선재동자는 월정사에서 길을 나선다. 길은 오대천을 가로 지른 다리를 건넌 후 계곡을 따라 상원사로 향해 오르던 길은 이내 지장암으로 향하는 길과 만난다. 선재길은 계곡을 따라 올라가고 지장암으로 가는 길은 바로 왼쪽 숲 속으로 들어간다. 오른쪽 언덕의 전나무와 바위 사이의 부도가 여기저기서 반긴다.

한암 스님이 상원사에 계실 때인 1930년경에 율노, 해노 두 비구니 스님이 찾아와 지장암에 머물면서 비구니 선방이 생겨났다. 그 뒤 지장암은 성진 스님과 혜종 스님, 정안 스님으로 이어지는 3대를 거치면서 오늘날의 모습을 갖추게 되었다. 앞쪽 꽃 봉우리 모양의 부도와 공덕비의 주인공은 혜종 스님이다. 뒤에 성진 스님의 부도와 부도탑비가 서 있다. 그 뒤에 조용히 서 있는 부도엔 푸른 이끼가 피었다.

전나무 사이로 지장암이 보인다. 지장암은 남대南臺와 운명공동체다.『삼국유사』에서 남대의 역사와 의미를 읽을 수 있다. 신라의 왕자인 보천과 효명 태자가 예불과 염불로 수행하면서 오대五臺에 예배를 드렸는데, 남대 기린산에 여덟 보살을 우두머리로 한 1만의 지장보살이 나타나서 예를 드렸다. 후에 보천이 임종에 앞서 산속에서 행할 일을 기록했다. "남대 남쪽에 지장방地藏房을 두어 여덟 보살을 우두머리로 1만 지장보살의 모습을 그려 모시고, 낮에는 지장경과 금강반야경을 읽고, 밤에는 점찰경占察經과 예참禮懺을 염송하되, 이곳을 금강사金剛社라 하라"고 명하였다.

지장암

　지장암을 품고 있는 남대의 위치에 대해 논의가 분분하다. 허목 許穆, 1595~1682은 「오대산기」에서 "장령봉 동남쪽이 기린봉이고, 그 정상이 남대다. 남쪽 기슭에 영감사가 있고, 이곳에 사서史書를 소 장하고 있다"고 한 것으로 보아, 현재 영감사 뒤에 있는 봉우리를 남대로 보고 있다. 송광연宋光淵, 638~1695도 허목과 같은 시각이다. 「오대산기」에 "서대에서 남쪽으로 내달리면 남대인데, 이름을 기 린대麒麟臺라 한다. 그 아래에 사각이 있고, 그 옆은 영감사다. 남관 음암南觀音庵 지장암地藏庵 보현암普賢庵 금강암金剛庵 등의 여러 암자 가 사고史庫 위아래로 바둑돌처럼 포진해 있다."고 기록했다. 이 기 록은 남대의 위치뿐만 아니라 지장암의 본래 위치도 알려준다.

김홍도는 1788년 가을 정조의 명으로 금강산 및 관동팔경 지역을 여행하며 그림으로 남겼는데, 그 중 월정사가 포함되었다. 그림 왼쪽에 암자가 보인다. 지장암일 것이다. 1832년도에 작성된 「강릉오대산지도」를 보면 남대는 영감사를 품은 산줄기가 아니라 현재의 지장암이 위치한 산줄기에 표시되었다. 기린산 정상 부근에 있던 지장암이 '중부리'로 옮겨졌다가 조선조 말에 지금 자리에 터를 잡았다는 설을 증명해준다. 이후 지장암은 1975년에 북방 최초 비구니 선원인 기린선원을 열어 명성을 떨치게 되었고, 1995년에는 기린선원을 새롭게 중창했다.

지장암을 읊은 시는 희귀하다. 김시습이 남대 지장암을 노래한 뒤에 김창흡金昌翕이 뒤를 이었다. 「오대산」이란 시 중에 네 번째 작품이다. 1718년에 지은 것인데 남대에 있었던 지장암을 노래했다.

남대 무성하면서 시원하니 南臺寧森爽
소나무 녹나무 어우러졌네 映蔚以松楠
천년 동안 금궤 비장하며 千秋金匱秘
오랫동안 영감암 짝하였네 永配靈鑑菴
누가 알리오 정상에 오르면 誰知更上頭
구름이 금강 감실 싸고 있는 걸 雲鎖金剛龕
내 장차 여기에 은거하며 吾將隱于玆
주하사(柱下史) 노자에 비기리 比迹柱史耼

김창흡은 형 김창협과 함께 성리학과 문장으로 널리 이름을 떨쳤다. 이기설에서 이황의 주리설과 이이의 주기설을 절충한 형 김창협과 같은 경향을 띠었으며, 『중용』의 미발未發에 대해서도 깊이

연구했다는 평가를 받는 성리학자다. 친상을 당한 뒤에 불교 서적을 탐독하고 『장자』를 좋아했다고는 하지만 유학자임에는 틀림이 없다. 남대 지장암을 찾은 66세 노인은 주나라에서 주하사柱下史란 관직을 가진 적 있는 노자를 떠올린다. 설악산 여기저기에 은거하였던 김창흡은 오대산 지장암에서도 은거를 꿈꾼다. 노년의 김창흡에게 유가와 도가, 불가를 구분하는 것은 무의미해졌는지 모른다. 지장암에서 머물고 싶은 그의 속내를 시에서 읽을 수 있다.

솥을 아홉 번 옮기다

　신라의 왕자 보천과 효명이 함께 동대에 예를 드리려 올라가니 만월산滿月山에 1만 관음보살이 나타났다는 기록과 보천이 임종 직전에 '동대에 관음방을 두어 1만 관음상을 그려 봉안하고, 금강경, 인왕반야경 등을 외우고 원통사圓通社라 하라'고 당부했다는 『삼국유사』의 기록을 동대 관음암에 가기 전에 읽어야 한다. 관음암이 자리한 만월산(동대산)은 달뜨는 모습이 천하제일이라지만 산 위 하얀 구름도 일품이고, 시원하게 펼쳐진 서쪽 산줄기도 경승이다.
　관음암은 구정선사九鼎禪師가 출가하여 공부했던 곳으로 유명하다. 신라 말에 비단 행상으로 홀어머니를 모시고 살아가던 청년이 대관령을 넘다가 노스님이 길옆에 한참 서 계신 것을 보고 묻는다. "스님, 무엇을 하고 계신지요?" 노스님은 "옷 속에 있는 이와 벼룩에게 피를 먹이고 있다네, 내가 움직이면 피를 빨아 먹는데 불편할 것이 아닌가" 청년은 비단 장수를 그만 두고 제자가 되고자 따라갔다. 절에 도착하자 스님은 밖에 있는 큰 가마솥을 부뚜막에 걸라고 해서 반나절 일을 하여 끝마쳤다. 스님께 보여드렸더니 왼쪽으로 옮기라 하여 옮겨 놓았다. 다음날 아침 스님을 가마솥이 기울어졌다고 부뚜막을 헐고 다시 솥을 걸으라 하셨다. 청년은 스님이 하라는 대로 다시 걸었다. 마지막 아홉 번째 일을 마치자 노스님은 제자로 받아들이며 구정九鼎이란 법명을 주었다. 청년은 정진하여 훗날 구정선사가 되었다.

조선 전기에 권근權近, 1352~1409은 지원志元 스님이 동대에 관음암을 중창하고 기문을 지어 달라 요청하자「오대산관음암중창기五臺山觀音庵重創記」를 짓는다. 그 중 일부분은 이렇다.

　　건문(建文) 4년(1402년) 여름 5월에 내가 병으로 집에 있었는데, 선사가 마침 와서 말하기를, "그대가 전에는 바쁜 것 때문에 내가 부탁한 기(記)를 사양하고 짓지 않았으나, 오늘날은 한가하게 되었으니 붓을 들기 바랍니다."고 하였다. 내가 따라서 묻기를, "스님이 사미승 때부터 여러 지방을 돌아다니며 경영하고 권유하여 절을 세우고 불상을 만든 것이 이미 많으니, 마음과 몸이 반드시 고달플 텐데 싫증나지 않으십니까?"하였다. 스님이 말하기를, "사람이 처음에 먼저 정한 뜻은 그만두려 하여도 할 수 없습니다. 학문에 뜻한 사람은 반드시 학문에 부지런하고, 선(禪)에 뜻한 사람은 반드시 선을 힘쓰는 것입니다. 내가 젊었을 때 뜻이 여기에 있었기 때문에 일찍이 시험 삼아 한 것입니다. 그 뒤부터는 뜻이 언제나 여기에 있어서 분주하게 경영하면서도 피로함을 느끼지 못하고 했습니다. 그러나 이제는 늙어서 다시는 할 수 없게 되었습니다. 내가 처음에 한 일들은 다행히도 목은 선생에게 부탁하여 소멸되지 않게 되었습니다. 내가 나중에 한 일은 그대가 혹시라도 소멸되지 않도록 하여 주기 바랍니다."고 하였다. 내가 말하기를, "아, 사람이 누군들 처음 뜻한 것이 없겠는가마는, 변함없이 부지런히 해서 성공하게 된 사람은 드물다. 스님이 젊었을 때 뜻한 바를 중간에 변하지 아니하여 성취하는 바가 많았는데,

평생토록 부지런해서이다. 늙어서도 게을리 하지 않으니, 부지런함이 지극하다고 하겠다. 이 암자에 있는 사람들은 스님이 뜻한 바를 바꾸지 않아 마침내 성공하였음을 알게 된다면, 좌선(坐禪) 공부하는 사람은 더욱더 정진하면 반드시 얻는 바가 있을 것이고, 일을 관장하는 사람은 언제나 더 가공하고 처리하면 영구히 망가뜨리지 않게 될 것이다. 산의 기이한 경치와 암자의 제도 같은 것은 내가 보지 못한 것이니, 이는 구경하는 사람들 자신이 알아보기에 달린 것이다."

이 글은 관음암을 고쳐서 다시 새롭게 지은 내력에 대한 글이라기보다 어떻게 인생을 살아야 하는지를 깨우쳐주는 글이다. 권근은 스님에게 마음과 몸이 고달플 텐데 싫증나지 않으시냐고 묻는다. 스님은 처음에 먼저 정한 뜻은 그만두려 하여도 그만 둘 수 없다고 대답한다. 누구나 뜻을 세운다. 그러나 변치 않는 사람이 몇이나 될까. 오죽하면 작심삼일, 용두사미 같은 말이 나왔겠는가. 권근은 스님의 말에 평범한 깨달음을 얻는다. 뜻한 바를 중간에 변하지 아니하면 성취하는 바가 많다는 것을. 스님의 언행에서 구정선사를 보는 듯하다. 구정선사의 언행을 「오대산관음암중창기」에 등장하는 지원 스님에게서 찾아볼 수 있으니 전통이란 것은 쉽게 볼 일이 아니다.

송광연宋光淵, 1638~1695은 오대산을 유람하고 남긴 「오대산기」에서 짤막하게 이곳을 언급한다. "북대에서 동쪽으로 내달리면 동대인데, 이름을 만월대滿月臺라 한다. 그 아래에 동관음암東觀音庵이 있는데, 수좌승 종택宗擇이 거처한다. 동대 남쪽에 있는 것이 월정사다."

정시한의 글은 동대 관음암을 더 자세하게 설명해준다.

"부도대(浮屠臺)에 이르니 월정사의 희원(希遠) 스님이 와서 맞는다. 함께 냇가로 가니 병든 지원(智院) 스님은 80세로 양식을 구하러 나가다가 냇물에 빠졌다. 희원 스님에게 꺼내게 하고 함께 동관음암(東觀音庵)에 올랐다. 노스님이 거주하는 토굴에 이르러 쌀 여러 되와 엿을 주었다. 잠시 있다가 희원 스님을 월정사로 돌려보내고 경복과 함께 암자에 올라 문에 이르렀다. '관음암(觀音庵)' 세 글자가 쓰여 있었고, 그 옆에는 분을 바른 '동양위서(東陽尉書)' 네 글자가 가늘게 쓰여 있다. 문에 들어가니 자징(子澄) 스님이 나와 인사한다. 문을 여니 지환(智環) 스님이 맞이하여 배알한다. 잠시 앉아 있으니 태남이 양식으로 쌀 네 되와 게젓 등을 가지고 왔으므로 곧바로 저녁식사를 짓게 하였다. 저녁식사를 마치고 도량을 두루 돌아보니, 암자는 월정사 뒤쪽 봉우리에 있다. 지대는 깊숙하고 궁벽하며 높고 넓다. 시야는 제법 앞뒤로 뚫려 있다. 도인이 이 암자에 많이 거주했다고 한다."

정시한이 오대산을 찾은 해는 1687년이다. 이때 관음암 글자 옆에 분을 바른 '동양위서東陽尉書'란 글씨를 보았다. 동양위東陽尉는 선조의 딸 정숙옹주貞淑翁主와 결혼한 신익성申翊聖, 1588~1644을 가리킨다. 1631년 9월에 오대산을 유람한 자취가 그의 글 「유금강소기遊金剛小記」에 남아있으니 이때 글씨를 쓴 것 같다. 그는 동대 관음암에 곡식을 끊은 노승이 있다는 말을 듣고서 만나게 된다. 성정性淨 스님의 나이는 68세이며 몸은 토목土木 같고 암자에서 나오지 않은 지 7년이 되었으며 말 하지 않고 먹지 않은 지가 아주 오래 된 상태였다. 가까이 가기만 해도 정신이 깨끗해지고 맑아지며 말은 예리하여 크게 의심스러운 것이라도 한마디로 해결한다고 묘사할 정도로 뜻과 기개가 한 시대를 능가하기에 충분하였다. 성정 스님은 신익성의 물음에 유가나 불가가 모두 마음에서 구해야 하는데 마음을 구하는 요령은 욕심을 없애는 데에 있으므로 인욕이 모두 깨끗이 다하여 없어지게 되면 천리는 저절로 드러나게 된다고 설명한다. 신익성은 「성정 스님에게 주다[贈性淨]」란 시를 한 수 선물하고 자리에서 일어났다.

상원사 가을 깊어 잎마다 차가운 소리 上院深秋萬葉寒
한 생애 부들자리 위에서 쓸쓸하네 生涯蕭瑟一蒲團
금강연 속에 가을 달은 맑은데 金剛淵裏淸秋月
면벽관심하며 자리를 뜨지 않네 面壁觀心不下壇

동대 관음암엔 청계수靑溪水가 유명하다. 공양간 옆에 있는 청계수를 마시면 답답한 마음이 시원해진다. 욕심이 씻겨 내려간 것 같다.

관음암

세계에서 유일한 개부도를 세우다

동대 관음암으로 향하는 오솔길을 지나 올라가면 오른쪽에 부도밭이 자리 잡고 있다. 푸른 전나무 아래 모여 있는 부도는 오랜 역사를 가지고 있는 월정사의 한 페이지다. 김홍도의 그림에 묘사된 부도는 이후에도 계속 세워졌다. 그 중에는 험한 시절을 견디지 못하고 비좌만 남거나 부도의 받침돌인 대좌만 덩그러니 남겨져 있다.

여기 부도들 사이에 개의 부도가 있었을 것이다. 홍경모洪敬謨, 1774~1851는 『관악전서冠巖全書』에 개부도와 관련된 글인 「오대산 구부도기五臺山狗浮圖記」를 실었다. 전문은 이렇다.

> 영(嶺)에 최씨 성을 가진 자가 있었는데. 어려서 파·마늘 등의 음식과 육식을 먹지 않고, 불교를 좋아해 산에 들어가 절에서 듣고는 문득 기뻐하는 것이 깨닫는 것이 있는 것 같았다. 비록 머리를 깎고 승복을 입지 않았지만 계율을 지키는 것이 매우 엄하여 사람들이 거사(居士)라 불렀다. 또 유명한 산수(山水)를 좋아하여 일찍이 두루 유람하지 못한 것을 한으로 여겼다. 어느 날 병들어 죽었는데 꿈에 딸에게 말하길. "나의 인연은 인간에서 다하여 짐승에게 의탁하였다. 동쪽 이웃 아무 집의 개가 나다" 딸이 깨어나 마음속으로 이상하게 생각하였다. 다음날 가서 확인하니 개는 막 강아지를 낳는데 걷고 보고 들을 수 있었으며 두 눈동자는 빛났다. 개를 부르는 것처럼 부르니 응하지 않아 딸은 더욱 이상하게 생각하였다. 날마다 가서 검사하며 보니 매우 이상한 신령스런 마음과 지혜가 있어 짐승의 종류가 아니며 사람이 아는 것과 같은 것이 있었다. 딸은 화가 나기도 하고 불쌍하여 "최거사(崔居士), 최거사(崔居士)"라고 부르자, 개가 바로 꼬리를 흔들며 달려서 앞으로 왔다. 딸은 더욱 기가 막혀 슬펐다. 이에 꿈에 대해 이야기 하고 가져다가 기르니 먹는 것은 사람과 같았고 말을 알아듣는 것도 사람과 같았다.

파·마늘 등의 음식과 육식을 가리는 것도 사람과 같아서 보통 짐승과 달랐다.

스님과 보살 몇이 문을 지나 쉬고 있었다. 딸이 묻길, "스님은 어디로 가십니까?"하였다. "장백산(長白山)을 유람하려고 합니다."하니, 개가 듣고 바로 뛰면서 머리를 조아리는 것이 쫓아가려는 듯했다. 딸이 까닭을 말하며 개와 함께 하기를 부탁했다. 스님은 이상하게 여기면서도 함께 가서 숙식을 함께 했다. 이에 개의 발길도 산을 두루 돌아다녔고, 금강산을 유람한 것도 같았다. 비록 조그만 산수 중 하나라도 기이한 것이 있으면 반드시 쫓았다. 이에 개의 발길도 나라의 유명한 산수를 두루 돌아다니다가, 강원도의 오대산에서 죽었다.

스님 중 도가 있는 자가 말하길, "일찍이 들으니 성인이 해진 휘장을 버리지 않는 것은 개를 묻기 위해서이다. 유자(儒者)를 따랐으면 유학의 방식으로 하는 것이 맞고 불자(佛者)를 따랐으면 불교의 방식으로 하는 것이 맞다. 이 개는 짐승 중 연각(緣覺: 부처의 가르침 없이 스스로 깨달은 자)의 무리." 이에 다비하니 사리 10여 개가 나왔다. 사찰의 중이 이상하게 여기면서도 믿음이 독실하여 산 중에 세 기의 부도를 세우고 개부도[狗浮圖]라 칭했다고 한다.

불교에서 개는 환생과 관계가 깊다. 전생에 사람이었던 자가 개로 환생한 얘기가 전해지기도 한다. 부처님의 제자 중 한 사람인 목련존자 어머니의 환생도 개와 연관이 있다. 목련존자의 어머니가 지옥에 떨어져 고통 속에 있는 것을 알고 목련존자가 기도로써 어머니를 개로 환생케 했다는 내용이 불교 경전에 나온다. 불교뿐만 아니라 전설에서도 개로 환생한 이야기는 쉽게 찾아볼 수 있다. 「오대산구부도기」에 등장하는 개도 위와 같은 전통 속에 만들어졌을 것이다.

부도

전국의 유명한 산수를 유람하다가 오대산에서 죽음을 맞이한 구조는 흥미롭다. 오대산이 유명한 산수 중의 하나라는 것을 의미하면서, 죽음을 맞이한 공간이라는 중층적 의미는 특별한 의미로 다가온다. 유교식을 따르지 않고 불교식으로 다비했다는 것에서 의미를 찾을 수 있지 않을까? 오대산은 불교적 색채가 강한 곳이다. 불국토라고 해도 과언이 아니다. 그렇기 때문에 개가 자신이 돌아갈 곳으로 오대산을 선택하였고, 스님은 개부도를 세우게 된 것이다.

"성인이 해진 휘장을 버리지 않는 것은 개를 묻기 위해서다."라는 것은 공자와 관련된다. 공자는 기르던 개가 죽자 자공子貢에게 묻어 주게 하고 말하기를 "내가 듣건대, 해어진 휘장을 버리지 않는 것은 말을 묻어 주기 위해서이며, 해어진 수레의 차일을 버리지 않는 것은 개를 묻어 주기 위해서라고 하였다.[敝帷不棄 爲埋馬也 敝蓋 不棄 爲埋狗也] 나는 가난해서 덮어줄 차일이 없으니, 묻을 때 거적으로 충분히 덮어서 머리가 흙더미 속에 빠지지 않게 하라."라고 말한 것이 『예기禮記』에 나온다.

부도밭은 대부분 종 모양의 석종형 부도다. 원탑형의 부도도 보인다. 개부도를 찾기 위해 하나씩 하나씩 점검했지만 보이질 않는다. 대신 사람 얼굴 모양을 한 비좌가 비석을 잃은 채 풀밭에 있다. 보통 비좌의 앞은 거북이의 머리이거나 용의 머리인 경우가 대부분이다. 그런데 사람의 얼굴이다. 여기에 세워졌던 비신에 개로 환생한 최거사의 내력이 새겨졌던 것은 아닐까? 최거사의 이야기를 들은 장인은 거북이 머리 대신 최거사의 얼굴을 새긴 것은 아닐까?

오대산에 신선이 머무르다

부도밭을 지나면 반야교가 계곡을 가로지른다. 반야교란 이름을 얻게 된 이유가 궁금하다. 허목許穆의 「오대산기五臺山記」에서 힌트를 얻을 수 있다. "오대산은 흙이 많고 돌이 적으며 나무는 전나무가 많다. 산중의 물이 합류하여 큰 내가 되는데, 남대 동쪽 계곡에 이르러 반야연般若淵이 되고 월정사 아래에 이르러 금강연金剛淵이 된다." 남대를 어디로 생각하느냐에 따라 유동적이지만 오대산 계곡에 있는 반야연을 염두에 두고 다리 이름을 지었을 가능성이 높다.

허목 이전에 반야연을 언급한 자료가 김시습의 『매월당집』에 보인다. 김시습이 손수 쓴 것은 아니지만 기록해둔다면서 오대산과 관련

반야연

된 시 여섯 수를 실었다. 그 중 동대東臺에 대한 시가 눈에 들어온다.

원통암(圓通岩) 아래 반야연에서　圓通岩下般若淵
팔딱팔딱 물고기 떼 지어 뒤척이네　潑潑遊魚隊隊飜
물고기 사라진 뒤 보고 알았으니　你且去歸觀了▣
한평생 사람의 일 얽히고설켰네　百年人事卽纏綵

　'동대'를 읊었다는 설명과 '원통암 아래 반야연'이 실마리를 제공해 주는 것이 아닐까? 반야교가 건설되면서 반야연이 훼손되었다는 주장은 다리와 반야연은 가까워야 한다 생각해서인 것 같다. 다리에서 상류로 올라가면 동대에서 흐르는 물과 본류가 만나면서 생긴 깊은 못을 만날 수 있다. 원통암이라 부를 만한 바위도 늠름하다. 반야연 옆 너럭바위에 앉아 잠시 명상에 잠기면 금방이라도 반야般若의 세계로 들어갈 것 같다.

　오대산을 찾았던 명사들은 반야교 옆 바위에 자신의 이름을 새겼다. 조흥진趙興鎭, 1748~1814은 손자 영화永和와 함께 유람을 왔다간 것을 기념하기 위해 이름을 커다랗게 팠다. 1774년(영조 50) 정시 문과에 병과로 급제하고, 1782년 부제학, 1786년 동부승지에 이어 호조참의가 되었다. 사후에 이조판서, 이어 대제학에 추증되었다.

　남공철南公轍, 1760~1840은 1799년에 강원도 관찰사가 되어 이곳을 찾았다. 그는 1780년(정조 4) 초시에 합격하고, 1792년 친시 문과에 병과로 급제했다. 곧 이어 홍문관부교리·규장각직각에 임명되어 『규장전운奎章全韻』의 편찬에 참여하면서 정조의 지극한 우대를 받았다. 초계문신에 선임되었으며, 친우이자 후일의 정치적 동지인 김조순金祖淳·심상규沈象奎와 함께 패관문체를 일신하려는 정조의 문체반정 운동에 동참했다. 평소 김상임金相任·성대중成大中·이덕무李德懋 등과 친하게 지내면서 독서를 좋아했고, 경전의 뜻에 통달했다. 구양수歐陽修의 문장을 가장 존중했고 많은 금석문·비갈을 남긴 당대 제일의 문장가였다. 남공철은 바위 오른쪽에 전서체로 "고산선지高山仙止 남공철서南公轍書"를 큼지막하게 새겼다. 고산高山은 오대산을 의미할 것이고, 선지仙止는 신선이 머무르다 또는 멈추다는 뜻으로 풀이할 수 있다. 높은 산인 오대산에 신선이 머무른다는 뜻인데, 신선이 누구일까? 오대산의 주인인 스님일까? 아니면 본인을 말하는 것일까?

반야교 옆 바위글씨

낭원군朗原君 이간李偘, 1640~1699의 이름과 남공철의 이름이 겹쳐져 있다. 낭원군은 선조의 손자인 인흥군仁興君의 아들이며 효종의 당숙이다. 그는 시조작품을 많이 남긴 것으로 유명하다. 총 30수가 전한다. 내용은 작가가 산수의 자연미를 혼자 즐긴다고 자부하는 노래로, 자신의 풍류를 담고 있다. 교훈적 내용의 작품도 많아 오륜과 향당의 예법을 노래하기도 하였다. 형 낭선군朗善君과 함께 전서 · 예서를 잘 써 송광사사원사적비松廣寺嗣院事蹟碑 · 백련사사적비白蓮寺事蹟碑 등을 남기기도 하였다.

1808년에 강릉도호부 부사를 역임한 박종정朴宗正도 보인다. 남공철 이름 오른쪽으로 여러 글씨들이 새겨져 있으나 도로공사 때문에 아랫부분은 시멘트가 차지하게 되었다. 얼마나 더 매몰됐는지 알 수 없다.

그윽한 분위기의 학담

김창흡의 「오대산기五臺山記」를 꺼내 들고 그의 행로를 따라 걷기 시작했다. 1718년 윤8월 8일. 날이 개었다. 남여籃輿를 준비하라 재촉해도 중들은 일부러 더디 출발하였다. 덕분에 여유롭게 노니는 흥취를 더욱 돋궈준다. 세 사람이 가마를 메고 곧바로 북쪽을 향해 계곡물을 따라 올라갔다. 초입에 있는 바위와 물이 그윽하고 깨끗하여 완상할 만하다. 약 10리를 가서 나무다리를 건넜다. 양쪽 언덕이 마주한 채로 끊어져서 다리 놓기에 적당하다. 맑은 여울물이 가운데로 쏟아져 내리며 거문고 소리를 낸다.

학담

김창흡은 가마의 일종인 남여를 이용했는데, 산에서 남여를 메는 일은 주로 스님들이 담당하였다. 요즘보다 더 편안하게 유람했을 터니 어찌 흥취가 일지 않겠는가. 월정사에서 상류로 가기 위해선 몇 개의 나무다리를 건너야했다. 10리쯤 가서 건넌 다리는 어디에 있었을까? 걸으며 연신 계곡으로 눈을 돌려도 양쪽 언덕이 끊어지고 여울울이 가운데로 쏟아지는 곳을 찾기 힘들다. 여울은 거문고 소리를 낸다고 했는데 이따금 지나가는 차량 때문에 분간하기 어렵다.

조개골을 지나자 오대산사고를 가리키는 안내판이 보인다. 선인들이 다니던 길은 더 위에 있었다. 옛길은 유산기에 고스란히 남아 있다. 왼편 조그만 계곡 옆에 옛길의 흔적이 희미하게 보인다. 유산기는 조그만 계곡물이 큰 계곡과 합류하는 곳에 학담鶴潭이 있다는 것도 알려준다. 학소연鶴巢淵으로 부르기도 했다. 김창흡은 자못 물이 거세게 솟구치는데, 다른 산에 있었다면 중품中品 정도에 해당할 만하고, 서쪽에 우뚝 솟은 절벽이 못에 임해 있어서 그윽한 분위기가 넉넉하다고 평하였다. 정시한丁時翰은 학담을 사자연獅子淵이라 기록하였다. 그의 눈엔 위아래로 연못이 맑고 깊어 짙은 푸른색을 띠며, 좌우에 있는 반석과 서 있는 바위가 볼만하게 보였다.

채팽윤蔡彭胤은 너럭바위에 앉아 「학소연」이란 시를 읊었다. 『희암집希菴集』에 실려 있다.

가을 산에 고목 울창하니　秋山古木合
해 떠도 서리 사라지지 않고　日出霜未晞
바위틈 물 아득히 떨어지니　石泉千丈落
날리는 눈옷에 흩어지네　飛雪灑人衣

나무가 울창하여 해가 중천에 떠도 새벽에 내린 서리가 하얗다. 주변은 온통 산이라 하늘은 두 손으로 가려질 정도다. 해가 떴다가 어느새 산을 넘어가니 서리가 녹을 사이가 없다. 채팽윤은 영감사로 가다가 학담 옆 바위에 앉아 한숨 돌리는 중이다. 와폭이라 불러도 될 여울이 하얗게 부서지며 물을 뿜는다.

검이불루儉而不陋 금강대

김창흡의 「오대산기」를 다시 꺼냈다. "비스듬히 서쪽으로 가서 산록 하나를 오르자 작은 암자가 나타난다. '금강대金剛臺'라고 하는데, 그윽하여 거처할 만하다. 다시 수백 보를 나아가자 사고史庫가 있다." 지금까지 금강대의 존재에 대해서 정확하게 언급한 글을 본 적이 없었다. 조개골에 있는 암자를 금강대라 본 글이 있지만 김창흡의 발길은 학담에서 서쪽 산록을 올라 금강대에 이르렀고, 금강대에서 수백 보를 가서 오대산사고에 이르렀으니 조개골은 아닌 것이 분명하다. 금강대의 위치는 학담과 오대산사고 중간이다.

강재항의 「오대산기」도 김창흡의 노선과 동일하다. "더 북쪽으로 가다가 조금 서쪽으로 이동하여 능선 하나를 올라 금강대를 지나서 사각(史閣)에 도착하였다." 정시한도 김창흡과 강재항의 동선과 같았다. 『산중일기』를 읽어본다.

> 혜찰과 함께 석대(石臺) 위에 앉아 오랫동안 구경하다가 금강대암(金剛臺菴)에 도착하니 암자는 비어 있다. 잠시 두루 보다가 혜찰을 돌려보내고 영감사에 이르렀다. 수좌 설행(雪行)은 임술생(1622)으로 혼자서 절을 지키고 있다. 저녁식사 뒤에 두루 객실(客室)과 사고(史庫)를 보았다. 다시 금강대암에 올랐는데 암자는 깊은 골짜기에 있어 볼 만한 것이 없다.

오랫동안 앉아 있던 석대石臺는 학담 옆 바위다. 금강대를 금강대암으로 기록한 것이 다르지만 위치는 같다. 옛길을 따라 올라가며 금강대를 찾았으나 옛길은 무성한 넝쿨 속에 사라져버린다. 영감사로 가다가 밭일을 하시는 주지스님을 만났다. 풀 뽑는 일을 도와주다가 김창흡의 「오대산기」를 꺼내 보여드렸더니 동쪽 능선을 가리키시며 암자가 하나 있는데 금강대란다. 비스듬한 오솔길이 보인다. 길을 따라 능선을 넘으니 외부에 알려지지 않은 '금강대'가 보인다. 정시한은 깊은 골짜기에 있어 볼 만한 것이 없다고 했지만 산 속에서 수행하는 스님의 입장에서 보면 더 좋은 것이 아닐까? 볼만한 것이 없다는 것은 유람객의 불평이다. 금강대는 한마디로 검이불루儉而不陋다. 검소하지만 누추하지 않다는 말이 적절하다. 그윽하여 거처할 만하다는 김창흡의 평이 적절하다.

샘물이 솟아오르는 곳은 간단한 세간이 옆에 놓여 있다. 한 모금 마시니 정신이 번쩍 난다. 산비탈을 이용한 채마밭은 몇 걸음 남짓하다. 통나무로 만든 의자에 앉으니 남쪽으로 산이 아득하다. 평온하면서 욕심이 사라진다. 며칠 머물고 싶다.

금강대

포쇄하기 위해 오대산에 오르다

조선전기에 『조선왕조실록』을 비롯한 역사 기록이나 주요 서책은 춘추관과 외사고外史庫인 충주·전주·성주의 사고에 보관되었다. 임진왜란 때 전주사고본만 병화를 면하여 다시 실록에 대한 소장처가 논의되었다. 새로이 선정된 사고로 내사고인 춘추관을 비롯하여 외사고인 강화·묘향산·태백산·오대산의 5사고가 마련되었다. 오대산사고는 태조 대부터 명종 대까지의 실록 초고본을 1606년에 봉안하였고, 1805년(순조5년)에 정조 실록을 봉안하기까지 59회 가량 행해졌다. 선조 39년인 1606년 5월 9일에 있었던 일을 『선조실록』은 이렇게 기록한다.

> 실록청이 아뢰기를, "『실록』은 지금 봉심하고 분류하였습니다. 구건(舊件)은 그대로 강화에 보관하고 새로 인출한 3건은 춘추관 및 평안도 묘향산과 경상도 태백산에 나누어 보관하고, 방본(傍本) 1건은 바로 초본인데 지금 보관할 만한 지고(地庫)가 없으나 그냥 버리기가 아까우니, 강원도 오대산에 보관하는 것이 마땅합니다. 길일을 이미 가렸으니, 당상과 낭청을 속속 나누어 보내 장마 전에 봉안해야 하겠기에 감히 아룁니다." 하니, 알았다고 전교하였다.

오대산사고에 봉안된 『조선왕조실록』은 일제강점기에 일본 동경제국대학으로 옮겨졌다가 관동대지진 때 대부분 소실되었으며, 최근에 일부 남아 있던 실록이 일본으로부터 반환되어 규장각에 소장되었다.

김창흡의 「오대산기」는 사고史庫의 모습을 설계도를 그리듯 구체적으로 보여준다. "다시 수백 보를 나아가자 사고가 있다. 모든 산봉우리가 사고를 받들며 두 손을 마주잡고 인사를 하고 있어, 온갖 신

오대산 사고

령들이 보살펴 주는 듯하다. 사고는 위아래로 두 개의 서각書閣이 있다. 아래에는 금궤金匱를 보관하였으며 위에는 왕실의 족보인 선첩璿牒을 봉안하였다. 돌담으로 둘렀으나 담이 자못 나지막하고 작은데다 숲과의 거리가 수십 보밖에 안 된다. 때문에 산불을 막기 위하여 담 밖에 있는 풀과 나무를 불살라 버렸는데, 너무 좁은 것이 걱정이다. 왼쪽에 영감사가 있는데, 수직하는 승려와 참봉이 거처하는 곳이다." 김창흡의 글을 김홍도는 그림으로 완벽하게 재현하였다.

최근에 복원된 오대산사고는 2층의 목조 기와집으로, 2동이 앞뒤로 나란히 배치되었다. 앞의 건물이 사각史閣이고 뒤의 건물은 선원보각璿源寶閣이다. 주위에 방화벽으로 낮은 돌담을 쌓았다.

사고에서 중요한 일은 서책을 꺼내어 말리는 포쇄曝曬다. 3년 1차의 규식이 있었으나 시기에 따라 기간의 장단이 있었다. 영조 1년인 1725년 7월 5일에 포쇄를 거행할 것을 청하는 춘추관 감사의 글이 『실록』에 보인다.

> 춘추관 낭청이 감사(監事)의 뜻으로 아뢰기를, "본관에서 소장하고 있는 실록을 금년에 포쇄할 차례가 되었으니, 이달 안으로 택일하여 거행하겠습니다. 오대산사고의 포쇄는 작년에 거행할 차례였으나 사관에게 사정이 있어 거행하지 못하였습니다. 적상산 사고의 포쇄도 금년에 거행할 차례이니, 모두 함께 거행하는 것이 어떻겠습니까?"하니, 윤허한다고 전교하였다.
>
> 채제공(蔡濟恭, 1720~1799)은 포쇄하기 위해 오대산에 올랐다가 「사각에서 포쇄하다」를 지었다. "신선의 산이라 신령함 간직하고 / 석실은 산의 배를 차지했네 / 귀신이 자물쇠 잠그듯 하니 / 죽간(竹簡)은 구름에 쌓인 듯 (생략)" 김정희(金正喜, 1786~1856)도 왕명을 받고 영감사를 찾았다가 「포쇄하기 위해 오대산에 오르다」를 남겼다.

온 길 굽어보자 가깝게 여겨지니　俯看來路近
모르는 사이에 그윽한 이곳 왔네　不覺入幽冥
봉우리 반은 모두 구름에 잠기고　峯半全沈白
숲 끝은 멀리 푸른 하늘과 얽혔는데　林端遠錯靑
스님은 밖에서 보호해 주고　法雲로外護
신선 불은 그윽이 듣는 걸 돕네　仙火攝幽聽
바위 골짜기에 남은 땅 넉넉하니　巖洞饒餘地
무슨 인연으로 조그만 정자 지을까　何緣結小亭

<small>＊火攝子: 불을 붙일 때 쓰는 도구</small>

서울서 강원도 오대산까지 왔으니 얼마나 힘들었을까. 그러나 막상 오대산사고에 도착하니 언제 왔는가 싶을 정도로 마음에 들었다. 산은 높아 반은 구름이 덮고 울창한 숲은 하늘을 찌를 듯하다. 갑자기 오대산에 땅을 얻어 조그만 암자를 짓고 싶어진다. 오대산은 골짜기마다 포근하다. 위압적인 기세로 사람을 누르지 않는다. 어머니처럼 찾는 이를 안아준다. 김정희는 오대산의 미덕을 몸으로 느끼자 이곳에 머무르고 싶어졌다.

영감사, 오대산사고를 수호하다

북대에 머물렀던 나옹화상이 오대산을 다시 찾은 것은 1369년이다. 이때 영감암에서 주석하였다. 조선 전기인 1420년에 기화己和 선사가 오대산에 들어와 오대산의 여러 성인들에게 공양하고, 나옹 화상의 진영을 뵙고 제사한 후 암자에서 지낼 때 꿈에 어떤 신

승神僧이 나타나 말하기를 "그대의 이름을 기화己和라 하고 호를 득
통得通이라 하라"하였다. 그 장소는 영감암이었다.

신미대사信眉大師의 동생인 김수온金守溫, 1410~1481의 「영감암중창
기靈鑑菴重創記」를 통해 영감사의 역사는 이어진다. 세조가 신미대
사를 만나러 상원사에 갔을 때 동행한 상궁 조두대는 영감암이 쇠
락했다는 말을 듣고 중창하기로 결심한다. 세조 13년(1467) 봄부
터 예종 1년(1469) 가을까지 2년 반이나 걸려 세웠으며, 성종 5년
(1474)에는 논 10섬지기를 시주하였다.

이후 사명대사가 1568년부터 영감암에 머물렀는데, 오대산사고
가 사명대사의 건의로 영감암 자리에 건립되면서 염감암은 사고

영감사

옆으로 옮기게 되었다. 사고를 수호하기 때문에 수직사라고도 하였다. 조현명趙顯命, 1690~1752의 「영감암중수기靈鑑庵重修記」에 의하면 영감암은 1728년에 다시 면모를 일신하게 된다.

1740년 4월에 영감사를 찾은 채지홍蔡之洪, 1683~1741의 행적이 「동정기東征記」에 남아 있다. "점심을 먹고 말에서 내려 견여를 타고 북쪽으로 15리를 가니 선원璿源과 실록實錄을 보관하는 두 건물이 있다. 각각 기둥이 셋이고 이층이다. 위에는 책을 아래에는 잡다한 준비물을 쌓았고, 담장을 둘러치고 자물쇠를 채웠다. 곁에는 작은 암자 두 채가 있다. 참봉과 승려들이 매우 부지런히 지키고 있다. 영동과 영서의 모든 승려들이 번을 나눠 교대로 지킨다고 한다."

영감사는 한국전쟁 와중에 전소되었고 터는 채마밭이 되었다. 1961년에 현재 위치에 새로 건립되었고, 1989년에 지금의 건물이 세워졌다.

이재李縡, 1680~1746는 영감사에 들려 「9월 16일 영감사에서 짓다」를 남겼다.

고당에 부모 늙고 병들었는데 高堂親老病
나라 일 나를 머무르게 하네 王事我淹留
아득히 저녁에 구름 바라보니 杳杳瞻雲夕
어둑한 가을에 앙상한 나무들 陰陰落木秋
깊은 산에 외로이 절만 있고 萬山孤寺在
온갖 근심에 등불은 그윽하네 千慮一燈幽
어떻게 무사하단 소식 전하며 安得傳平信
멋진 유람 알려줄 수 있을까 因之詫壯遊

이재李縡는 1704년 7월에 강화에 갔다가 9월에 오대산에 들렀는데, 포세하는 임무를 띠고 영감사에 온 것이다. 포세하는 일을 마쳤는가. 늦가을 저녁에 남쪽 하늘을 바라보며 하루 일과를 마친다. 영감사는 연꽃이 반쯤 핀 형국인 연화반개형 명당에 자리 잡았다. 주위의 봉오리들이 연꽃잎처럼 절을 감싸고 있어서 아늑하다. 답답할까 남쪽으로 조금 트인 곳으로 먼 산들이 아스라이 들어온다.

백탑령을 넘다

영감사를 출발한 유람객은 상원사로 향하곤 했다. 요즘 방문객들은 오던 길을 다시 내려가 계곡을 따라 올라가지만, 선인들은 고개를 넘은 후 계곡을 따라 걸었다. 지금은 아무도 찾지 않아 잊혀진 고개의 이름은 '백탑령白塔嶺'이다. 오대산사고 중간 부분에서 출발한 길은 산의 안부로 향한다. 백탑령을 내려오면 오대산 산장 아래 큰길과 만난다.

강재항은 「오대산기」에서 백탑령 구간을 이렇게 묘사한다. "북쪽으로 고개 하나를 넘는데 산세가 험준하여 넘기 어렵다. 가마에서 내려 도보로 힘들게 이동하여 백탑동에 이르러 정수담鄭壽耼 군을 만났다." 정기안의 「유풍악록」은 더 자세하다. "북쪽 길을 따라 내려가니 고개를 모두 둘러싸고 있는 것은 푸른 나무가 우거진 숲이다. 속세를 돌아보니 인간계와 천상계가 멀리 떨어져 다스리는 일과 어지럽히는 일, 영광과 치욕, 시비에 대한 시끄러움이 귀에 들어오지 않는다. 뿐만아니라 마음에 누가 되는 것이 없어서 초연히 속세를 떠나려는 뜻이 있게 한다."

풀 속으로 뛰어들어 옛길을 따라 오르니 무성한 조릿대가 길을 막는다. 덩굴 때문에 우회하기도 하고 늪지대를 뛰어넘기도 하였다. 중간에 돌담 흔적이 있는 것으로 보아 암자 터인 것 같다. 새로 길을 내며 도달한 곳은 움푹 파인 고갯마루다. 주변에서 주운 도자기 파편은 옛 사람들의 흔적이다. 정기안은 이곳을 인간계와 천상계의 경계로 보았는데 고갯마루에 앉아 땀을 식히며 멀리 바라보니 참으로 그러하다.

조현명趙顯命, 1690~1752은 고개를 넘으며 시를 남긴다. 「백탑령을 넘다」가 『귀록집歸鹿集』에 실려 있다.

백탑령

해는 고개 위 중천에 떴지만 嶺表三竿日

산속은 먼 옛날부터 그늘졌네 山中萬古陰

수레가 골짜기로 깊이 들어가니 小輿深入壑

빽빽한 나무 위로 나란한 봉우리 密樹上齊岑

험한 길 거리끼지 않고 지나니 不憚崎嶇過

마침내 아득한 곳 이르게 되네 終當縹緲臨

가마 메어 피곤한 중 걱정하는데 却愁僧擔倦

높은 봉우리 흰 구름에 쌓여있네 高處白雲沉

배낭 하나 달랑 매고 오르는데도 고개는 한 바가지 땀을 요구한다. 수레를 메고 올랐을 스님을 떠올리지 않을 수 없다. 오대산과 관련된 숱한 유산기와 한시들, 그리고 문헌 자료를 남기지 않았지만 적멸보궁까지 유람을 했을 대부분의 양반네들은 스님들의 어깨를 빌렸다. 지금까지 전해지는 오대산과 관련된 자료는 스님들의 땀으로 이루어진 것이라 해도 과언이 아니다.

보천태자가 도를 닦던 신성굴

『삼국유사』에 「명주오대산보질도태자전기溟州五臺山寶叱徒太子傳記」가 수록되어 있다. "보질도태자는 항상 골짜기의 신령스러운 물을 마시더니 육신이 공중으로 올라가 유사강流沙江에 이르러 울진대국蔚珍大國 장천굴掌天窟에 들어가 도를 닦았다. 다시 오대산 신성굴神聖窟로 돌아와 50년 동안이나 도를 닦았다고 한다." 보질도태자는 보천寶川태자를 말한다. 위 내용은 『삼국유사』 「대산오만

진신臺山五萬眞身」 편에 더 자세하다.

　보천은 항상 영험 있는 계곡의 물을 길어다 마시더니 만년에는 육신이
공중을 날아 유사강(流沙江) 밖 울진국(蔚珍國) 장천굴(掌天窟)에 이르러
머물렀다. 여기에서 수구다라니경(隨求陀羅尼經)을 외는 것을 밤낮의 과
업으로 삼았다. 어느 날 장천굴의 귀신이 인사를 하고 말했다. "내가 이
굴의 신이 된 지가 이미 2,000년이나 되었지만 오늘에야 수구다라니경
의 진리를 들었습니다." 말을 마치고 보살계 받기를 청했다. 계를 받고
나자 이튿날 굴이 없어져서 보천은 놀라고 이상하게 생각하였다. 보천은
장천굴에 머문 지 20일 만에 오대산 신성굴로 돌아왔다. 여기에서 또 50
년 동안 수도를 하니 도리천의 신이 하루 세 번 와서 설법을 듣고, 정거
천(淨居天)의 무리들은 차를 달여 공양하고, 40명의 성인(聖人)은 10척
높이 하늘을 날면서 항상 호위해 주었다. 그가 가지고 있는 석장 지팡이
가 하루에 세 번씩 소리를 내면서 방을 세 바퀴씩 돌아다니므로, 이것을
쇠북과 경쇠로 삼아 시간에 맞추어 수업을 하였다. 문수보살이 때때로
보천의 이마에 물을 붓고 도를 통하는 기별을 주었다.

　신라 신문왕의 아들 보천과 효명은 저마다 일천 명을 거느리고
성오평에 이르러 여러 날 놀다가, 함께 오대산에 들어와서 부처님
의 가르침을 따라 열심히 수도를 했다. 신문왕이 승하하자 궁중에
서는 두 왕자를 찾아 나섰다. 보천은 경주로 돌아가기를 거부하며
오대산에서 수도하기를 원했고, 동생 효명이 서라벌로 돌아가 왕
이 되었으니 바로 성덕왕이다. 위『삼국유사』의 기록은 형제가 헤
어진 이후의 일이다.

　고려 말기에 신성굴은 신성암神聖菴으로 등장한다. 권근權近의「유
명조선국보각국사비명有明朝鮮國普覺國師碑銘 병서幷序」에 신성암이
보인다. 보각국사普覺國師의 행적 중 다음 글이 눈길을 끈다. "공민

신성암

왕이 선사의 행적이 바른 것을 높이 여겨 회암사에 머물기를 청하
였으나 가지 않고, 곧 금오산으로 들어갔다가 다시 오대산에 들어
가 신성암에 거처하였다. 이때 나옹懶翁 혜근화상惠勤和尙 또한 고운
암孤雲菴에 있었기 때문에 자주 접견하여 도의 요지를 질의하였다.
나옹은 뒤에 금란가사金欄袈裟·상아불象牙拂·산형장山形杖을 선사
에게 주어 표신을 삼았다.” 신성암이 주요한 수도 공간으로 기능한
역사를 보여준다.

　조선시대에 들어와 이익상李翊相, 1625~1691은 신성암에 시를 바
친다.

신성암 창건된 해를 생각해보니　神聖菴思創始年
신라 왕자 이곳서 선을 구하던 때　新羅王子此求仙
당시 사적 누구한테 물어볼까　當時事跡從誰問
나이 많은 고승 쉼 없이 전해주네　綠髮高僧亹亹傳

이익상이 신성암에 들렸을 때는 그가 강릉부사였던 1676년이었을 것이다. 그때 이익상에게 신성암의 역사에 대하여 자세하게 말해준 스님은 누굴까?

1676년에 송광연宋光淵, 1638~1695은 시내를 따라 10여 리 올라가서 신성굴에 도착하였다. 한 무더기 바위가 시냇가에 우뚝 솟았고, 아래에 작은 구멍이 보인다. 위에 정사 한 칸을 새로 지어놓고 수좌승 의천義天이 머물면서 자신의 호를 환적당幻寂堂이라 하였다. 의천은 가만히 앉아 도를 닦아 정신과 풍채가 의연하고, 나이가 일흔 넷인데도 얼굴에 젊은이의 광채가 가득하다. 젊을 때부터 솔잎을 항시 복용하여 기력을 얻은 것이 많아서 그렇다고 한다. 의천이 스스로 말하길 속가俗家가 선산善山에 있으며 이백종李百宗 등과 서로 친한 사이라고 한다. 여러 중들이 말하길, 본래는 선산의 대족大族으로 출가하여 중이 되었는데 지조와 행실이 여느 중들과는 확연히 다르다고 한다. 이에 의천의 문도들이 번성하여 지업志業을 쉬이 성취하였으며, 산 속에 암자를 여럿 세웠는데 진여원眞如院과 신성굴이 가장 이름난 암자라고 한다. 신성굴 아래에 또한 오래된 초가집 터가 있는데, 신라의 왕자가 정신을 수양하고 도를 닦던 곳이며, 의천은 자신의 문도에게 이곳에 암자 하나를 짓게 하였다고 한다. 이익상이 만난 스님과 송광연이 만난 스님은 동일인일 가능성이 매우 높다.

10여 년 뒤인 1687년에 이곳을 찾은 정시한은 다른 정보를 알려준다. "영감사 뒤쪽 고개를 넘고 냇물을 따라 10여 리를 가서 신성암에 이르렀다. 암자 앞 위아래에 두 개의 연못이 있다. 위쪽 연못은 사람의 힘을 이용하여 냇가에 대를 쌓았다. 위에 단청한 누각이 눈부시게 빛난다. 이곳은 의천義天이 창건했는데 진흙 벽이 모두 깨지고 비어 있은 지 이미 5~6년이 되었다. 절에 있던 중을 호랑이가 잡아먹자 떠나서 비게 되었다고 한다. 큰 바위 아래에 빈 전각 한 칸이 있고, 위에 있는 옛 암자 터에 초가집 여러 칸이 보인다." 『산중일기』의 일부분이다. 정시한이 본 것은 퇴락한 신성암이었다. 1718년에 김창흡이 신선골 입구를 지나게 되었다. 신성굴이 옆에 있는데, 옛날에 이름난 중이 기거하던 곳이었으나 지금은 황폐한 터가 되었다고 기록하였다. 건물은 이미 쓰러지고 터만 남게 되었다.

　　여러 기록에 의하면 보천태자가 수양하던 신성굴은 신선골 입구에서 그리 멀지 않은 계곡 가 왼쪽 산기슭에 있었던 것으로 추정된다. 현재 계곡의 이름인 신선골은 신성神聖에서 유래하였을 것이다. 현재도 신선골 입구에 보천태자의 수행정신을 계승하고자 신성암神聖庵을 지어놓고 수도처로 삼고 있지만 그 유래를 아는 이가 드물다.

　　신선골에 또 다른 암자가 있었다. 정시한은 신성암을 두루 보고 나서 앞 냇물을 건너 냇물을 따라 7~8리를 올라간 후 작은 냇물을 건너 적조암寂照庵에 올랐다. 마침 81세 된 수좌 의규義圭가 예전부터 알고 지내던 사이처럼 맞이하였고, 이곳에서 하룻밤을 묵었다. 이곳은 어딜까? 적조암터는 아직 알려지지 않았다.

보각국사 普覺國師

보각국사는 1320년(충숙왕 7) 3월 13일 아버지 조숙령의 임지인 용주(현 경상북도 예천군 용궁면)에서 태어났다. 어머니 청주경씨의 권유로 13세부터 대선사 계송(繼松) 밑에서 공부하여 1341년(충혜왕 복위2) 22세의 나이로 승과 선종선에 급제했다. 1348년(충목왕 4) 금강산에 들어가 2년 동안 공부한 후 선원사의 식영감 화상에게서 능엄경을 배웠다.

재상 조쌍중(趙雙重)이 지은 휴휴암에 초빙되어 3년간 능엄의 법요를 강연한 후 충주 청룡사 서쪽에 연회암을 짓고 머물렀다. 공민왕이 회암사 주지가 되어 주기를 요청했으나 사양하고 오대산 신성암에 머물면서 나옹(懶翁) 화상과 불도(佛道)를 논했다. 1361년(공민 10) 공민왕의 요청으로 궁궐에서 법회를 열었으나 도중에 도망친 후 명산과 사찰을 주유했다.

1370년(공민 19) 공부선장(工夫選場)에서 단독으로 선발되었으나 궁궐에 머물게 하는 줄 알고 도망쳐 봉황산에 숨었다. 그 후 왕명에 의해 불호사 등을 거쳐 1374년 궁궐 내불당에서 불법을 설하였다. 우왕 초에 송광사, 서운사에 머물다가 충주 연회암으로 돌아왔다. 다시 우왕의 요청으로 광암사에 3년을 머물다가 도망하여 여러 사찰을 거친 후 연회암으로 돌아와 1378년부터 수년간 불경의 간행에 힘을 기울였다.

1383년(우왕 9) 국사에 책봉되고 개천사 주지가 되었으나 이듬해 왜구가 충주에 침범하자 광암사로 옮겼다. 1388년(창왕 즉위년) 개천사로 돌아왔고, 1392년(공양 4) 7월 이성계가 조선을 개국하자 축하의 표문을 올리고 충주 청룡사로 옮긴 후 1392년(공양왕 4) 9월 18일 입적하였다. 왕의 부름에 쉽게 응하지 않은 것은 속세의 명리에 초연한 참된 구도자의 길을 걸었음을 말해 준다. 목은 이색, 도은 이숭인 등 당대의 유학자들과도 교유했다.

전해지는 저서 4편이 모두 보물로 지정되었다. 1378년에 저술된『선림보훈(禪林寶訓)』2권 2책은 보물 제700호, 1378년에 저술된『금강반야경소론찬요조현록』〈권 상·하〉 2책은 보물 제720호, 1379년에 저술된『호법론(護法論)』은 보물 제702호, 1381년 저술된『선종영가집(禪宗永嘉集)』은 보물 제641호로 지정되어 있다.

한국학중앙연구원-향토문화전자대전

의천義天

선승(禪僧). 성은 문씨. 자는 지경(智鏡), 호는 환적(幻寂). 경상북도 구미 출신. 5세 때 아버지가 죽자 11세에 어머니를 따라서 충청북도 보은의 외가에 가서 살았다.

그해에 출가하여 속리산 복천사(福泉寺)진정(塵靜)의 제자가 되었다. 14세에 스승을 따라서 금강산 정양사(正陽寺)로 갔다. 이때 편양(鞭羊)이 법기(法器)임을 알고 열심히 정진할 것을 당부하였다. 1년 동안 정양사에 머물다가 속리산으로 돌아와서 16세에 구족계를 받았다.

그 뒤 팔공산 동화사(桐華寺)로 가서 유현(惟賢)에게 경론을 배우고, 21세에 청량산으로 들어가서 수도하였다. 이때 솔잎과 솔방울을 먹으면서 일체의 곡식을 먹지 않았으며, 그 뒤 31년 동안 생식을 계속하였다. 29세 때 다시 금강산으로 가서 편양으로부터 화두(話頭)를 받고 용맹정진하다가 여러 사찰의 고승들을 찾아다니면서 가르침을 받았다.

1644년(인조 22) 편양의 죽음을 전하여 듣고 금강산으로 가다가 도중에 병을 얻어 1년 뒤에 정양사로 가서 편양의 탑과 비를 건립하였다. 1646년

보은의 어머니를 모셔와서 보천사(寶泉寺) 가까이에 작은 집을 지어 머무르게 하고 3년 동안 봉양하다가 다시 여러 곳으로 유람하였다. 51세 때 금사사(金沙寺) 미타전에서 어머니가 생식을 금할 것을 간곡하게 권유하였으므로 다시 불에 익힌 음식을 먹게 되었다.

1656년(효종 7) 어머니가 죽자 정성껏 장례를 치른 뒤 여러 사찰을 다니며 후학들을 지도하였다. 1689년(숙종 15) 가야산 해인사의 백련암(白蓮庵)에 머물러 더욱 정진하다가 이듬해에 입적하였다. 다비(茶毘)하자 사리와 정골(頂骨)이 나왔는데, 사리는 생전에 인연이 깊었던 문경 봉암사, 춘천 문수사, 충주 월악산 덕주사, 대구 용연사, 태백산 각화사, 거창 연수사, 가야산 해인사에 탑을 세우고 봉안하였으며, 정골은 대곡사(大谷寺)에 탑을 세우고 봉안하였다.

그의 법맥은 휴정(休靜)—편양—의천으로 이어지며, 법을 이은 제자로는 조영(照影) · 신경(伸敬) · 상희(尙熙) · 청심(淸心) · 쾌민(快敏) 등이 있다.(한국민족문화대백과사전)

나옹화상 거처하던 북대

북대로 향하는 길은 차량 통제용 바리케이드를 넘으면서 시작된다. 소명골과 나란히 시작하던 임도는 미륵암 앞을 지나 두로령 넘어 홍천 내면분소까지 이어진다. 완만한 오르막과 날 것 그대로의 흙길은 여행자 자신도 모르게 사색하게 하는 명상의 트레킹코스다. 가끔 여름의 야생화와 가을의 단풍이 방해하곤 하지만 즐거운 방해꾼이다. 소명골을 건너며 크게 꺾인 길은 조그만 계곡을 만나자 다시 방향을 바꾼다. 옛길은 임도가 아니라 계곡 옆 오솔길을 따라가야 한다. 수많은 고승과 사대부들이 북대를 가기 위해 땀을 흘렸다. 그들은 가파른 길을 거슬러 올라가서 환희령歡喜嶺을 넘었다. 어느 고개든 땀 흘려가며 정상에 오르면 기쁘기 마련이다. 그런데 이곳은 기쁨이 몇 배가 될 정도로 오르막길이 급하다. 그래서 특별히 환희령이란 이름을 얻게 되었다.

김창흡은 점심을 먹고 북대로 향하였다. 우거진 숲속으로 접어들자 돌이 많아서 쉽게 미끄러졌다. 동행한 사람들은 가마에서 내려서 걸어갔으나, 그는 꿋꿋하게 가마에 앉은 채 내리지 않았다. 자신이 편하자고 남을 힘들게 해선 안 된다는 것을 알지만, 가마를 멘 중들의 어깨가 벌겋지만, 어찌할 방법이 없다고 고백한다. 가마 위에 앉았어도 숨쉬기가 힘들 정도였다. 험한 곳이 끝나고 산세가 다소 평탄해졌다. 환희령 정상이다. 여기서부터 산허리를 가로지르는 험준한 바윗길을 비스듬히 따라 돌며 미륵암으로 향하였다. 조선시대 유산기를 읽다보면 나도 모르게 화가 나곤 한다. 김창흡의 「오대산기」에서 이 구간은 더욱 그러하다.

옛길은 임도와 만나더니 바로 『삼국유사』가 석가여래를 우두머리로 한 오백 나한이 늘 있었다고 알려준 북대 상왕산과 미륵암이 나타난다. 미륵암은 현대식으로 중건해서 예전의 고즈넉한 아름다움을 찾을 길 없다. 앞에 파노라마로 펼쳐진 산만 그대로다. 김창흡은 이렇게 묘사했다.

> 높고 탁 트였으며 여러 승경을 갖추고 있다. 중대(中臺)에 비하면 두터운 맛은 못하지만 트인 맛은 그보다 낫다. 암자에 들어가 먼 산을 바라보니 산의 푸른빛이 하늘에 닿았는데 태백(太白)과 가까운 곳인 듯하다.

미륵암

미륵암의 첫 번째 승경을 제대로 포착했다. 또 하나의 승경은 산을 삼켜버리는 안개다. 선실로 밀려들어와 지척을 분간할 수 없는 안개 속에서 나그네들은 도리어 황홀해했다. 김창흡이 꼽은 마지막 승경은 달그림자다. 밤이 깊어지자 초승달이 하늘에 떠올라 만물을 밝게 비춘다. 새벽이 되어 산보하는데 스님이 좇아 나섰고 여기에 달그림자가 참여하여 삼소三笑를 이룰 만하였다고 적는다. 삼소三笑는 호계삼소虎溪三笑를 말한다. 혜원 스님이 하루는 친구 도연명과 육수정의 방문을 받고 함께 놀다가, 두 사람이 돌아갈 때 그들을 전송했다. 서로 이야기를 나누며 걷다가 자기도 모르게 '다시는 이 다리를 건너 산 밖으로 나가지 아니하리라'고 맹서했던 호계다리를 지나쳐 버렸다. 이 사실을 두 벗에게 말하자, 세 사람이 손뼉을 치면서 크게 웃었다고 한다. 김창흡은 호계삼소와 같은 경계를 시로 노래했다.

북대는 어찌나 아득한지 北臺何縹緲
신선 사는 곳까지 솟았네 高出六六天
앞엔 삼인봉 걸려있고 前峰三印挂
멀리 태백산과 이어졌네 遠勢太白連
나무들 붉은 기운 띠는 건 楓杉流絳氣
감로수가 물 대주기 때문 注玆甘露泉
구름 아래에 홀로 서니 獨立雲在下
고요하고 밝은 달빛이여 寥朗片月懸

육륙천六六天은 신선이 사는 곳에 있다는 36동천을 가리키는 말로, 천하의 뛰어난 경치를 의미한다. 미륵암이 있는 북대다. 미륵암 앞에 봉긋하게 솟은 안산이 삼인봉三印峰이고 파도치듯 저 멀리 산들은 아스라하다. 태백산도 있을 터이고 발왕산도 물결 속에 있을 것이다.

북대에는 암자가 몇 채 더 있었다. 송광연은 상왕대 아래에 고운암孤雲庵이, 그 아래에 상두암象頭庵과 자시암慈施庵이 있다고 1676년에 「오대산기」에 기록하였다. 비슷한 시기인 1687년에 정시한도 북대암北臺菴에서 서북쪽으로 수십 걸음 오르니 상두암인데, 바람이 없고 탁 트였으며 삼인봉을 안산으로 하고 있으니 참으로 도인이 수도하는 곳이라고 평한다. 그 당시 상두암 벽에 나옹懶翁의 화상畵像이 걸려있었다. 상두암에서 내려가다가 한 암자 터를 지나 백호봉白虎峰 아래에 있는 자씨암慈氏菴에 올랐다는 기록도 중요한 정보다. 송광연이 말한 자시암慈施庵이리라. 깊은 우물에 떨어진 것 같이 길은 험하고, 달리 볼 만 한 것이 없었으나 샘은 달고 차서 이 산에서 가장 좋다고 품평한다. 겨울에는 따뜻하고 여름에는 차며 물이 넓고 깊어 마르지 않는다고 덧붙인다. 미륵암의 감로수만큼 인상적이었던 것 같다.

김시습도 북대에 올라 「북대北臺」를 짓는다.

상왕산 하늘로 솟아 푸르고　象王山色倚天端
첩첩 깊은 산 기운 가득 서렸는데　繚曲幽深氣鬱盤
구름 흩어지는 불계에 홀로 머물러　麟部獨棲雲片片
둥근 달 뜨는데 작은 수레 홀로 왔네　羊車單駕月團團
평평한 돌 평상은 이끼로 얼룩얼룩　石床平處苔花點
바위에 물 떨어지니 물방울 차갑네　巖溜飛時瓊屑寒

세상살이에 모진 풍랑 몇 번이었던가 人世幾回風浪惡
산자락 한 자리 차지함만 못하리 不如來占一層巒

그가 찾았을 때는 암자가 퇴락했던 것 같다. 돌 평상은 이끼로 얼룩덜룩 하였으니 빈 절이었는지도 모른다. 감로수만이 변치 않고 차갑게 떨어지고 있었다. 마지막 연이 가슴을 먹먹하게 만든다. 짧은 세상살이에서 그는 벌써 거친 풍랑을 몇 번이나 경험하였다. 얼마나 더 경험할지 예측하기 어렵다. 그는 오대산 산자락을 차지하고 싶었다.

북대는 나옹懶翁 화상과 깊은 인연을 맺고 있다. 나옹은 고려 말의 고승 혜근惠勤, 1320~1376의 호다. 양주 회암사에서 깨달음을 얻고, 이후 원나라로 건너가 인도 승려 지공指空에게 배우고, 광제사廣濟寺의 주지가 되기도 하였다. 귀국해서는 오대산 상두암象頭庵에 은거하다가 신광사, 회암사의 주지를 역임했다. 공민왕의 왕사王師로서 왕명에 의해 밀양 영원사로 거처를 옮기던 중 여주 신륵사에서 입적하였다. 상두암象頭庵은 북대에 있었던 암자다.

미륵암 앞 산자락엔 나옹화상이 적멸보궁을 바라보며 수행했다는 나옹대가 있다. 전설도 전해온다. 북대에 머물던 나옹화상이 오백 나한에게 상원사로 가라고 한 뒤 상원사에서 기다렸다고 한다. 그런데 두 나한이 안 보여 찾아보니 칡덩굴에 걸려 못 오고 있었다. 그 뒤 나옹화상은 오대산에서 칡을 쫓아내, 지금도 칡을 찾아보기 어렵다고 한다. 김시습이 북대에 찾아왔을 때에 나옹화상의 유품인 향반香槃과 노끈을 얽어매어 만든 의자인 승상繩牀이 있어서 시를 짓기도 했다.

북대에서 나옹화상이 지은 시를 감상하지 않을 수 없다. 이 시는 중국 당나라의 한사寒山스님이라는 설과 작자 미상이라는 설도 있다. 미륵암 앞에 서본 자는 절로 이해가 가며 그렇게 살고 싶어진다.

청산은 나를 보고 말없이 살라하고　青山今要我以無語
창공은 나를 보고 티없이 살라하네　蒼空今要我以無垢
사랑도 벗어놓고 미움도 벗어놓고　聊無愛而無憎今
물같이 바람같이 살다가 가라하네　如水如風而終我
청산은 나를 보고 말없이 살라하고　青山要我生無言
창공은 나를 보고 티없이 살라하네　蒼空請吾活無塵
탐욕도 벗어놓고 미움도 벗어놓고　解脫貪慾脫去嗔
물 바람같이 살다 하늘에 가라하네　如水若風居歸天

오대산 제일 깊은 곳, 함허당

나옹화상의 뒤를 이은 고승은 함허당涵虛堂, 1376~1433이다. 함허당은 원래 유학자였지만 친구의 죽음을 접하고 삶과 죽음의 근본 문제를 해결하고자 1396년에 관악산 의상암에서 출가하여 무학대사의 가르침을 받는다. 오대산에서 참선을 하던 중 깨침을 얻어 이름을 기화己和 호를 득통得通이라 하였다. 함허당은 여말선초의 억불숭유의 현장을 목도하면서, 불교탄압논리에 정면으로 맞서 논리적 실천적으로 호교론을 주장하였다. 1420년(세종 2)에 오대산의 영감암에 있는 나옹의 진영에 제사한 뒤, 암자에서 잘 때 꿈에 신이한 스님이 나타나 이름은 기화己和, 호는 득통得通으로 명명해주어 이후 그것을 사용하였다.

두로령에서

정시한이 북대에서 동쪽으로 6~7리를 가서 도착한 암자 함허당 涵虛堂은 득통得通화상과 관련이 있을 것이다. 함허당은 이 산에서 가장 깊숙해서 절터가 산으로 둘러싸여 있으며 정교하고 교묘하였다. 밀선 스님 혼자 이 암자에 거주하고 있다가 정시한에게 저녁식사를 대접하였는데, 소금, 간장, 채소절임은 없고, 단지 솔잎 반찬뿐이었다. 나중에 월정사 스님들이 하는 말이 "함허당은 월정사에서 60여 리의 거리로 길이 매우 험하고 높아서, 월정사의 노스님도 보지 못하고 죽는 자가 있으며, 희원 스님이 이번 봄에 자지紫芝를 캐러 갔다가 처음으로 한 번 보았다고 합니다. 유람 온 사람 중 이곳에 이른 자가 없었는데 지금 가서 볼 수 있었던 것은 진실로 괴상한 일입니다"라고 하였다.

함허당은 잊혀진 암자다. 길도 알 수 없다. 홍천 내면으로 넘어가는 두로령 정상에 서니 백두대간을 표시한 거대한 이정표 뒤로 산들이 첩첩하다. 북대에서 동쪽으로 6~7리를 갔다고 하니 두로봉 정상 아래 양지 바른 곳에 있었을 것이다. 오래 전부터 오대산 깊숙한 이곳저곳에 암자가 있었고, 스님들은 그곳에서 용맹정진하여 깨달음을 얻었다. 오대산을 불국토라 불러도 틀린 말이 아니다. 오대산의 역사는 골짜기마다 수도하던 공간인 암자의 역사이기도 하다.

혜근惠勤

속명은 아원혜(牙元惠), 호는 나옹(懶翁) 또는 강월헌(江月軒). 법명은 혜 근(惠勤), 또는 혜근(彗勤). 아버지는 선관서영(善官署令) 서구(瑞具)이다. 중 국의 지공(指空)·평산처림(平山處林)에게 인가를 받고 무학(無學)에게 법을 전하여, 조선시대 불교의 초석을 세웠다.

21세 때 친구의 죽음으로 인하여, 공덕산 묘적암(妙寂庵)에 있는 요연선 사(了然禪師)에게서 출가하였다. 그 뒤 전국의 이름 있는 사찰을 편력하면서 정진하다가 1344년(충혜왕 5) 양주 천보산 회암사(檜巖寺)에서 대오(大悟)하 고, 석옹(石翁)에게 깨달음을 인가받았다.

1347년(충목왕 3) 원나라 연경(燕京) 법원사(法源寺)에서 인도승 지공의 지도를 받으며 4년 동안 지내다가 1350년(충정왕 2)에 평강부(平江府) 휴휴 암(休休庵)에서 한철을 보내고, 다시 자선사(慈禪寺)의 평산처림을 참견(參 見)하여 그의 법을 이었다. 이듬해 명주(溟州)의 보타락가산(補陀洛伽山)에 서 관음보살을 친견하고, 육왕사(育王寺)에서 석가모니상을 예배하였다. 그 곳에서 무상(無相)과 고목영(枯木榮) 등의 승려를 만나 법론(法論)을 벌였고, 1352년에는 복룡산(伏龍山)의 천암장(千巖長)을 찾았다. 원나라 순제(順帝) 는 그를 연경의 광제선사(廣濟禪寺) 주지로 임명하였고, 1356년 10월 15일 에는 개당법회(開堂法會)를 가졌다. 순제의 만류를 무릅쓰고 주지직을 내놓 은 뒤 다시 지공을 찾아갔다가 1358년(공민왕 7)에 귀국하였다.

귀국 후 오대산 상두암(象頭庵)에 은신하였으나 공민왕과 태후의 청으로 잠시 신광사(神光寺)에 머무르면서 설법과 참선으로 후학들을 지도하던 중, 홍건적으로부터 신광사를 수호하였다. 그 뒤 공부선(功夫選)의 시관(試官)이 되었고, 1361년부터 용문산·원적산·금강산 등지를 순력한 뒤 회암사의 주지가 되었다.

1371년 왕사 대조계종사 선교도총섭 근수본지중흥조풍복국우세 보제존자(王師大曹溪宗師禪教都摠攝勤修本智重興祖風福國祐世普濟尊者)에 봉해졌다. 그 뒤 송광사에 있다가 다시 회암사 주지가 되어 절을 중수하였으며, 1376년에는 문수회(文殊會)를 열어 크게 법명을 떨쳤다.

왕명으로 밀성(密城: 밀양) 영원사(塋源寺)로 옮겨가던 중, 1376년(우왕 2) 5월 15일 여주 신륵사에서 입적하였다. 나이 56세, 법랍 37세였다.

그는 참선과 교학을 같이 닦음으로써 성불의 가능성을 보여준 고승으로, 고려 말의 선풍을 새롭게 선양하였다. 그가 법을 전해 받은 지공의 선풍이 공(空)의 이치를 통해 해탈한다는 입장이었음에도 불구하고 혜근은 전통적인 간화선(看話禪)의 입장을 취하였다.

그는 종래의 구산선문(九山禪門)이나 조계종과는 다른 임제(臨濟)의 선풍을 도입하여 침체된 불교계에 새로운 바람을 불러일으켰다. 또한, 그의『귀의자심삼보(歸依自心三寶)』의 주장과 '염불은 곧 참선'이라고 한 것은 이후의 우리나라 선종에서 계속 전승되었다.

계율관(戒律觀)에서도 삼귀의(三歸依)가 아닌 사귀의를 주장하고 있는데, 수정신사귀의(受淨信四歸依)·참제제삼업죄(懺除諸三業罪)·발홍서육대원(發弘誓六大願)·최상승무생계(最上乘無生戒) 등이다. 또, 적극적인 사회참여와 중생 제도의 보살도를 강조하기 위하여 육대서원(六大誓願)을 세우기도 하였다.

제자로는 자초(自超)·지천(智泉) 등 2,000여 명이 있으며, 저서로는『나옹화상어록(懶翁和尙語錄)』1권과『가송(歌頌)』1권이 전한다.

기화己和

본관은 충주(忠州). 속성은 유씨(劉氏). 호는 득통(得通), 당호는 함허(涵虛). 첫 법명은 수이(守伊), 첫 법호는 무준(無準). 법명은 기화(己和). 충청북도 충주(忠州) 출신. 아버지는 전객시사(典客寺事)청(聽)이고, 어머니는 방씨(方氏)이다.

조선 초기의 배불정책이 극에 이르렀을 때, 불교의 정법(正法)과 그 이치를 밝힘으로써 유학의 불교 비판의 오류를 시정시키고자 노력하였다.

1396년(태조 5)관악산 의상암(義湘庵)으로 출가하였으며, 1397년에 회암사(檜巖寺)로 가서 무학왕사(無學王師)에게 법요(法要)를 들은 뒤 여러 곳을 다니다가, 1404년(태종 4) 다시 회암사에 가서 수도에 정진하였다.

1406년 공덕산(功德山) 대승사(大乘寺)에서 4년 동안 『반야경』을 설했고, 1410년 개성의 천마산 관음굴(觀音窟)에서 선을 크게 진작하였다. 1411년부터 절을 중수하고 승속(僧俗)들을 지도하였다. 1414년 황해도 평산(平山)의 자모산(慈母山) 연봉사(烟峯寺)의 작은 방을 함허당(涵虛堂)이라 명명하고, 『금강경오가해설의(金剛經五家解說誼)』를 강의하였다.

1420년(세종 2) 오대산에 들어가 오대의 여러 성인들에게 공양하고, 영감암(靈鑑庵)에 있는 나옹(懶翁)의 진영(眞影)에 제사한 뒤 잘 때, 꿈에 어떤 신승(神僧)이 나타나 이름은 기화, 호는 득통으로 지어 주어 이후 그것을 사용하였다.

1421년 세종의 청에 의하여 개성 대자사(大慈寺)에 머물면서 왕의 어머니를 위해 명복을 빌고, 왕과 신하들을 위해 설법하였다. 1424년 길상산(吉祥山) · 공덕산(功德山) · 운악산(雲岳山) 등을 편력하면서 일승(一乘)의 진리를 설파하였다.

1431년 문경의 희양산(曦陽山) 봉암사(鳳巖寺)를 중수하고 그곳에서 머물다가, 1433년 입적하였다.

그는 자초(自超)의 법을 이은 선가(禪家)이지만, 교(敎)에 대한 많은 저술을 남겼고, 교학적(敎學的)인 경향을 강하게 풍기고 있다. 『현정론(顯正論)』에 나타나 있듯이, 그의 선사상(禪思想)에는 현실생활과 일상적인 생활을 수용하고 포용하는 특징이 있는데, 이것은 조선 초기 유학자들이 배불(排佛)을 주창하면서 '허무적멸지도(虛無寂滅之道)'라고 비판한 것을 반박하기 위한 것이었다. 또한 유·불·도의 삼교일치 사상은 신라 말 최치원(崔致遠)에 의해 시작되어, 그에 의해 본격적으로 시작되었다. 그의 삼교일치론은 송나라 계숭(契嵩)이 지은 『보교편(輔敎編)』과 비슷한 점이 있지만, 강력한 억불정책으로 불교가 배척당하고 있는 시대적 배경 속에서 주장되었다는 점에 차이가 있다.

문인으로 문수(文秀)·학미(學眉)·달명(達明)·지생(智生)·해수(海修)·도연(道然)·윤오(允悟) 등이 있다. 저서로는 『원각경소(圓覺經疏)』 3권, 『금강경오가해설의』 2권 1책, 『윤관(綸貫)』 1권, 『함허화상어록(涵虛和尙語錄)』 1권이 있다. 그 밖에도 『반야참문(般若懺文)』 1권이 있다고 하나 전하지 않는다.

한국민족문화대백과사전

고양이에게 논을 하사하다

바람 부는 돌계단 오솔길로 통하여 風磴山門細逕通
수많은 바위 물소리 들으며 건너니 千巖度盡水聲中
문수보살 변해서 어렴풋이 보이고 文殊變滅依俙見
뜬 구름 한 점 푸른 하늘 지나가네 一點浮雲過碧空

상원사로 가는 험난한 길과 어렴풋이 도를 이해할 것 같은 상태
를 묘사한 이경석李景奭, 1595~1671의 「상원사에 문수보살 상이 있
어 시를 지어 각현覺賢 스님에게 주다」란 시다. 그는 상원사에 들
러 「상원사중수기上院寺重修記」를 짓기도 했다. 혹시 동쪽으로 유람
할 일 있으면 상원사 빈 방에 기대어 오대산의 상쾌한 기운 마시며
동해의 해와 달 돋는 광경을 침상에서 보겠노라는 약속은 이경석
이 오대산을 지나며 한 말이다.

이경석 이전에 상원사로 향하던 세조는 계곡물을 만나자 지나던
동자승에게 등을 밀게 하면서 임금의 옥체를 본 사실을 말하지 말
라고 한다. 동자승은 문수보살을 친견했다 말하지 말라며 사라졌
고, 병은 씻은 듯 사라졌다. 이 일화는 세조가 1466년 윤 3월 17일
오대산 상원사로 행차했다가 행궁으로 돌아와 과거시험을 실시하
고 문과 18명 무과 37명을 뽑았던 일을 근거로 하였을 것이다. 일
화를 뒷받침하는 관대걸이가 나중에 상원사 입구에 세워졌다.

상원사로 향하는 계단 오른쪽에 오대산의 근현대를 지켜온 선사
들의 부도가 있다. 삼국시대부터 시작된 역사가 끊이지 않고 오늘
에 이어지도록 애쓴 분들로 한암 스님과 탄허 스님 그리고 만화 스
님이다. 한암 스님은 한국전쟁 때 상원사를 지켜낸 일화로 유명하

다. 퇴각하던 국군이 월정사를 불태우고 다시 상원사를 태우러 올라오자 가사와 장삼을 단정히 갖추시고 법당에 들어가 정좌한 뒤 '이제 불을 지르라'고 하셨다. 군인들은 결국 법당 문짝을 떼어내 태우고 산을 내려가야만 했다. 탄허 스님은 한암 스님의 제자로 본래 유학을 공부한 유학자였다. 한암 스님과 편지를 나누다가 한암 스님에게 감복하여 제자가 되었다. 그 후 탄허 스님은 불경 번역과 승려 교육에 힘을 쏟았다. 만화 스님은 전쟁 때 한암 스님을 모시고 상원사에 남았으며 스님의 입적을 홀로 지켜보았던 유일한 스님이다. 스님은 후에 월정사 주지가 되어 월정사를 다시 일으켜 세웠다.

상원사

고양이 석상

　누대 밑 계단을 지나 문수전을 오르기 전 계단 왼쪽을 보니 두 마리 고양이 석상이 세조의 이야기를 들려준다. 세조가 법당에 들어가려 하자 갑자기 고양이가 나타나 들어가지 못하도록 옷소매를 물고 늘어졌다. 이상하게 여긴 세조는 사람을 시켜 법당 안을 뒤지게 했는데, 세조를 암살하려던 자객이 붙잡혔다. 세조는 이를 기특하게 여겨 고양이의 은혜에 보답하고자 묘전猫田을 하사했다고 한다. 『강원도지』에 이와 관련된 기록이 보인다.

　　계곡에서 목욕할 때마다 문수동자를 친견하여 그 때문에 완쾌되어 동자상을 조성하고 신석답(申石畓)을 하사하였다. 그 때 자객이 상 밑에 숨어있었는데 고양이가 임금의 옷을 물고 물러나도록 잡아끄니 괴이하게

여기다가 곧 깨달아 흉악한 화를 면할 수 있었다. 그래서 또한 고양이를
먹여 기르도록 논을 하사하였다.

신석답申石畓은 강릉 신석동에 있는 논을 뜻한다. 신석동 옆 월호
평동에 고양이 먹이를 위해 세조께서 하사하신 300석짜리 논을 묘
전猫田이라 하고, 이 논을 흔히 괴답이라 한다는 전설이 지금도 전
해지고 있다. 한암 스님이 쓴 「오대산 상원사선원 헌답약기」에도
이와 유사한 구절이 보인다.

> 조선조 세조대왕이 몸이 편치 못하여 혜각존자(慧覺尊者)인 신미대선
> 사(信眉大禪師)와 학열(學悅) 등에게 명하여 문수보살에게 기원하다가
> 문수동자가 등을 밀어주며 목욕시켜 준 것을 친견한 후 곧장 말끔히 씻
> 은 듯이 회복되자 세조가 몹시 기뻐한 나머지 문수동자상을 조성하여 봉
> 안하고, 강릉 신석답(申石畓) 500석 세수(歲收)를 상원사에 넘겨주어 향
> 화(香火)를 끊이지 않도록 주선해 주었다.

계곡에서 목욕할 때 문수동자를 친견한 후 그 때문에 완쾌되어
동자상을 조성하였다는 화소와 고양이가 임금의 옷을 물고 물러나
도록 잡아끌어 화를 면할 수 있었다는 화소가 결합되어 다양하게
변주되었음을 들려준다.

푸른 연꽃이 핀 곳에 진여원을 세우다

신라 신문왕의 아들 보천과 효명은 오대산으로 들어와, 보천은
오대산 중대 남쪽 밑 진여원 터 아래 푸른 연꽃이 핀 것을 보고 그
곳에 풀로 암자를 짓고 살았으며, 아우 효명은 북대 남쪽 산 끝에

푸른 연꽃이 핀 것을 보고 그 곳에 풀로 암자를 짓고 살았다. 두 사람은 함께 예배하고 염불하면서 수행하였다. 오대에 나아가 공경하며 참배하던 중 오만의 보살을 친견한 뒤로, 날마다 이른 아침에 차를 달여 일만의 문수보살에게 공양했다. 후에 왕이 된 효명태자는 진여원眞如院을 개창하면서 상원사의 역사가 시작되었다.

상원사 기록은 고려 말 이색李穡, 1328~1396이 지은 「오대상원사승당기五臺上院寺僧堂記」로 이어진다.

> 승려 영로암(英露菴)은 나옹(懶翁)의 제자이다. 오대산에서 노닐면서 상원사에 들어갔다가 승당의 터만 있고 건물은 없는 것을 보고는 탄식하여 말하기를, "오대산은 천하의 명산이요, 상원사는 또 큰 사찰이다. 그리고 승당으로 말하면 불도(佛道)를 성취하는 곳으로서 시방(十方)의 행각승(行脚僧)들이 모여드는 장소인데, 어찌 없어서야 되겠는가." 하고는, 열심히 뛰어다니며 시주를 구하였다. (중략) 그해 겨울에 승려 33명을 불러들여 10년을 기한으로 좌선(坐禪)을 시작하였는데, 5년째 되는 신유년이 바로 그 절반에 해당되었으므로 법회(法會)를 성대하게 열고서 치성을 드리게 되었다. 그런데 그해 11월 24일에 달이 이미 들어갔는데도 승당이 아무 까닭 없이 저절로 환하게 밝아졌다. 이에 대중(大衆)이 신비한 현상을 괴이하게 여기고 그렇게 된 까닭을 찾아보았더니, 광명(光明)은 바로 성승(聖僧)인 나옹(懶翁)의 앞에 놓여 있는 촛불에서 나온 것이었으므로 대중이 모두 경악하였다. 그리하여 이제는 그 불꽃을 산중의 여러 암자에서 서로 이어 오면서 오늘날에 이르렀는데, 세상에서는 이를 두고 김씨의 지극한 정성으로 말미암은 것이라고 한다.(하략)

조선시대에 들어와 김수온金守溫, 1410~1481의 「상원사중창기上元寺重創記」가 상원사의 역사를 다시 알려준다.

> 1464년(세조 10년) 4월에 우리 세조(世祖) 혜장대왕(惠壯大王)께서 신

병으로 고생하신 지 10여 일이 되었다. 태왕태비께서 매우 근심하시어 혜각존자(惠覺尊者) 신미(信眉)와 대선사 학열(學悅) 등에게 자문을 구하셨다. "궁궐 안팎에 있는 사직단이나 절에서 상감에 대한 기도를 드리는 것도 좋지만 명산 경승지에 절을 지어 특별히 기도할 곳을 만들어 놓는다면 나라에 큰일이 있을 때 거기에 가서 기도하는 것이 좋겠다. 경 등은 여러 곳을 돌아다녀 보았으니 반드시 그런 곳을 알 것이다. 숨김없이 아뢰도록 하라." 신미 등이 대답했다. "우리나라 명산 중에서 오대산의 상원사가 특히 기이합니다. 이곳에서 불공을 드리면 누구나 도를 깨우치는 영험이 있다하오나 불행히도 화재를 당했습니다. 그 뒤에 사람들이 시주를 해 절을 짓기는 했지만 재력이 부족하여 겨우 비바람이나 가릴 정도로 허술합니다. 만일 이 절을 고쳐 짓고 불공을 정성스럽게 드린다면 부처님의 영험을 얻으실 수 있을 것입니다." 그러자 태왕태비께서 이들의 말대로 절을 짓도록 전교하셨고 세조께도 아뢴 뒤에 학열에게 절을 짓는 책임을 맡기셨다. 그리고 경상 감사에게 영을 내려 쌀 500석을 배로 운반하여 강릉으로 보내게 하시고, 또 제용감(濟用監)에 명하여 포 1,000필을 내어 절을 짓는 경비로 쓰게 하라고 하셨다.

이후 상원사를 찾은 수많은 이들이 남긴 유산기를 통해 상원사의 모습을 복원할 수 있다. 1626년에 신즙申楫, 1580~1639이 방문했을 때 절 앞 1리쯤에 수각교水閣橋가 있었다. 새로 짓는 중인데 아직 기와를 올리지 못한 이유가 남한산성 부역 때문인 것 같다고 보았다. 절과 중이 모두 비어 폐찰이 되다시피 하였고, 문 밖은 풀에 묻히고 서쪽 행랑은 반쯤 기울어져 있었다. 1676년에 송광연이 이곳을 찾았다. 효명이 불교에 귀의하였을 때 머물렀던 곳인 화엄암華嚴庵에 도착하였으며, 다시 환적당幻寂堂을 본 후 곧이어 상원사에 도달하였다고 한다. 지금의 상원사 아래에 화엄암과 환적당이 있었던 것이다. 뒤에 다시 상원사 아래에 진여원이 있다고 했으니 화엄암과 방향이 다른 곳에 진여원이 있었던 것 같다.

김홍도가 그린 상원사

정시한의 1687년 기록을 보자. 상원사에서 진여원으로 내려왔는데 진여원은 중창한지 오래되지 않아 금빛과 푸른빛이 휘황찬란하다는 대목이 보이고, 또 보질도암寶叱徒庵로 내려왔는데 달리 볼 만한 것이 없다는 기록도 있다. 보질도寶叱徒는 보천태자를 가리키므로 보질도암은 화엄암을 가리키는 것으로 보인다.

1718년에 김창흡이 상원사의 불전과 불각, 행랑채와 요사채를 두루 살펴보니 칸수가 많은데다 장식 또한 성대하였다. 계단과 섬돌은 모두 돌을 섬세하고 매끈하게 갈아서 마치 옥을 쌓아놓은 듯이 촘촘한데 경주에서 실어 온 것이라 한다. 종은 만든 솜씨가 뛰어나고 소리가 웅장했다. 세조가 순행할 때 백관들이 많이 시종했는데, 지금 승려들이 지내는 요사채가 모두 당시 건물이라고 한다. 왼편에 진여각眞如閣이 있고, 불전에는 문수보살이 서른여섯 가지로 변한 모습을 그려놓았다. 종은 우리나라에 전하는 동종 가운데 가장 오래된 상원사 동종이다. 안동 누문에 걸려 있던 것을 1469년 상원사로 옮겼다고 한다. 화엄암과 함허당을 언급하지 않은 것으로 보아 건물이 사라진 것 같다. 1727년에 찾은 강재항의 글에도 상원사의 화려함과 종, 상원사 왼편에 있는 진여각에 대해서만 언급하고 있다.

상원사에는 유산기가 언급하지 않은 탑이 영산전 앞에 있다.『삼국유사』에 「오대산문수사五臺山文殊寺 석탑기石塔記」라는 제목으로 기록되었다.

> 뜰 가에 있는 석탑은 대개 신라 사람이 세운 것이다. 만든 제도가 비록 순박하여 교묘하지는 못하지만 자못 영험이 있어 이루 다 기록할 수가 없다. 그 중에서 한 가지 사실을 여러 옛 노인에게서 들었는데 이러하다. "옛날에 연곡현(連谷縣) 사람이 배를 타고 바닷가에서 물고기를 잡고 있었다. 이때 갑자기 탑 하나가 배를 따라오는 것을 보았는데, 그 그림자를 보자 물속 고기들이 모두 흩어져 달아난다. 이 때문에 어부는 한 마리도 잡지 못해서 분한 마음을 참지 못하여 그림자를 따라서 찾아가니 이 탑이었다. 이에 도끼를 들어 그 탑을 쳐부수고 갔는데, 지금 이 탑의 네 귀퉁이가 모두 떨어진 것은 이 까닭이다."

이야기는 이어진다. 탑이 조금 동쪽으로 당겨져서 중앙에 있지 않은 것을 괴상히 여겨서 현판 하나를 쳐다보니 거기에는 이렇게 씌어 있다. "비구 처현處玄이 일찍이 이 절에 있으면서 탑을 뜰 가

상원사 석탑

운데로 옮겼더니 그 후 30여 년 동안 잠잠히 아무 영험도 없었다. 일자日者 터를 구하려고 여기에 와서 탄식하기를 '이 뜰 가운데는 탑을 세울 곳이 아닌데 어찌해서 동쪽으로 옮기지 않는가'했다. 이에 여러 중들이 깨닫고 다시 옛 자리로 옮겼으니 지금 서 있는 곳이 바로 그곳이다." 이후에 영험함을 되찾았는지 알 수 없다. 다만 오랜 세월의 풍파를 헤치며 왔다는 흔적이 탑 전체에 남아 있다. 여기저기 떨어져나가고도 오롯이 서 있는 것 자체가 영험함 때문이 아닐까?

상원사와 관련된 시 중에 율곡의 시가 눈에 들어온다. 그는 「남대·서대·중대에서 노닐고 상원사에서 묵다」를 남겼다.

깊은 산골 날씨 활짝 개고 洞壑媚新晴
바위 물소리 맑기도 하니 巖流淸有聲
오대산의 깊은 흥취에 이끌려 五臺引興深
이끼 길에서도 발걸음 가볍네 苔逕芒鞋輕
다래 덩굴 잡고 정상에 오르니 攀蘿凌絶頂
흰 구름 푸른 벼랑에 피어 일고 白雲生翠屛
옹기종기 작은 산들을 굽어보니 俯覽衆山小
여기저기 안개 낀 나무 가지런하네 浩浩煙樹平
돌 틈에 흐르는 차가운 샘물 冷冷石竇泉
한 번 마시자 세상일 다 잊혀지고 一飮遺世情
선방에서 부들방석 앉으니 禪房坐蒲團
상쾌한 기분에 꿈마저 맑구나 灑落魂夢淸
새벽 종소리에 깊은 반성 일어나니 晨磬發深省
담담한 심정 무어라 말 못하겠네 澹澹吾何營

오대산 이곳저곳의 암자를 찾아다닌 후 감상문을 시로 쓴다면 이럴 것이다. 더 무엇이 필요할 것인가. 덧붙인다면 말 그대로 사족蛇足이다.

조도의 경계, 수정암

서대西臺에 위치한 수정암水精菴은 신라의 보천, 효명 태자가 수도하며 날마다 우통수의 물을 길어 부처님께 공양을 올렸다는 곳이고, 무량수불을 주불로 하여 1만 대세지보살이 계신 곳이다. 보천은 임종 직전 서대 남쪽에 미타방彌陀房을 두어 무량수불과 무량수여래를 우두머리로 한 1만 대세지보살을 모시게 하였으며, 낮에는 법화경을 읽고 밤엔 아미타불께 예불하며 수정사水精社라 부르라는 유언을 남겼다.

이런 인연으로 세워진 수정암은 조선시대에 들어와 권근의 「오대산서대수정암중창기五臺山西臺水精庵重創記」에 다시 등장한다.

> 우통수의 근원에 수정암이란 암자가 있는데, 옛날 신라 때 두 왕자가 이곳에 은둔하여 선을 닦아 도를 깨쳤기에, 지금도 도를 닦고자 하는 사람들이 모두 거처하기를 즐겁게 여긴다. (중략) 다만 염려되는 것은, 앞으로 이 암자에 있는 사람들이, 신라의 두 왕자와 같이 득도하는 사람이 있을 것인지. 언제나 청소를 잘하여 황폐하지 않도록 하되, 기우는 것은 붙잡아 세우고 썩는 것은 바꾸어서 두 공의 뜻을 떨어뜨리지 않고 이 산과 함께 무궁하게 할 수 있을 것인지. 아니면 또한 화재를 만나 다시 숲이 되어 알 수 없게 되는지. 모두 기필할 수 없으니, 이는 다음 사람들의 책임에 달린 것이다.

후에 나암유공懶菴游公과 목암영공牧菴永公이 산에 들어왔다가, 암자의 서까래가 잿더미로 변한 것을 보고서 중창하기로 하고 태조 2년 봄에 불탄 자리에 공사를 시작하였다. 우통수 옆 숲 아랫자리를 보니 잡초가 덮혀 있기는 하지만 명당이라 그곳에 절을 짓기로 하고 터를 다졌다. 놀랍게도 주춧돌이 그대로 남아있고 한눈에 보아도 옛 절터였음을 알 수 있는 기물들이 나오자, "아마 하늘이 화재를 내어 그 전 누추하던 것을 태워 버리고 더욱 좋게 짓도록 한 것이거나, 두 공이 다시 태어나 옛터를 발견한 것이거나, 아니면 도안道眼이 갖추어져 저절로 옛사람들과 합치된 것 중에 한 가지일 것이다."하였다. 중창 후 또 몇 번의 중창이 있었을 것이다. 도를 닦고자 하는 사람들이 모두 거처하고자 하는 명당이었기 때문에 비어 있을 적이 없었을 것이다.

조선시대에 김창흡은 수정암으로 가려고 등나무넝쿨로 들어섰다. 돌을 밟고 계곡물을 힘들게 건너서 굽이굽이 산등성이를 올랐다. 말라 죽은 나무가 길을 막아 여러 번 가마에서 내려 쉬었다. 숲 속의 나뭇가지 끝이 보였다 안보였다 한다. 얼마 되지 않아 암자에 도착하였다. 암자는 몇 년 전에 화재를 당하여 널집을 새로 지었는데, 매우 꼼꼼하게 단장했다. 위치가 알맞고 바람이 깊숙이 들어 잠시 쉬니 정신이 안정된다. 고승이 말한 '조도助道의 경계'라 한 것은 아마도 이를 두고 일컬은 것 같았다. 동행하는 사람에게, "3년 동안 여기서 주역을 읽으면 거의 깨우침이 있을 것이다. 자네는 나를 따를 수 있겠나?"라 하였다. 권근이나 김창흡이나 수정암이 도를 깨치는데 최적의 장소라는 것을 입증해준다. 수정암 툇마루에 앉아 앞을 바라보면 우매한 사람일지라도 '조도助道의 경계'

수정암

라는 의미를 금방 깨닫게 된다. 오대산에 자리 잡은 모든 암자들이 그러하지만 여기는 더 특별하다. 막힘없는 경계는 절로 마음 속 응어리를 풀어지게 한다. 들끓는 욕망을 차분히 가라앉게 만든다. 멀리 바라보는 눈은 절로 하늘을 담아 맑아진다.

김창흡은 수정암에 앉아 앞산을 바라보며 시를 지었다.

서대에 낙엽 쌓여서 西臺落葉積
쓸쓸히 암자 닫지만 寥閴閉紺圍
어찌 새소리를 들으며 何曾聞一鳥
원숭이 잠글 수 있나 可以鎖六猿

우통수 물 맑고 찬데 筒泉湛然滿
한강은 여기서 발원하니 漢江斯發源
내 십 년간 머무르며 吾將十年棲
앉아 천리 밖 살피리 坐閱千里奔

원숭이는 마음의 원숭이다. 마음의 원숭이는 사방으로 치닫는다. 원숭이처럼 초조하고 불안한 마음이다. 마구 일어나 제어하기 어려운 마음을 비유한 말이다. 불안한 마음은 말로도 비유된다. 생각의 말이 미쳐 날뛰는 것은 마음의 원숭이가 사방으로 치닫는 것과 같다. 심원의마心猿意馬의 약칭으로, 즉 사람의 망념妄念을 일으키는 마음이 마치 미쳐 내닫는 말[狂奔之馬]이나 날뛰는 원숭이[飛躍之猿]처럼 일정한 방향이 없이 사방으로 마구 내달리는 것을 형용한 말이다. 진정시키기 위한 약은 우통수 찬 물 마시기다. 한 번 마시는 것은 부족하다. 십 년 정도는 마셔야 마음을 진정시킬 수 있고 도를 깨칠 수 있다.

한강, 우통수에서 발원하다

김창흡은 오대산의 네 가지 미덕 중 하나로 샘물의 맛을 들었다. 여러 뛰어난 산과 비교했을 때 드문 것이라 평하였다. 중대 사자암의 옥계수玉溪水, 동대 관음암의 청계수青溪水, 북대 미륵암의 감로수甘露水, 남대 지장암의 총명수聰明水, 그리고 서대 수정암의 우통수于筒水가 대표적인 샘물이다.

권근이 「오대산서대수정암중창기」에서 우통수를 언급한 이후에 수많은 시와 기문이 한강의 발원지로 꼽아왔다.

우통수

　서대 밑에서 샘이 솟아나서, 빛깔과 맛이 보통 우물물보다 낫고 물의 무게 또한 무거운데 우통수(于筒水)라고 한다. 서쪽으로 수백 리를 흘러가다 한강이 되어 바다로 들어가는데, 한강이 비록 여러 군데서 흐르는 물을 받아 모인 것이지만 우통수가 중령(中泠)이 되어 빛깔과 맛이 변하지 아니하여, 마치 중국의 양자강과 같다. 한강이라 이름 짓게 된 것도 이 때문이다.

　『신증동국여지승람』도 권근의 기문을 인용하며 오대산 서대 밑에 솟아나는 샘물이 있는데, 곧 한강의 근원이라 기록하였다. 김창흡은 우통수에 대해 자신의 의견을 이렇게 표현한다. "우통수를 찾아갔다. 외진 곳에 있는데 물빛이 깨끗하여 다른 샘보다 나은 듯하다. 물맛은 마찬가지로 달고 향긋하다. 세상에서는 한강 물이 우통수에서 발원한다고 하는데, 당초 발원지로 우통수를 선택한 데에는 필시 의도가 있을 것이다. 온갖 샘물이 함께 물을 댄 것이지, 어찌 본래부터 장자와 서자처럼 구별이 있겠는가? 알 수 없는 일이다." 맞지 않는가? 오대산만 하더라도 이곳보다 깊고 높은 곳에서 흐르는 물이 있을 것이다. 없다고 하더라도 오대산 이곳저곳의 수많은 골짜기 물이 합해져서 반야연과 금강연을 만들고, 그 물들이 흘러서 커다란 한강이 되었다는 것은 지극히 상식적인 사실이 아닌가?

이민구李敏求, 1589~1670가 왔을 때 암자의 명칭은 백련암이었다. 우통수는 서대 백련암 동북쪽 백보 지점에 있으며, 돌을 쪼아 우물을 만들었는데 등나무 덩굴이 덮어 가려서 산승 중에도 아는 자가 드물고, 백련암 동쪽에 샘이 있어 또한 우통수라고 부르는데 진짜가 아니라고 설명한다. 그는 우통수 물을 길어서 차를 끓였는데, 옆에 있던 이가 "이 물을 마시면 총명해진다."라고 해서 웃으며 시를 지었다.

성스런 물 인성을 바꿔서　聖水移人性
탁한 성품을 맑게 한다지만　能令濁者清
찻잔 놓고 마시지 않으려니　停甌不欲飲
본래 총명함 싫어하기 때문　我自厭聰明

이민구는 왜 총명해지는 것을 싫어했을까? 여기서 총명함은 혼탁한 인간세상에서 재빠르게 이익을 취하는 약삭빠름을 의미하는 것이 아닐까? 이민구와 반대로 많은 사람들은 총명해진다는 말을 믿고 우통수의 물을 마시기 위해 이곳을 찾을 것이다.

적멸보궁을 수호하는 사자암

1742년에 사자암을 찾은 정기안鄭基安, 1695~1767은 더할 수 없이 높고 고결하며 매우 맑고 깨끗할 뿐만 아니라, 시야가 널찍하여 즐길만하다고 평하였다. 사자암에 대한 적절한 평이다. 사자암은 적멸보궁을 수호하는 암자로 중대에 있다. 보천과 효명 태자가 비로자나불을 중심으로 일만의 문수보살을 친견한 곳이다. 그래서 사자암의 법당인 비로전 안으로 들어가면 문수보살상과 보현보살상이 좌우에서 비로자나부처님을 모시고, 벽체 사방 8면에 각각 다섯 사자좌의 문수보살을 중심으로 상계에 500문수보살상과 하계에 500문수동자상 세계가 펼쳐져 있다.

사자암은 『삼국유사』에 등장한 이래 조선 초 권근權近, 1352~1409의 「오대산사자암중창기五臺山獅子庵重創記」에 언급된다. 건문建文 3년인 1401년 봄에 태조가 이득분李得芬을 시켜 권근에게 명하였다.

> 내가 일찍이 듣건대, 강릉부의 오대산은 빼어난 경치가 예로부터 드러났다기에, 원찰(願刹)을 설치하여 훌륭한 인과응보를 심으려 한 지 오래였다. 지난해 여름에 노승 운설악(雲雪岳)이 와서 고하기를 '중대(中臺)에 사자암이란 암자가 있었는데 국가를 비보하던 사찰입니다. 중대의 양지쪽에 자리 잡고 있어 이 대를 오르내리는 사람들이 모두 거쳐 가는 곳입니다. 세운 지 오래되어 없어졌으나 빈터는 아직도 남아 있으므로 보는 사람들이 한탄하고 상심합니다. 만약 이 암자를 다시 세운다면 많은 사람들의 마음에 기뻐하고 경축함이 반드시 다른 곳보다 배나 더할 것입니다.'라 하였다.

권근의 글은 기술자를 보내 위에 3채, 아래 2칸을 세웠는데 규모가 작기는 하나 형세에 합당하게 되어서 사치하거나 크지 않았으며, 공사가 끝나자 11월에 친히 와서 낙성하였다고 알려준다.

허목은 중대에서 조금 내려오면 사자암이 있는데 태조가 창건한 것으로, 권근에게 명하여 「사자암기獅子庵記」를 짓게 하였고, 옥정玉井이 있는데 아래로 흘러 옥계수玉溪水가 된다고 「오대산기五臺山記」에서 재차 밝혔다.

이후의 역사는 월정사 홈페이지에 자세하다. 중창된 이후 왕실의 내원당內願堂으로 명종 대에 승영僧營 사찰로 보호되기 시작하였고, 1644년부터 1646년 사이에 중수되었다. 이후에는 왕실보호로 사세를 유지하고 건물을 보수해 나가다가 1878(고종15)년 개건되었고, 요사채로 사용되던 향각香閣이 낡아 1999년 퇴우 정념스님이 오대五臺를 상징하는 5층으로 향각을 신축하여 2006년 8월에 완공되고 건축불사가 마무리되었다.

사자암은 서거정徐居正, 1420~1488의 「오대산으로 돌아가는 경민상인敬敏上人을 보내다」에서도 보인다.

뜨락에 오동잎 떨어지고 더위는 주춤한데 葉落庭梧暑欲殘
오대산으로 다시 가는 스님을 보내노니 送師還向五臺山
골짜기 안에는 알꽤라 황금 사자가 있어 洞中知有金獅在
한 번 포효하고 맞이해 불단에 예배할 걸세 一吼相迎禮佛壇

불교에서 부처의 큰 위엄을 사자에 비유하여 부처의 설법을 사자후獅子吼라 칭하고, 부처가 설법하는 자리를 사자좌獅子座라 칭하기도 한다. 서거정의 시에 그려진 사자는 사자암獅子庵일 것이다.

서대 가는 길에서 본 사자암

성불의 씨앗

아득한 중대 어지러운 세상과 끊어졌으니 縹緲中臺絶世紛
신선과 범부로 향하는 길 여기서 갈라지네 仙凡剛向此間分

최석정崔錫鼎, 1646~1715이 지은 「상원사를 찾아 중대에 오르다」 중
일부분이다. 상원사는 넓은 의미에서 중대에 위치한다고 볼 수 있지
만, 위 내용은 적멸보궁이 있는 중대를 읊은 것으로 보는 것이 더 적
합하다. 범부가 신선이 되기 위해 적멸보궁으로 향한다. 사자암을
지나 적멸보궁을 향하던 순례객은 금몽암金夢菴에서 쉬면서 샘물을
마시곤 했다. 세조가 꿈속에서 얻은 우물이라 전해진다. 김창흡은
아주 시원하지는 않으나 달고 부드럽다고 품평했다. 금몽암은 사라
지고 샘물은 용안수란 이름으로 남아 적멸보궁을 찾는 사람들이 목
을 축인다. 금몽암은 새벽 저녁으로 적멸보궁에서 향을 피우는 스님
들이 머물던 곳이었으나 지금은 사자암이 역할을 대신한다.

금몽암 뒤 돌계단을 밟고 수십 보 올라가면 적멸보궁이다. 정시한
은 적멸보궁 네 글자를 개성 사람 홍명기洪命基가 아홉 살 때 쓴 것이
라고 알려준다. 그의 집에서 아름다운 빛깔의 비단을 시주하여 적멸
보궁을 특별하게 새기고 그렸다. 사람, 날짐승, 길짐승, 풀과 나무의
모습이 네 벽에 기교를 다해 그려져 있었다. 윤선거尹宣擧, 1610~1669
가 건물 안을 들여다보니 금불상은 없고 단지 불영佛影을 설치하고
잡다한 색의 종이꽃을 어지러이 꽂혀있을 뿐이었다. 허훈許薰, 1836~
1907은 적멸보궁 안에 보관 중인 대장경大藏經 50 상자를 발견하였다.

적멸보궁 뒤는 신라의 자장율사가 중국 오대산에 들어가 문수보
살을 뵙고 전해 받은 부처님의 진신사리를 봉안한 곳이다. 이때부

터 오대산은 문수보살 성지로 자리매김하게 되었다. 강재항은 "적멸각寂滅閣 뒤쪽에 부처의 유골을 간직해 두었다고 한다. 어지러이 바위가 무더기로 쌓여서 층층을 이루는데, 이런 곳이 모두 두 곳이다."라고 적는다. 김창흡은 「오대산기」에서 "석축 아래에 바위가 이어져 있는데, 이는 자연적으로 생긴 것이지 사람이 만든 것이 아니다. 여기서부터 주봉主峯에 이르기까지 누차 중요한 길목에 마디마디마다 석축이 있다."라고 하였다.

부처님 진신사리가 봉안된 곳이 중대다. 주위의 산들이 병풍처럼 에워싸고 있는 것이 용이 여의주를 희롱하는 형국이며 용의 머리에 해당된다. 조선시대 암행어사 박문수가 이곳을 방문하고 "승도들이 좋은 기와집에서 일도 않고 남의 공양만 편히 받아먹고 사

적멸보궁

는 이유를 이제야 알겠다."며 천하의 명당이라고 감탄했던 곳이기도 하다. 스님들도 "한 구역 내에 있는 수많은 중들의 탯줄이 바로 여기에 있으니, 이곳이 아니면 성불成佛할 씨앗이 사라진다."라고 말할 정도로 명당 중의 명당이다.

김창흡은 비록 명산이 많다고 하나, 오대산에 비할 곳은 드물다며 「오대산」이란 시를 짓는다.

중대는 산 가운데 차지하여 中臺占位正
산속의 경승 독차지 했으니 擅勝一山中
용이 나는 듯 모든 산 인사하며 龍飛萬嶺拱
독수리 웅크린 듯 누각은 높네 鷲蹲孤閣崇

김홍도가 그린 적멸보궁

이곳에 오른 송광연은 「오대산기」에서 이렇게 적는다. "적멸보궁에 앉았으니 오대산의 진면목이 바로 눈앞에 있는 듯 역력하게 보인다. 태백산과 소백산이 구름 사이로 점을 찍어 놓은 것처럼 보인다. 이곳저곳을 자유롭게 보며 회포를 펼치니 속세를 벗어나고 싶다. 얼마 지나 비가 오려는 조짐이 있더니 눈꽃이 날린다. 아무시름없이 이를 바라보다가 산을 내려와 상원사로 돌아왔다." 한겨울에 찾으면 이러하지 않을까. 간 순례자가 적은 평일날에 와야 제대로 중대의 미학을 느낄 수 있을 것이다.

김시습은 이곳에서 「중대中臺」를 짓는다.

자줏빛 구름 끼자 빈 전각 영롱하고 虛閣玲瓏鎖紫煙
초목이 무성하니 뜰엔 꽃 만발한데 庭花爛熳草芊綿
우담발화 상서로운 꽃 삼계에 피고 優曇瑞蕚敷三界
끝없는 상서로운 빛 구천에 뻗쳤네 無頂祥光射九天
거문고에 바람 스치니 부처님 말씀인 듯 風過焦桐開梵語
금몽암에 구름 걸리니 신선 내려오는 듯 雲低金甕降眞仙
풍경소리 아득히 소나무 소리에 섞이니 磬聲遙與松聲合
여래가 오묘한 불법 말씀하시는 듯 宣說如來不二禪

자줏빛 구름은 인간의 세계가 아니다. 그곳에 우담발화가 피었다. 3천 년에 한 번 핀다는 꽃은 부처가 세상에 출현하여 설법하는 것을 비유하는 말로도 쓰인다. 이 꽃이 욕계欲界 뿐만 아니라 색계色界와 무색계無色界까지 폈다. 상서로운 빛은 천제가 살고 있는 곳까지 비추니 이곳은 바로 적멸寂滅의 세계다. 바람소리뿐만 아니라 풍경소리와 솔바람소리도 부처님 말씀처럼 들리는 중대다.

2

오대산의 문화경관

2

오대산의 문화경관

오대산의
자연경관과 문화유적

오대산의 자연 경관

오대산을 찾은 유학자들은 무엇을 보았을까. 유산기와 한시를 분석하면 자연경관과 문화 유적이 대부분이다. 문화 유적 중 수행 공간에 대한 언급이 많다.

자연경관은 자연 그대로의 모습이 보존된 경관이다. 자연 그대로의 모습도 감동을 주지만 인문적인 요소가 가미됨으로써 의미 있는 장소가 된다. 오대산은 물과 관련된 명소가 많다. 김창흡金昌翕, 1653~1722은 오대산의 미덕으로 샘물의 맛이 좋은 것을 들면서, 여러 산에서 드문 것[1]이라고 할 정도였다.

금강연

고려 말에 정추鄭樞, 1333~1382는 금강연金剛淵에 대해 "금강연 푸르게 일렁거리며, 갓 위에 묵은 먼지 씻어내네"라 읊조렸고, 『신증동국여지승람』은 금강연 주변의 모습을 자세하게 설명한다. "네 면

---

1 김창흡(金昌翕), 「오대산기(五臺山記)」, 『삼연집(三淵集)』 "泉味佳絕, 諸山所罕有, 是一勝也"

이 모두 너럭바위고 폭포는 높이가 열 자다. 물이 휘돌아 모여서
못이 되는데, 용이 숨어있다는 말이 전해온다. 봄이면 열목어가 천
마리, 백 마리씩 무리 지어서 물을 거슬러 올라오다가 이 못에 와
서 이리저리 돌아다니며 자맥질한다. 힘을 내어 폭포로 뛰어오르
는데 혹 오르는 것도 있으나 어떤 것은 반쯤 오르다가 도로 떨어지
기도 한다."² 장황할 정도로 묘사하고 있는데 그만큼 중요한 장소
라는 의미이다. 김세필金世弼, 1473~1533도 정추와 같은 경험을 『십청
집十淸集』에 수록된 「금강연」에 묘사하였다.

> 월정사(月精寺) 옆 금강연(金剛淵) 金剛淵傍月精寺
> 화난 용 울부짖듯 한낮에도 우레 치네 白日驚雷吼怒龍
> 날리는 물방울 앉아있는 나그네 적셔 不惜飛流侵客坐
> 늙은 얼굴서 오랜 세속 티끌 씻어내네 十年塵土洗衰容

금강연은 수많은 유학자들의 시문에 등장한다. 송광연은 오대산
에서 금강연이 단연 절경이라며, 너럭바위는 갈아놓은 듯이 매끈
하고 은빛 폭포는 빗겨 흐른다고 묘사했다. 산보하니 속세의 잡념
이 말끔히 사라진다고도 했다. 허목은 금강연이 한강의 근원지라
고 보았다.

정기안鄭基安, 1695~1767의 「유풍악록遊楓岳錄」도 빼놓을 수 없다.

연못은 흐르면서 폭포가 되는데 바위에 드리워졌다. 바위엔 계단이 있

---

2 한국고전번역원, 『국역 신증동국여지승람』 권44, 강릉대도호부 "四面皆盤石 瀑流十尺 匯而
  爲淵 諺傳神龍所藏 春則餘項魚千百爲群遡流 而上至淵中 徘徊湲潽 奮力登上懸崖 或有升者
  或半升而還墮者"

는데 물고기 계단[魚級]이라 한다. 스님이 말하길 "열목어가 무리를 지어 뛰어오르는 것이 용문(龍門)에 오르는 것과 같습니다. 한번 올라간 후에 다시 하류로 돌아오지 않는데, 여기서부터 상류는 바위 위로 흐르는 여울이 모두 얕아서 말라 죽는 것이 많습니다. 하지만 뛰어 올라간 것은 즐기는 바가 있는 것 같고, 오르지 못한 것은 부끄러워하는 바가 있는 것 같습니다. 뛰어오르는 것은 누차 뛰어서 반드시 올라간 뒤에 그칩니다. 아! 몸을 잊고 영화에 도박을 하여 나가는 것만 알고 물러나는 것을 알지 못하는 것은 이 물고기일 것입니다." 스님의 말이 비록 풍자를 내포하지 않은 것이라도 또한 분명한 경계가 될 수 있다. 계곡을 따라 내려가니 둑이 연못에 임해있다. 물과 바위가 맑고 아름다우며 소나무와 전나무가 그늘을 드리운다. 시를 읊조리다가 시간이 지나서 되돌아왔다.[3]

황하 상류에 물결이 매우 빠른 폭포인 용문龍門이 있는데 물고기가 오르면 용이 된다는 전설이 있다. 용문을 오르는 것은 입신출세나 벼슬길에 오르는 관문을 통과하는 상징이 되었고, 반대로 용문을 오르려다가 떨어질 때 바위에 이마를 부딪쳐 큰 상처를 입는 것을 점액點額이라 하여 과거시험에 낙방한 것을 빗대었다. 스님은 금강연에서 폭포를 거슬러 오르려는 열목어를 보고 중국의 고사 등용문登龍門을 떠올렸다. 나가는 것만 알고 물러나는 것을 알지 못하는 물고기를 보고 '지족불욕知足不辱 지지불태知止不殆'란 깨달음을 얻었다.

유학자들은 흥취를 시문에 남겼을 뿐만 아니라 바위에도 남겨서

---

3 정기안(鄭基安), 「유풍악록(遊楓岳錄)」, 『만모유고(晩慕遺稿)』 "淵流成瀑, 瀑垂于石, 石有級, 名曰魚級, 僧言川中餘項魚作隊躍上, 如登龍門, 一登之後, 不復歸下流, 從此以上, 石瀬皆淺, 或多枯死, 而苟躍而上, 若有所樂, 其不上者, 若有所恥, 躍者累躍, 必上而後已, 噫忘身賭榮, 知進而不知退者, 皆是魚也, 僧言雖未必含諷, 而亦足爲炯戒矣, 循洞而下, 有堤臨淵, 泉石淨佳, 松檜蔭映, 嘯詠移晷而還.

금강연을 명소로 만들었다. 정기안은 "월정사에 이르니 절 아래에 큰 시내가 있다. 시냇가 층진 너럭바위 위에 '금강연金剛淵'을 새겼다."[4]란 글과 글씨를 남겼다. 강원도 도사로 재직 중이던 1742년이었다.

반야연

반야연은 허목許穆, 1595~1682의 「오대산기五臺山記」에 나온다. "오대산은 흙이 많고 돌이 적으며 나무는 전나무가 많다. 산중의 물이 합류하여 큰 내가 되는데, 남대 동쪽 계곡에 이르러 반야연般若淵이 되고 월정사 아래에 이르러 금강연金剛淵이 된다."[5] 허목 이전에 반야연을 언급한 자료가 김시습의 『매월당집』에 보인다. 김시습이 손수 쓴 것은 아니지만 기록해둔다면서 오대산과 관련된 시 여섯 수를 실었다. 그 중 동대東臺에 대한 시에 반야연이 등장한다.

원통암(圓通岩) 아래 반야연에서　圓通岩下般若淵
팔딱팔딱 물고기 떼 지어 뒤척이네　潑潑遊魚隊隊翻
물고기 사라진 뒤 보고 알았으니　你且去歸觀了■
한평생 사람의 일 얽히고설켰네　百年人事卽纏緜[6]

'동대'를 읊었다는 설명과 '원통암 아래 반야연'이 실마리를 제공해 주는 것이 아닐까? 동대에 있는 암자는 관음암인데, 관세음보살

---

4 정기안(鄭基安), 재인용 "辛酉行至月精寺, 寺下有大川, 川上層巖盤陀, 上刻金剛淵".
5 허목(許穆), 재인용 "山蓋多土少石, 山木多檜, 山中之水合流爲大川, 至南臺東壑, 爲般若淵, 至月井下, 爲金剛淵"
6 김시습(金時習), 「오대산(五臺山)」, 『매월당집(梅月堂集)』.

의 별호가 '원통圓通'이니 원통암은 동대의 관음암과 연관 지을 수 있을 것이다. 반야교에서 상류로 올라가면 동대에서 흐르는 물과 본류가 만나면서 생긴 깊은 못이 있다. 시에 등장하는 반야연일 가능성이 높다. 못 옆에 원통암이라 부를 만한 바위도 보인다.

학담

영감사에서 흘러오는 조그만 계곡물이 큰 계곡과 합류하는 곳에 학담鶴潭[7]이 있다. 김창흡은 자못 물이 거세게 솟구치는데, 다른 산에 있었다면 중품中品 정도에 해당할 만하고, 서쪽에 우뚝 솟은 절벽이 못에 임해 있어서 그윽한 분위기가 넉넉하다고 평하였다.[8] 정시한丁時翰은 사자연獅子淵이라 기록하였다. 그의 눈엔 위아래로 연못이 맑고 깊어 짙은 푸른색을 띠며, 좌우에 있는 반석과 서 있는 바위가 볼만하게 보였다.[9]

채팽윤蔡彭胤은 너럭바위에 앉아 「학소연鶴巢淵」이란 시를 읊었다.

가을 산에 고목 울창하니   秋山古木合
해 떠도 서리 사라지지 않고   日出霜未晞
바위틈 물 아득히 떨어지니   石泉千丈落
날리는 눈 옷에 흩어지네   飛雪灑人衣[10]

---

7 김창흡.

8 김창흡(金昌翕), 재인용 "過史庫交逵中間, 得鶴潭水石, 頗噴薄, 在他山可居中品, 西有絶壁 臨潭, 亦饒幽態"

9 정시한(丁時翰) 저, 신대현 역(2005) "慧察同上靈鑑寺 至獅子淵 上下澄潭淸泓紺碧 左右盤石立 巖可玩 與 坐石臺上 觀玩良久"

10 채팽윤(蔡彭胤), 「학소연(鶴巢淵)」, 『희암집(希菴集)』

우통수

권근權近, 1352~1409이 「오대산서대수정암중창기」에서 우통수를 언급한 이후에 수많은 시와 기문이 우통수를 한강의 발원지로 꼽아왔다.

서대 밑에서 샘이 솟아나서, 빛깔과 맛이 보통 우물물보다 낫고 물의 무게 또한 무거운데 우통수(于筒水)라고 한다. 서쪽으로 수백 리를 흘러가다 한강이 되어 바다로 들어가는데, 한강이 비록 여러 군데서 흐르는 물을 받아 모인 것이지만 우통수가 중령(中泠)이 되어 빛깔과 맛이 변하지 아니하여, 마치 중국의 양자강과 같다. 한강이라 이름 짓게 된 것도 이 때문이다.[11]

『신증동국여지승람』도 권근의 기문을 인용하며 오대산 서대 밑에 솟아나는 샘물이 있는데, 곧 한강의 근원이라 기록하였다. 김창흡도 우통수를 자세히 기록하였다. "우통수를 찾아갔다. 외진 곳에 있는데 물빛이 깨끗하여 다른 샘보다 나은 듯하다. 물맛은 마찬가지로 달고 향긋하다. 세상에서는 한강 물이 우통수에서 발원한다고 하는데, 당초 발원지로 우통수를 선택한 데에는 필시 의도가 있을 것이다."[12]

우통수 뿐만 아니라 오대에 각각 뛰어난 샘이 있는 것으로 유명하다. 강재항姜再恒, 1689~1756은 "중대는 옥계수玉溪水라 하고, 동대는 청계수靑溪水라 하며, 서대는 우통수于筒水라 하고, 남대는 총명

---

11 권근(權近), 「오대산서대수정암중창기」, 『국역 동문선(東文選)』 권80 "西臺之下, 有檻泉湧出, 色味勝常, 其重亦然, 日于筒水, 西流數百里而爲漢江以入于海, 漢雖受衆流之聚, 而于筒爲中泠, 色味不變, 若中國之有楊子江, 漢之得名以此"

12 김창흡(金昌翕), 재인용 "往尋于筒水, 處僻而 色潔, 似勝諸泉, 味則一般甘香, 世稱漢江水發源於 于筒, 當初所取舍意必有在"

수聰明水라 하며, 북대는 감로수甘露水라 한다. 다섯 개 샘이 합류하여 금강연金剛淵에 이르고 한강의 상류가 된다고 한다."[13]고 기록하였다.

오대산 물의 효능에 대해서 주목할 필요가 있다. 상원사로 향하던 세조가 계곡물을 만나자 지나던 동자승에게 등을 밀게 하면서 임금의 옥체를 본 사실을 말하지 말라고 하자, 동자승은 문수보살을 친견했다 말하지 말라며 사라졌고, 병은 씻은 듯 사라졌다는 설화가 전해진다. 목욕하고 병이 완치되었다는 설화는 오대산의 물이 죄책감을 씻어주는 정화수로 기능했다는 측면에서 주목할 필요가 있어 보인다. 보질도태자의 육신이 공중으로 올라가 유사강流沙江에 이르러 울진대국蔚珍大國의 장천굴掌天窟에 들어가 도를 닦을 수 있었던 것은 항상 골짜기의 신령스러운 물을 마셨기 때문이었다.

오대산의 문화 유적

지금은 사라진 유적의 흔적을 유산기에서 찾을 수 있으며, 전해지는 유적의 과거 모습도 생생하게 살아있다.

월정사시장경비 月精寺施藏經碑

정시한의 『산중일기』는 월정사에서 사라진 유물에 대한 정보를 제공해준다. 정시한은 여러 요사채와 전각을 두루 보다가 서북쪽

---

13 강재항(姜再恒), 「오대산기(五臺山記)」, 『입재유고(立齋遺稿)』 "臺各有泉, 泉各有號, 此爲玉溪水, 東爲靑溪水, 西爲于筒水, 南爲 明水, 北爲甘露水, 五泉合流至金剛淵, 爲漢水上游云"

에 있는 비석을 발견했다. 고려 때 이제신李齊臣이 글을 지은 것이지만 글자가 깎여 있어 모두 해석하지 못하였다고 아쉬워한다.[14] 이때가 1687년 10월이었다. 그런데 이제신의 글이란 것은 오류다. 그 이전에 윤선거尹宣擧, 1610~1669는 1644년 3월 4일 저녁에 월정사에 왔다가 익재益齋 이제현이 쓴 비석을 봤다고 「파동기행巴東紀行」에 기록하였다.[15]

정시한과 윤선거가 본 비석은 월정사에 대장경을 시납한 사실을 기록한 글이다. 정시한이 방문했을 때 이미 일부 글자가 깎여 온전한 해독이 불가능한 상태였다. 이후 언제 비석이 사라졌는지 알 수 없다. 다만 탁본의 일부가 1668년에 이우李俁가 편찬한『대동금석서大東金石書』에 수록되어 있다. 이 책은 비석이 1339년(충숙왕 8)에 세워졌으며 이제현이 글을 짓고 승려 종고宗古가 글씨를 썼다고 알려준다. 남겨진 비문의 내용을 종합하면 1339년 월정사에 대장경을 봉안하는데 왕비가 백금을 하사 하였고, 원나라에서 환관을 지냈던 신안군 이방수도 백금 두 덩어리를 시주하였으며, 당시 재상의 부인 김씨 등도 여기에 동참하였다.[16]

14 정시한(丁時翰), 재인용 "朝食後與慧 及希遠上佐海祥周觀衆寮及空殿 西北有碑 卽高麗李濟臣 所撰 字 不可盡解"

15 윤선거(尹宣擧), 「파동기행(巴東紀行)」, 『노서유고(魯西遺稿)』 "夕返月精, 觀李益齋所記碑"

16 원태후(元太后)가 오대산에 행차하자 충선왕이 호종한 시기는 충선왕 원년인 1309년 3월이었다.(『고려사』 권33, 「세가33」, 충선왕 1년) 원태후의 방문과 백금을 하사한 것과의 관계 여부에 대한 연구가 필요하다. 원나라 태정제(泰定帝)의 즉위 시 김이(金怡) 등이 원나라에서 가지고 온 불서(佛書)를 고려 충숙왕 14년(1327) 문수사에 보관된 사실을 기념하고 원나라 황태자와 황자의 탄신을 기복하고자 세운 비가 춘천 청평사에 있다. 두 비 사이의 관계에 대한 연구도 뒤따라야 한다.

월정사탑과 칠불전

월정사를 찾은 김창흡의 눈에 들어온 것은 탑이었다. 김창흡의
「오대산기」에 이런 대목이 보인다.

> 월정사로 들어가 법당을 살펴보니, 널찍하고 화려하여 견줄 곳이 없을
> 듯하다. 법당 앞에 12층 석탑이 있는데, 옆에 풍경이 매달려 있고 위에
> 는 금경(金莖)이 꽂혀 있다. 석탑을 만든 솜씨가 매우 뛰어나다. 중이 말
> 하기를, "이 탑은 경천대사(擎天大寺)탑과 함께 첫째를 다툽니다."라고
> 한다.[17]

경천대사탑은 고려 충목왕 4년인 1348년 경천사에 세워진 석탑
을 가리킨다. 경천사 석탑은 목조건축의 기둥과 공포, 난간과 현판
이 잘 표현되어 있고, 특히 기와가 정교하게 표현된 옥개석은 고려
시대 목조건축의 생생한 모습을 반영하였다는 평가를 받는다. 강
재항姜再恒이 월정사에 도착하였을 때도 반긴 것도 넓은 경내에 우
뚝 선 석탑이었다. 석탑 옆에 풍경을 매달아 놓았고, 꼭대기에 쇠
로 된 기둥이 꽂혀있었다고 묘사하였다.[18]

송광연宋光淵, 1638~1695은 불상이 인상적이었다.

> 칠불보전(七佛寶殿)에 금불상 일곱이 있다. 그 밖에 시왕전(十王殿)과
> 나한당(羅漢堂)등에는 불상이 셀 수 없을 정도도 많다. 경내의 건물들이
> 모두 신라시대에 창건한 것인데, 사치스러울 정도로 심히 화려하니 당시
> 의 경제력을 짐작할 수 있다. 천백여 년이나 지나도록 기울거나 무너진

---

17 김창흡(金昌翕), 재인용 "入寺觀法堂, 宏麗寡仇, 前有石塔層累十二級, 傍懸風鐸, 上擢金莖, 規制
甚巧, 僧言是塔與擎天大寺兩處可甲乙云"
18 강재항(姜再恒), 재인용 "至月精寺, 頗宏 , 前有石塔高十二層, 傍懸風鐸, 上擢金莖, 金子益云, 是
塔與擎天大寺甲乙云".

곳이 조금도 없으니, 건물 세울 때의 완미함을 또한 볼 수 있다.[19]

칠불보전은 일곱 불보살을 모신 전각이다. 비로자나불, 석가모니불, 문수보살, 보현보살, 관세음보살, 대세지보살, 지장보살이 모셔져 있었다. 오대 오만 불보살 신앙과 관련된 곳임을 알 수 있다. 월정사는 오대산 일대의 사찰을 총괄하는 사찰로 오대산 신앙의 모든 보살을 칠불보전에 모셨던 것이다. 정시한丁時翰은 절에 들어가면서 금가루로 쓴 '월정사月精寺' 세 글자 현판이 인상적이었다. 범종각과 정문을 지나 법당에 이르니 '칠불보전七佛寶殿' 네 글자 현판이 눈에 띠었다. 일곱 불상은 중국에서 온 것이라고 한다. 법당 앞에 있는 9층탑은 기이하고 교묘하여 하늘이 만든 것 같다고 감탄하였다.[20]

권선문

조덕린趙德鄰, 1658~1737은 1708년에 「오대산상원사중창권선문五臺山上院寺重創勸善文」을 본 감흥을 「관동록關東錄」에 실었다.

수레를 타고 절로 들어갔다. 스님이 고적(古跡)을 들고 와서 보여준다. 세조대왕(世祖大王)이 이 산의 상원사를 창건할 때의 교사(敎辭)다. 교사는 이러이러하다. 붉은 체천지보(體天之寶)를 눌렀는데 체천지보는 옥보

---

19 송광연(宋光淵), 「오대산기(五臺山記)」, 『범허정집(泛虛亭集)』 "七佛寶殿, 有七軀金像, 其他十王殿羅漢堂之屬, 不可勝記, 屋宇皆羅代所, 窮侈極麗, 可想當時之物力, 而歷過千百餘年, 少無傾之處, 其制作之完美, 亦可見矣".

20 정시한(丁時翰), 재인용 "入寺門 金字書月精寺三字 過梵鐘閣正門 至法堂 書七佛寶殿四字 七佛列坐 僧言七佛像 自中國出來者云 法堂前九層塔奇巧天成 曾所未見也".

전(玉筋篆)으로 썼다.[21]

세조 10년(1464)에 세조의 만수무강을 빌고자 상원사를 새롭게 단장하면서 지은 글로, 이 사실을 전해들은 세조가 쌀, 무명, 베와 철 등을 보내면서 쓴 글과 함께 월정사에 소장되어 전해지던 것을 본 것이다. 1732년에 권섭權燮, 1671~1759도 「유행록」에 비슷한 내용을 기록한다. "월정사 사적에는 민지와 김승인의 기문과 권선 두 첩이 있고, 「상원중창기」 아래에는 세조의 이름과 '체천지보體天之寶'도장이 찍혀 있다. 물목 아래에는 세자의 수결과 왕세자의 도장이 찍혀 있고, 효령, 임영, 영응 세 대군과 정하동 이하 230명의 수결이 있다."[22]

「오대산상원사중창권선문」은 한문과 번역으로 되어 있는데, 세조와 상원사 및 신미와의 관계를 살필 수 있는 역사적인 사료다. 훈민정음을 제정한 이후에 필사한 가장 오래된 자료로 조선 초기의 한글 서체를 살피는 데에 있어서 귀중한 자료로 평가되어 국보로 지정되었다.

---

21 조덕린(趙德鄰), 「관동록(關東錄)」, 『옥천집(玉川集)』 "升輿入寺, 寺僧奉古跡來示, 乃世祖大王 創此山上院時教辭也, 教辭云云, 紅朱壓體天之寶, 寶用玉 篆" *체천지보(體天之寶): 체천은 '천 명(天命)에 의거한다'는 뜻을 담고 있다. 『세조실록』에 어보(御寶)를 처음 만들고 승정원(承政 院)에 쓰임새를 의논하게 한 기사가 있는데, 이로 미루어 세조가 이 어보를 제작할 당시에는 특 정한 사용처를 두지 않았음을 알 수 있다 *옥보전(玉筋篆): 진(秦) 나라 이사(李斯)가 창시(創 始)한 소전(小篆).

22 권섭(權燮), 「유행록(遊行錄)」, 『옥소고(玉所稿)』 "月精寺蹟閔漬記 金承印記 勸善二帖 上院重創 記 下有世祖御諱 着體天之寶圖章 物目下有世子着押 孝寧臨瀛永膺三大君 鄭河東以下二百三十 人着押".

개부도

동대 관음암으로 향하는 오솔길을 지나 올라가면 오른쪽에 부도 밭이 있다. 김홍도의 그림에 묘사된 부도는 이후에도 계속 세워졌다. 부도밭에 개부도(狗浮圖)가 있었다. 홍경모(洪敬謨, 1774~1851)는 『관악전서(冠巖全書)』에 개부도와 관련된 글인 「오대산구부도기(五臺山狗浮圖記)」를 실었다.

영(嶺)에 최씨 성을 가진 자가 있었는데, 어려서 파·마늘 등의 음식과 육식을 먹지 않고, 불교를 좋아해 산에 들어가 절에서 듣고는 문득 기뻐하는 것이 깨닫는 것이 있는 것 같았다. 비록 머리를 깎고 승복을 입지 않았지만 계율을 지키는 것이 매우 엄하여 사람들은 거사(居士)라 불렀다. 또 유명한 산수(山水)를 좋아하여 일찍이 두루 유람하지 못한 것을 한으로 여겼다. 어느 날 병들어 죽었는데 꿈에 딸에게 말하길 "나의 인연은 인간에서 다하여 짐승에게 의탁하였다. 동쪽 이웃 아무 집의 개가 나다." 딸이 깨어나 마음속으로 이상하게 생각하였다. 다음날 가서 확인하니 개는 막 강아지를 낳았는데 걷고 보고 들을 수 있었으며 두 눈동자는 빛났다. 개를 부르는 것처럼 부르니 응하지 않아 딸은 더욱 이상하게 생각하였다. 날마다 가서 검사하며 보니 매우 이상한 신령스런 마음과 지혜가 있어 짐승의 종류가 아니며 사람이 아는 것과 같은 것이 있었다. 딸은 화가 나기도 하고 불쌍하여 "최거사(崔居士), 최거사(崔居士)"라고 부르자, 개가 바로 꼬리를 흔들며 달려서 앞으로 왔다. 딸은 더욱 기가 막혀 슬펐다. 이에 꿈에 대해 이야기 하고 가져다가 기르니 먹는 것은 사람과 같았고 말을 알아듣는 것도 사람과 같았다. 파·마늘 등의 음식과 육식을 가리는 것도 사람과 같아서 보통 짐승과 달랐다.

스님과 보살 몇이 문을 지나 쉬고 있었다. 딸이 묻길, "스님은 어디로 가십니까?"하였다. "장백산(長白山)을 유람하려고 합니다."하니, 개가 듣고 바로 뛰면서 머리를 조아리는 것이 쫓아가려는 듯 했다. 딸이 까닭을 말하며 개와 함께 하기를 부탁했다. 스님은 이상하게 여기며 함께 가서 숙식을 함께 했다. 이에 개의 발길도 산을 두루 돌아다녔고, 금강산을 유람한 것도 같았다. 비록 조그만 산수 중 하나라도 기이한 것이 있으면 반드시 쫓았다. 이에 개의 발길도 나라의 유명한 산수를 두루 돌아다니다가, 강원도의 오대산에서 죽었다.

　　스님 중 도가 있는 자가 말하길, "일찍이 들으니 성인이 해진 휘장을 버리지 않는 것은 개를 묻기 위해서이다. 유자(儒者)를 따랐으면 유학의 방식으로 하는 것이 맞고 불자(佛者)를 따랐으면 불교의 방식으로 하는 것이 맞다. 이 개는 짐승 중 연각(緣覺: 부처의 가르침 없이 스스로 깨달은 자)의 무리다." 이에 다비하니 사리 10여 개가 나왔다. 사찰의 중이 이상하게 여기면서도 믿음이 독실하여 산 중에 세 기의 부도를 세우고 개부도[狗浮圖]라 칭했다고 한다.[23]

불교에서 개는 환생과 관계가 깊다. 전생에 사람이었던 자가 개로 환생한 얘기가 전해지기도 한다. 부처님의 제자 중 한 사람인 목련존자 어머니의 환생도 개와 연관이 있다. 목련존자의 어머니가 지옥에 떨어져 고통 속에 있는 것을 알고 목련존자가 기도로써 어머니를 개로 환생케 했다는 내용이 불교 경전에 나온다. 불교뿐만 아니라 전설에서도 개로 환생한 이야기는 쉽게 찾아볼 수 있다. 「오대산구부도기」에 등장하는 개도 위와 같은 전통 속에 만들어졌을 것이다.

23　홍경모(洪敬謨), 「오대산구부도기(五山狗浮圖記)」, 『관암전서(冠巖全書)』 "嶺有崔姓者, 幼不茹葷肉, 悅浮圖入山聽伽藍, 輒欣然若有得, 雖不禿緇, 所守戒甚謹, 人號居士, 又好名山水, 而以未嘗徧遊爲恨, 一日病死, 夢告于其女日我緣盡於人, 托於獸, 東隣某家狗是也, 女竊而心異之, 明日往證, 狗方乳生而已能步能視能聽, 雙眸炯然, 呼之以犬不應, 女尤異之, 日往驗視, 有大可異者, 靈心慧識非畜獸類, 有若人知者然, 女傷試呼日崔居士崔居士, 狗卽掉尾趨而前, 女益於邑悲哀, 乃告其夢, 取而爲養, 食如人, 解語如人, 辨肉又如人, 異於凡獸也, 有比邱優婆夷數人過門而, 女聞日師何之, 日將遊長白山, 狗聞之, 便跳躍頓首, 若將從之, 女爲告之故, 且托與之偕, 僧異而偕之, 宿食與共, 於是狗之跡亦遍於山, 又有遊金剛者如之, 又有遊方丈者亦如之, 雖小山水之有一奇者, 必從之, 於是狗之跡又遍於一國名山水也, 狗死於原之五山, 僧之有道者相與謂日 聞聖人不棄弊, 盖爲埋狗也, 從於儒者儒之可也, 從於佛者佛之可也, 且是狗於獸爲緣覺類, 乃茶毗之, 有舍利十餘枚, 寺僧異而信之篤, 遂立三浮圖於山中, 稱之以狗浮圖云"

전국의 유명한 산수를 유람하다가 오대산에서 죽음을 맞이한 구조는 흥미롭다. 오대산이 유명한 산수 중의 하나라는 것을 의미하면서, 죽음을 맞이한 공간이라는 중층적 의미를 보여준다. 유교식을 따르지 않고 불교식으로 다비했다는 것에서도 의미를 찾을 수 있다. 오대산은 불교적 색채가 강한 곳이다. 불국토라고 해도 과언이 아니다. 그렇기 때문에 개가 자신이 돌아갈 곳으로 오대산을 선택하였고, 스님은 개부도를 세웠다.

고양이 석상

상원사 문수전을 오르기 전 계단 왼쪽에 있는 고양이 석상은 세조와 연관이 있다. 세조가 법당에 들어가려 하자 갑자기 고양이가 나타나 들어가지 못하도록 옷소매를 물고 늘어졌다. 이상하게 여긴 세조는 사람을 시켜 법당 안을 뒤지게 했고, 세조를 암살하려던 자객이 붙잡혔다. 세조는 이를 기특하게 여겨 고양이의 은혜에 보답하고자 묘전猫田을 하사했다. 『강원도지』에 이와 관련된 기록이 보인다.

> 계곡에서 목욕할 때마다 문수동자를 친견하여 그 때문에 완쾌되어 동자상을 조성하고 신석담(申石畓)을 하사하였다. 그 때 자객이 상 밑에 숨어있었는데 고양이가 임금의 옷을 물고 물러나도록 잡아끄니 괴이하게 여기다가 곧 깨달아 흉악한 화를 면할 수 있었다. 그래서 또한 고양이를 먹여 기르도록 논을 하사하였다.[24]

---

24 강원도(2005), 878. "浴乎溪 每親見文殊童子 固全快 故造成童子像 下賜申石畓 其時刺客隱於 床下 有猫 御衣引退 怪而覺之 得免凶禍 故亦下賜飼猫畓"

신석답(申石畓)은 강릉 신석동에 있는 논을 가리킨다. 신석동 옆 월호평동에 고양이 먹이를 위해 세조께서 하사한 300석짜리 논을 묘전猫田이라 하고, 이 논을 흔히 괴답이라 한다는 전설이 지금도 전해지고 있다. 한암 스님이 쓴 「오대산 상원사선원 헌답약기」에도 이와 유사한 구절이 보인다.

> 조선조 세조대왕이 몸이 편치 못하여 혜각존자(慧覺尊者)인 신미대선사(信眉大禪師)와 학열(學悅) 등에게 명하여 문수보살에게 기원하다가 문수동자가 등을 밀어주며 목욕시켜 준 것을 친견한 후 곧장 말끔히 씻은 듯이 회복되자 세조가 몹시 기뻐한 나머지 문수동자상을 조성하여 봉안하고, 강릉 신석답(申石畓) 500석 세수(歲收)를 상원사에 넘겨주어 향화(香火)를 끊이지 않도록 주선해 주었다.[25]

계곡에서 목욕할 때 문수동자를 친견한 후 그 때문에 완쾌되어 동자상을 조성하였다는 화소와 고양이가 임금의 옷을 물고 물러나도록 잡아끌어 화를 면할 수 있었다는 화소가 결합되어 다양하게 변주되었음을 보여준다.

사고

오대산 유산기는 주로 17세기와 18세기에 창작되었다. 이것은 외사고外史庫로서 오대산사고가 설치된 것과 관계가 있는 것으로 보인다. 사고史庫가 설치된 것은 1606년(선조 39)이다. 이보다 앞서 1605년 10월에 재인쇄된 실록의 초고본을 봉안할 장소로 오대산 상원사

---

25 한암 스님, 「오대산 상원사선원 헌답약기」 "世祖大王이 有不豫하야 命慧覺尊者 信眉大禪師, 學悅等하야 祈願于文殊像前이라가 親見文殊童子背沐浴하고 卽平復이러니 上大悅하야 造童子像而安之하고 賜江陵申石畓 五百石歲收를 付于寺하야 以爲常住香火之資矣라"

上院寺가 선정되었다. 그러다가 다시 월정사 부근에 사각史閣을 건립, 실록을 보관하기로 하고 사고를 마련해 초고본 실록을 보관하였다. 오대산사고의 실록 봉안은 1606년에 태조부터 명종 때까지의 초고본을 봉안한 이후, 1616년(광해군 8)에는 『선조실록』, 1653년(효종 4)에는 『인조실록』, 1657년에는 『선조수정실록』, 1661년(현종 2)에는 『효종실록』, 1678년(숙종 4)에는 『광해군일기』, 1728년(영조 4)에는 『숙종실록』, 1732년에는 『경종실록』, 1805년(순조 5)에는 『정조실록』을 봉안하였다.

김창흡의 「오대산기」는 사고의 모습을 구체적으로 보여준다. "다시 수백 보를 나아가자 사고가 있다. 모든 산봉우리가 사고를 받들며 두 손을 마주잡고 인사를 하고 있어, 온갖 신령들이 보살펴 주는 듯하다. 사고는 위아래로 두 개의 서각書閣이 있다. 아래에는 금궤金匱를 보관하였으며 위에는 왕실의 족보인 선첩璿牒을 봉안하였다. 돌담으로 둘렀으나 담이 자못 나지막하고 작은데다 숲과의 거리가 수십 보밖에 안 된다. 때문에 산불을 막기 위하여 담 밖에 있는 풀과 나무를 불살라 버렸는데, 너무 좁은 것이 걱정이다. 왼쪽에 영감사가 있는데, 수직하는 승려와 참봉이 거처하는 곳이다."[26] 김창흡의 글을 김홍도는 그림으로 완벽하게 재현하였다.

실록을 바람에 쐬고 햇볕에 쐬는 포쇄曝曬가 수시로 행해졌다. 정기안鄭基安이 「유풍악록遊楓岳錄」에 "사고史庫에 이르니 조화숙趙和叔이 어제 햇볕에 쐬는 일로 이곳에 왔다. 이야기를 오래 나누었다."라고

---

26 김창흡(金昌翕), 재인용 "又進數百步, 史庫在焉, 萬嶺扶拱, 若有百靈擁全, 上下兩閣, 下金, 上奉璿牒, 以石垣, 頗低小, 距林數十步, 作火巢, 亦恐太 窄也, 左有靈鑑寺, 守僧與齋郎所住".

기록한 시기는 1742년 9월이었다. 영조 1년인 1725년 7월 5일에 포쇄를 거행할 것을 청하는 춘추관 감사의 글이 『승정원일기』에 보인다.

> 춘추관 낭청이 감사(監事)의 뜻으로 아뢰기를, "본관에서 소장하고 있는 실록을 금년에 포쇄할 차례가 되었으니, 이달 안으로 택일하여 거행하겠습니다. 오대산사고의 포쇄는 작년에 거행할 차례였으나 사관에게 사정이 있어 거행하지 못하였습니다. 적상산 사고의 포쇄도 금년에 거행할 차례이니, 모두 함께 거행하는 것이 어떻겠습니까?"하니, 윤허한다고 전교하였다.[27]

채제공蔡濟恭, 1720~1799은 포쇄하기 위해 오대산에 올랐다가 「사각에서 포쇄하다」를 지었고, 김정희金正喜, 1786~1856도 왕명을 받고 영감사를 찾았다가 「포쇄하기 위해 오대산에 오르다」를 남겼다.

온 길 굽어보자 가깝게 여겨지니　俯看來路近
모르는 사이에 그윽한 이곳 왔네　不覺入幽冥
봉우리 반은 모두 구름에 잠기고　峯半全沈白
숲 끝은 멀리 푸른 하늘과 얽혔는데　林端遠錯靑
스님은 밖에서 보호해 주고　法雲呈外護
신선 불은 그윽이 듣는 걸 돕네　仙火攝幽聽
바위 골짜기에 남은 땅 넉넉하니　嚴洞饒餘地
무슨 인연으로 조그만 정자 지을까　何緣結小亭[28]

＊火攝子: 불을 붙일 때 쓰는 도구

27　한국고전번역원(2010), 『국역 승정원일기』 영조1년 7월 5일 "春秋館郞廳, 以監事意啓曰, 本館所藏實錄, 今年曝 當次, 今月內擇日擧行, 五臺山史庫曝, 上年當次, 而因史官有故未行, 赤裳山史庫曝, 今年亦當次, 竝爲擧行, 何如? 傳曰, 允".
28　김정희(金正喜), 「포사하기 위해 오대산에 오르다」, 『완당전집(阮堂全集)』.

오대산의 수행 공간

오대산은 불교 문화와 수행 전통이 오랫동안 이어져온 성지다. 유산기는 월정사와 상원사를 비롯해 수많은 수행 공간인 암자가 있었음을, 그래서 오대산이 불국토라는 것을 기록으로 증명해준다. 김창흡은 암자가 깊은 숲속에 자리 잡고 있어 곳곳에서 결하結夏할 만 것을 오대산의 미덕으로 꼽을 정도였다.[29] 수행 공간은 문화 유적에 속하지만 많은 수행 공간은 오대산의 특성으로 꼽을 수 있기 때문에 별도 항목으로 다룬다.

남대의 암자

옛 지장암이 있던 남대의 위치에 대해 논의가 분분하다. 허목許穆은 「오대산기」에서 "장령봉 동남쪽이 기린봉이고, 그 정상이 남대다. 남쪽 기슭에 영감사가 있고, 이곳에 사서史書를 소장하고 있다."[30]고 한 것으로 보아, 현재 영감사 뒤에 있는 봉우리를 남대로 보고 있다. 송광연宋光淵도 허목과 같은 시각이다. 「오대산기」에 "서대에서 남쪽으로 내달리면 남대인데, 이름을 기린대麒麟臺라 한다. 그 아래에 사각이 있고, 그 옆은 영감사다. 남관음암南觀音庵 지장암地藏庵 보현암普賢庵 금강암金剛庵 등 여러 암자가 사고史庫 위아래로 바둑돌처럼 포진해 있다."[31]고 기록했다. 이 기록은 남대의 위

---

29 김창흡(金昌翕), 재인용 "菴居森邃, 在在可結夏, 是一勝也".
30 허목(許穆), 재인용 "長嶺東南爲麒麟, 其上南臺, 其南麓有靈鑑寺, 藏史於此".
31 송광연(宋光淵), 재인용 "自西臺南馳爲南臺, 其名爲麒麟臺, 下有史閣, 閣傍爲靈鑑寺, 而南觀音, 地藏, 普賢, 金剛等諸庵, 布於史閣上下".

치뿐만 아니라 지장암을 포함한 여러 암자들이 있었음을 알려준다. 사명당이 영감암에 주석하면서 월정사를 중건했고, 또 영감암 인근에 종봉암을 창건했다는 점도 빼놓을 수 없다.

김창흡의 「오대산기」에 금강대金剛臺가 등장한다. "비스듬히 서쪽으로 가서 산록 하나를 오르자 작은 암자가 나타난다. '금강대'라고 하는데, 그윽하여 거처할 만하다. 다시 수백 보를 나아가자 사고史庫가 있다."[32] 지금까지 금강대의 존재에 대해서 정확하게 언급한 글이 없었다. 김창흡은 학담에서 서쪽 산록을 올라 금강대에 이르렀고, 금강대에서 수백 보를 가서 오대산 사고에 이르렀다. 금강대의 위치는 학담과 오대산 사고 중간이다.

강재항의 「오대산기」도 김창흡의 노선과 동일하다. "더 북쪽으로 가다가 조금 서쪽으로 이동하여 능선 하나를 올라 금강대를 지나서 사각史閣에 도착하였다."[33] 정시한도 김창흡과 강재항의 동선과 같았다.

> 혜찰과 함께 석대(石臺) 위에 앉아 오랫동안 구경하다가 금강대암(金剛臺菴)에 도착하니 암자는 비어 있다. 잠시 두루 보다가 혜찰을 돌려보내고 영감사에 이르렀다. 수좌 설행(雪行)은 임술생(1622)으로 혼자서 절을 지키고 있다. 저녁식사 뒤에 두루 객실(客室)과 사고(史庫)를 보았다. 다시 금강대암에 올랐는데 암자는 깊은 골짜기에 있어 볼 만한 것이 없다.[34]

---

32 김창흡(金昌翕), 재인용 "西阤一麓得小菴, 日金剛臺, 幽奧可棲, 又進數百步, 史庫在焉".

33 강재항(姜再恒), 재인용 "益北小西, 阤一岡過金剛臺, 至史閣".

34 정시한(丁時翰), 재인용 "與 坐石臺上 觀玩良久 到金剛臺菴菴空 周觀 小時還送慧 至靈鑑 首坐 僧雪行 年壬戌生 獨守寺 夕食後周觀客室及史庫 又上金剛臺菴 菴在深洞而無可觀".

동대의 암자

정시한의 『산중일기』는 동대에 있었던 암자의 모습을 상세히 알려준다. "부도대浮屠臺에 이르니 월정사의 희원希遠 스님이 와서 맞는다. 함께 냇가로 가니 아픈 지원智院 스님은 80세로 양식을 구하러 나가다 냇물에 빠졌다. 희원에게 꺼내게 하고 함께 동관음암東觀音庵에 올랐다. 노스님이 거주하는 토굴에 이르러 쌀 여러 되와 엿을 주었다. 잠시 있다가 희원을 월정사로 돌려보내고 경복과 함께 암자에 올라 문에 이르렀다. '관음암觀音庵' 세 글자가 쓰여 있고, 그 옆에는 글자에 분을 바른 글자로 '동양위서東陽尉書' 네 글자를 가늘게 쓰여 있다. 문에 들어가니 암자 스님 자징子澄이 나와 인사한다."[35] 관음암 아래에 노스님이 거주하던 토굴에 대한 기록이 시선을 끈다.

신성암과 적조암

『삼국유사』에 「명주오대산보질도태자전기溟州五臺山寶叱徒太子傳記」가 실려 있다. "보질도태자는 항상 골짜기의 신령스러운 물을 마시더니 육신이 공중으로 올라가 유사강流沙江에 이르러 울진대국蔚珍大國의 장천굴掌天窟에 들어가 도를 닦았다. 다시 오대산 신성굴神聖窟로 돌아와 50년 동안이나 도를 닦았다고 한다."[36] 보질도태자는 보천寶川

---

35 정시한(丁時翰), 재인용 "至浮屠臺 大寺僧希遠來迎 偕行至溪邊 病僧智院年八十乞粮次出去 溺於溪水 使遠拯出 偕上東觀音庵 至老僧所住 土堀給粮米數升饋飴 小許還送希遠於大寺 獨與庚卜上菴 至門書觀音庵三字 傍以粉字細書東陽尉書四字 入門則菴僧子澄出見".
36 일연(一然), 이민수 역(2013), 『삼국유사(三國遺事)』 탑상 제4, 「명주오대산보질도태자전기」 "寶叱徒太子常服于洞靈水. 肉身登空. 到流沙江. 入蔚珍大國掌天窟修道. 還至五臺神聖窟. 五十年修道".

태자를 말한다. 위 내용은 『삼국유사』 「대산오만진신臺山五萬眞身」 편에 더 자세하다.

> 보천은 항상 영험 있는 계곡의 물을 길어다 마시더니 만년에는 육신이 공중을 날아 유사강(流沙江) 밖 울진국(蔚珍國) 장천굴(掌天窟)에 이르러 머물렀다. 여기에서 수구다라니경(隨求陀羅尼經)을 외는 것을 밤낮의 과업으로 삼았다. 어느 날 장천굴의 귀신이 인사를 하고 말했다. "내가 이 굴의 신이 된 지가 이미 2,000년이나 되었지만 오늘에야 수구다라니경의 진리를 들었습니다." 말을 마치고 보살계 받기를 청했다. 계를 받고 나자 이튿날 굴이 없어져서 보천은 놀라고 이상하게 생각하였다. 보천은 장천굴에 머문 지 20일 만에 오대산 신성굴로 돌아왔다. 여기에서 또 50년 동안 수도를 하니 도리천의 신이 하루 세 번 와서 설법을 듣고, 정거천(淨居天)의 무리들은 차를 달여 공양하고, 40명의 성인(聖人)은 10척 높이 하늘을 날면서 항상 호위해 주었다. 그가 가지고 있는 석장 지팡이가 하루에 세 번씩 소리를 내면서 방을 세 바퀴씩 돌아다니므로, 이것을 쇠북과 경쇠로 삼아 시간에 맞추어 수업을 하였다. 문수보살이 때때로 보천의 이마에 물을 붓고 도를 통하는 기별을 주었다.[37]

신라 신문왕의 아들 보천과 효명은 저마다 일천 명을 거느리고 성오평에 이르러 여러 날 놀다가, 함께 오대산에 들어와서 부처님의 가르침을 따라 열심히 수도를 했다. 신문왕이 승하하자 궁중에서는 두 왕자를 찾아 나섰다. 보천은 경주로 돌아가기를 거부하며 오대산에서 수도하기를 원했고, 동생 효명이 서라벌로 돌아가 왕

---

37 일연(一然), 재인용, 탑상 제4, 「대산오만진신」 "寶川常汲服其靈洞之水. 故晚年肉身飛空. 到流沙江外, 蔚珍國掌天窟停止. 誦隨求 羅尼. 日夕爲課. 窟神現身白云. 我爲窟神已二千年. 今日始聞隨求眞詮. 請受菩薩戒. 旣受已. 翌日窟亦無形. 寶川驚異. 留二十日乃還五臺山神聖窟. 又修眞五十年. 利天三時聽法. 淨居天衆烹茶供獻. 四十聖騰空十尺. 常時護衛. 所持錫杖一日三時作聲. 房三 . 用此爲鐘磬. 隨時修業. 文殊或灌水寶川頂. 爲授成道記".

이 되었으니 바로 성덕왕이다. 위 『삼국유사』의 기록은 형제가 헤어진 이후의 일이다.

신성굴은 신성암神聖菴으로 등장한다. 권근權近의 「유명조선국보각국사비명有明朝鮮國普覺國師碑銘 병서幷序」에 신성암이 보인다. 보각국사普覺國師의 행적 중 다음 글이 눈길을 끈다. "공민왕이 선사의 행적이 바른 것을 높이 여겨 회암사에 머물기를 청하였으나 가지 않고, 곧 금오산으로 들어갔다가 다시 오대산에 들어가 신성암에 거처하였다. 이때 나옹懶翁 혜근화상惠勤和尙 또한 고운암孤雲菴에 있었기 때문에 자주 접견하여 도의 요지를 질의하였다. 나옹은 뒤에 금란가사金襴袈裟·상아불象牙拂·산형장山形杖을 선사에게 주어 표신을 삼았다."[38] 신성암이 주요한 수도 공간으로 기능한 역사를 보여준다.

조선시대에 들어와 이익상李翊相, 1625~1691은 신성암에서 시를 지었다.

> 신성암 창건된 해를 생각해보니 神聖菴思創始年
> 신라 왕자 이곳서 선을 구하던 때 新羅王子此求仙
> 당시 사적 누구한테 물어볼까 當時事跡從誰問
> 나이 많은 고승 쉼 없이 전해주네 綠髮高僧亹亹傳[39]

이익상이 신성암에 들렀을 때는 강릉부사였던 1676년이었을 것이다. 이익상에게 신성암의 역사에 대하여 자세하게 말해준 스님

---

38 권근(權近), 「유명조선국보각국사비명(有明朝鮮國普覺國師碑銘) 병서(幷序)」, 『양촌집(陽村集)』 "玄陵高師行誼, 請住檜岩寺不就, 乃入金鰲山, 又入五臺山居神聖菴, 時懶翁勤和尙亦住孤雲菴, 數與相見, 咨質道要, 翁後以金襴袈裟, 象牙拂, 山形杖遺師爲信".
39 이익상(李翊相), 「신성암(神聖菴)」, 『매간집(梅澗集)』.

은 누구였을까?

1676년에 송광연宋光淵은 시내를 따라 10여리 올라가서 신성굴에 도착하였다. 한 무더기 바위가 시냇가에 우뚝 솟았고, 아래에 작은 구멍이 보였다. 위에 정사 한 칸을 새로 지어놓고 수좌승 의천義天이 머물면서 자신의 호를 환적당幻寂堂이라 하였다. 의천은 가만히 앉아 도를 닦아 정신과 풍채가 의연하고, 나이가 일흔 넷인데도 얼굴에 젊은이의 광채가 가득하였다. 젊을 때부터 솔잎을 항시 복용하여 기력을 얻은 것이 많아서 그렇다고 한다. 의천이 스스로 말하길 속가俗家가 선산善山에 있으며 이백종李百宗 등과 서로 친한 사이라고 한다. 여러 중들이 말하길, 본래는 선산의 대족大族으로 출가하여 중이 되었는데 지조와 행실이 여느 중들과는 확연히 다르다고 한다. 이에 의천의 문도들이 번성하여 지업志業을 쉬이 성취하였으며, 산 속에 암자를 여럿 세웠는데 진여원眞如院과 신성굴이 가장 이름난 암자라고 한다. 신성굴 아래에 또한 오래된 초가집 터가 있는데, 신라의 왕자가 정신을 수양하고 도를 닦던 곳이며, 의천은 자신의 문도에게 이곳에 암자 하나를 짓게 하였다고 한다.[40] 이익상이 만난 스님과 송광연이 만난 스님은 동일인일 가능성이 매우 높다.

10여 년 뒤인 1687년에 이곳을 찾은 정시한은 다른 정보를 알려준다. "영감사 뒤쪽 고개를 넘고 냇물을 따라 10여 리를 가서 신성

---

40 송광연(宋光淵), 재인용 "直向中臺, 緣溪十數里, 到神聖窟, 一層巖石, 斗起溪上, 而下有小竇, 其上新一間精舍, 首座僧義天居之, 自號幻寂堂, 靜坐修道, 神彩毅然, 年今七十四, 韶光滿顔, 自少恒服松葉, 得力頗多云, 自言家在善山, 與李百宗諸人相善云, 而諸僧皆言本是善山大族, 出家爲僧, 其志行, 與凡僧絶異云, 門徒寔繁, 志業易就, 山內諸庵, 多所營建, 而眞如院, 神聖窟, 最是名庵, 窟下, 又有草庵舊址, 卽新羅王子 神修道之處也, 方使其門徒營一招提矣".

암에 이르렀다. 암자 앞 위아래에 두 개의 연못이 있다. 위쪽 연못
은 사람의 힘을 이용하여 냇가에 대를 쌓았다. 위에 단청한 누각이
눈부시게 빛난다. 이곳은 의천義天이 창건했는데 진흙 벽이 모두
깨지고 비어 있은 지 이미 5~6년이 되었다. 절에 있던 중을 호랑이
가 잡아먹자 떠나서 비게 되었다고 한다. 큰 바위 아래에 빈 전각
한 칸이 있고, 위에 있는 옛 암자 터에 초가집 여러 칸이 보인다."[41]
『산중일기』의 일부분이다. 정시한이 본 것은 퇴락한 신성암이었
다. 1718년에 김창흡이 신선골 입구를 지나게 되었다. 신성굴이 옆
에 있는데, 옛날에 이름난 중이 기거하던 곳이었으나 지금은 황폐
한 터가 되었다고 기록하였다. 건물은 이미 쓰러지고 터만 남게 되
었다.

신선골에 또 다른 암자가 있었다. 정시한은 신성암을 두루 보고
나서 앞 냇물을 건너 냇물을 따라 7~8리를 올라간 후 작은 냇물을
건너 적조암寂照庵에 올랐다. 마침 81세 된 수좌 의규義圭가 예전부
터 알고 지내던 사이처럼 맞이하였고, 이곳에서 하룻밤을 묵었다.[42]

북대의 암자

북대에 암자가 여러 채 있었다. 송광연은 상왕대 아래에 고운암孤
雲庵이, 그 아래에 상두암象頭庵과 자시암慈施庵이 있다고 「오대산기」

---

41 정시한(丁時翰), 재인용 "踰後嶺沿溪行十餘里 至神聖菴 菴前有上下兩潭 上潭用人力築溪邊臺
上綵閣輝煥 是義天所創 而塗壁盡破己巳五六年 蓋寺僧有虎 去 故空云 大巖下有空殿一間 其上
古菴基有草幕數間".

42 정시한(丁時翰), 재인용 "周觀已後渡前溪 沿溪行七八里 渡小溪上寂照庵 首坐義圭年八十一 迎
見如舊識 與語小時"

에 기록하였다.[43] 비슷한 시기인 1687년에 정시한도 북대암北臺菴에서 서북쪽으로 수십 걸음 오르니 상두암인데, 바람이 없고 탁 트였으며 삼인봉을 안산으로 하고 있으니 참으로 도인이 수도하는 곳이라고 평한다. 그 당시 상두암 벽에 나옹懶翁의 화상畵像이 있었다.

상두암에서 내려가다가 한 암자 터를 지나 백호봉白虎峰 아래에 있는 자씨암慈氏菴에 올랐다는 기록도 중요한 정보다. 송광연이 말한 자시암慈施庵일 것이다. 깊은 우물에 떨어진 것 같이 길은 험하고, 달리 볼 만 한 것이 없었으나 샘은 달고 차서 이 산에서 가장 좋다고 품평한다. 겨울에는 따뜻하고 여름에는 차며 물이 넓고 깊어 마르지 않는다고 덧붙인다.[44]

나옹화상의 뒤를 이은 고승은 함허당涵虛堂, 1376~1433이다. 함허당은 1396년에 관악산 의상암에서 출가하여 무학대사의 가르침을 받는다. 1420년(세종 2)에 오대산의 영감암에 있는 나옹의 진영에 제사한 뒤, 암자에서 잘 때 꿈에 신이한 스님이 나타나 이름은 기화己和, 호는 득통得通으로 명명해주었다.

정시한이 북대에서 동쪽으로 6~7리를 가서 도착한 함허당涵虛堂은 산에서 가장 깊숙한 곳이다. 산으로 둘러싸여 있으며 정교하고 교묘하였다. 밀선 스님 혼자 이 암자에 거주하고 있다가 정시한에게 저녁식사를 대접하였는데, 소금, 간장, 채소절임은 없고, 단지

43 송광연(宋光淵), 재인용 "自毗盧左旋者爲北臺, 其名爲象王臺, 下有孤雲庵, 首座僧性英居之, 其下爲象頭庵, 爲慈施庵, 首座僧六和居之"

44 정시한(丁時翰), 재인용 "北臺象頭等菴坐休良久 至北坮坐地平正眼界通 極目 雲山無有阻 引水盛冬不氷 稱以甘菴 五坮中之最高明堂 菴亦精造 而空已久矣 西北上數十步有象頭菴 尤藏風通 以三印峰爲案 眞道人修道之所 而亦空壁掛懶翁 相 (생략) 由象頭菴下 又過一菴基 上白虎峰 慈氏菴 路峻如墮深井 憩菴良久無他可觀 而井泉甘冽 爲此山之最冬溫夏冷 汪汪不渴云"

솔잎 반찬뿐이었다.[45] 나중에 월정사 스님들이 하는 말이 "함허당은 월정사에서 60여 리의 거리로 길이 매우 험하고 높아서, 월정사의 노스님도 보지 못하고 죽는 자가 있으며, 희원 스님이 이번 봄에 자지紫芝를 캐러 갔다가 처음으로 한 번 보았다고 합니다. 유람 온 사람 중 이곳에 이른 자가 없었는데 지금 가서 볼 수 있었던 것은 진실로 괴상한 일입니다"[46]라고 하였다.

함허당은 북대에서 동쪽으로 6~7리를 갔다고 하니 두로봉 아래 양지바른 곳에 있었을 것이다. 오래전부터 오대산 깊숙한 이곳저곳에 암자가 있었고, 스님들은 그곳에서 정진하여 깨달음을 얻었다. 오대산의 역사는 수행 공간인 암자의 역사다.

암자는 아니지만 수행 공간으로 유명한 나옹대가 있는 곳은 북대다.

북대엔 사월에도 눈이 쌓였는데 北臺四月積殘雪
푸성귀 구릿대 흙을 이고 나오네 靑蔬白芷戴土出
나옹대(懶翁臺) 가에 구름 높이 있어 懶翁臺畔有高雲
높고 깊고 아득하여 헤아리기 어렵네 岑崟幽邃杳難測

김시습의 『매월당집』에 실린 「북대北臺」다. 사월인데도 잔설이 쌓여있다는 것은 북대가 높은 곳에 있다는 것, 그래서 늦게 봄이

---

45 정시한(丁時翰), 재인용 "見已東行六七里至涵虛堂 卽密禪所住 深邃爲此山之最 基亦回抱精妙 而凡眼所見坐地紧對似誤 密禪年二十五 春川人而容貌端正 爲人安祥 自楡岾爲僧 而爲首坐行已 四五年 獨居此菴 饋我夕食而鹽醬菜 只以松葉和飯而喫 索隱行怪中之尤也"
46 정시한(丁時翰), 재인용 "僧輩言涵虛堂距大寺六十餘里 而路極險峻 故月精寺老僧 或有不得見 而死者 希遠今春以採紫芝次往 始得一見 前後遊客來曾有至者而今乃能往見 實是怪事云云"

찾아온다는 것은 알려준다. 미륵암 앞 산자락엔 나옹선사가 적멸보궁을 바라보며 수행했다는 나옹대懶翁臺가 예전부터 명소였다는 것을 매월당의 시가 증명해준다.

상원사

상원사는 유산기를 통해 복원할 수 있다. 1626년에 신즙申楫, 1580~1639이 방문했을 때 절 앞 1리쯤에 수각교水閣橋가 있었다. 새로 짓는 중인데 아직 기와를 올리지 못한 이유가 남한산성 부역 때문인 것 같다고 보았다. 절과 중이 모두 비어 폐찰이 되다시피 하였고, 문밖은 풀에 묻히고 서쪽 행랑은 반쯤 기울어져 있었다.[47] 1676년에 송광연이 이곳을 찾았다. 효명이 불교에 귀의하였을 때 머물렀던 곳인 화엄암華嚴庵에 도착하였으며, 다시 환적당幻寂堂을 본 후 곧이어 상원사에 도달하였다.[48] 지금의 상원사 아래에 화엄암과 환적당이 있었던 것이다. 뒤에 다시 상원사 아래에 진여원이 있다고 했으니 화엄암과 방향이 다른 곳에 진여원이 있었던 것 같다.

정시한의 1687년 기록을 보자. 상원사에서 진여원으로 내려왔는데 진여원은 중창한 지 오래되지 않아 금빛과 푸른빛이 휘황찬란하다는 대목이 보이고, 또 보질도암寶叱徒庵로 내려왔는데 달리 볼 만한 것이 없다는 기록도 있다.[49] 보질도寶叱徒는 보천태자를 가리

---

47 신즙(申楫), 「관동록(關東錄)」 상, 『하음집(河陰集)』 "寺前一里, 有水閣橋, 新而未瓦, 以南漢山城之役, 寺僧一空, 已爲廢刹, 門外草沒, 西廊半傾, 水閣之新而未就者以是歟"

48 송광연(宋光淵), 재인용 "又行十餘里, 到華嚴庵, 卽新羅聖德王孝明在空門時, 所住處也, 又見幻寂堂, 眞如院天僧, 重建眞如而爲堂於其下, 扁以槳之道號, 而首座僧珠戒居之, 仍到上元寺"

49 정시한(丁時翰), 재인용 "與禪下眞女院 院重創未久 金碧輝煌 又下 寶叱徒菴 亦無他可觀 上院眞如院寶叱徒庵 皆中垞餘氣"

키므로 보질도암은 화엄암을 가리키는 것으로 보인다.

1718년에 김창흡이 상원사의 불전과 불각, 행랑채와 요사채를 두루 살펴보니 칸수가 많은 데다가 장식 또한 성대하였다. 계단과 섬돌은 모두 돌을 섬세하고 매끈하게 갈아서 마치 옥을 쌓아놓은 듯이 촘촘한데 경주에서 실어 온 것이라 한다. 종은 만든 솜씨가 뛰어나고 소리가 웅장했다. 세조가 순행할 때 백관들이 많이 시종했는데, 지금 승려들이 지내는 요사채가 모두 당시 건물이라고 한다. 왼편에 진여각眞如閣이 있고, 불전에는 문수보살이 서른여섯 가지로 변한 모습을 그려놓았다.[50] 화엄암과 함허당을 언급하지 않은 것으로 보아 건물이 사라진 것 같다. 1727년에 찾은 강재항의 글에도 상원사의 화려함과 종, 상원사 왼편에 있는 진여각에 대해서만 언급하고 있다.[51]

중대의 암자

사자암을 지나 적멸보궁을 향하던 순례객은 금몽암金夢菴에서 쉬면서 샘물을 마시곤 했다. 세조가 꿈속에서 얻은 우물이라 전해진다. 김창흡은 아주 시원하지는 않으나 달고 부드럽다고 품평했다. 금몽암은 사라지고 샘물은 용안수란 이름으로 남았다. 금몽암은 새벽 저녁으로 적멸보궁에서 향을 피우는 스님들이 머물던 곳이었

---

50 김창흡(金昌翕), 재인용 "降至上院, 周覽殿閣與廊寮, 間架旣, 藻飾亦盛, 階 皆細石精, 緻若疊璧, 自慶州輪來云, 而有鐘制巧而聲宏, 蓋光廟來 時百官景從, 今之僧寮, 皆當日寺 云, 左有眞如閣, 殿畵文殊三十六變態, 可供一笑"

51 강재항(姜再恒), 재인용 "還至上院, 殿閣廊寮位置穩貼, 制造精巧, 階 皆精石熟, 苔不蝕, 僧謂光廟時, 取東京玉山石, 海運以來, 有鍾制巧而聲宏, 亦自東京運至, (중략) 自上院左轉, 過眞如閣, 觀所謂三十六變相"

으나 지금은 사자암이 역할을 대신한다.

금몽암 뒤 돌계단을 밟고 수십 보 올라간 정시한은 적멸보궁 네 글자를 개성 사람 홍명기洪命基가 아홉 살 때 쓴 것이라고 알려준다. 그의 집에서 아름다운 빛깔의 비단을 시주하여 적멸보궁을 특별하게 새기고 그렸다. 사람, 날짐승, 길짐승, 풀과 나무의 모습이 네 벽에 기교를 다해 그려져 있었다.[52] 윤선거尹宣擧, 1610~1669가 건물 안을 들여다보니 금불상은 없고 단지 불영佛影을 설치하고 잡다한 색의 종이꽃을 어지러이 꽂혀있을 뿐이었다.[53] 허훈許薰, 1836~1907은 적멸보궁 안에 보관 중인 대장경大藏經 50 상자를 발견하였다.[54]

뒤는 부처님의 진신사리를 봉안한 곳이다. 강재항은 "적멸각寂滅閣 뒤쪽에 부처의 유골을 간직해 두었다고 한다. 어지러이 바위가 무더기로 쌓여서 층층을 이루는데, 이런 곳이 모두 두 곳이다."[55]라고 적는다. 김창흡은 「오대산기」에서 "석축 아래에 바위가 이어져 있는데, 이는 자연적으로 생긴 것이지 사람이 만든 것이 아니다. 여기서부터 주봉主峯에 이르기까지 누차 중요한 길목에 마디마디마다 석축이 있다."[56]라고 하였다.

---

52 정시한(丁時翰), 재인용 "有空殿大書寂滅寶宮四字 卽開城府人洪命基九歲時所書 洪也時年二十九 方在開城云 其家施綵刻 異於諸寺 人物飛禽走獸草木之形 列於寺壁及上窮極其巧 卽凜首坐所重創 凜性淨之弟子 而義圭卽凜之弟子云"

53 윤선거(尹宣擧), 「파동기행(巴東紀行)」, 『노서유고(魯西遺稿)』 "鐵瓦重壁, 扁曰寂滅寶宮, 內不置金像, 只設佛影, 亂揷雜色紙花而已"

54 허훈(許薰), 「동유록(東遊錄)」, 『방산집(舫山集)』 "頂有寂滅宮, 金碧絢耀, 中北壁設彩, 卓, 無佛塑, 藏大藏經五十函"

55 강재항(姜再恒), 재인용 "閣後寂滅閣, 後藏佛骨云, 而亂石錯置, 累累成級, 如是者凡二所"

56 김창흡(金昌翕), 재인용 "菴後石梯層, 可數十步, 至舍利閣後, 有石築成壘者兩所, 有巖承之, 巧排壇, 天成非人造"

참고문헌

강재항(姜再恒),『입재유고(立齋遺稿)』(한국문집총간 210집)

권근(權近),『양촌집(陽村集)』(한국문집총간 7집)

김시습(金時習),『매월당집(梅月堂集)』(한국문집총간 13집)

김이만(金履萬),『학고집(鶴皐集)』(한국문집총간 속65집)

김정희(金正喜),『완당전집(阮堂全集)』(한국문집총간 301집)

김창흡(金昌翕),『삼연집(三淵集)』(한국문집총간 165~167집)

송광연(宋光淵),『범허정집(泛虛亭集)』(한국문집총간 속43집)

송병선(宋秉璿),『연재집(淵齋集)』(한국문집총간 329~330집)

송환기(宋煥箕),『성담집(性潭集)』(한국문집총간 244~245집)

성해응(成海應),『연경재전집(研經齋全集)』(한국문집총간 273~279집)

신익성(申翊聖),『낙전당집(樂全堂集)』(한국문집총간 93집)

신즙(申楫),『하음집(河陰集)』(한국문집총간 속20집)

윤선거(尹宣擧),『노서유고(魯西遺稿)』(한국문집총간 120집)

이세구(李世龜),『양와집(養窩集)』(한국문집총간 속48집)

이이(李珥),『율곡전서(栗谷全書)』(한국문집총간 44~45집)

이익상(李翊相),『매간집(梅澗集)』(한국문집총간 속37집)

정기안(鄭基安),『만모유고(晩慕遺稿)』(한국문집총간 속73집)

조덕린(趙德鄰),『옥천집(玉川集)』(한국문집총간 175집)

채지홍(蔡之洪),『봉암집(鳳巖集)』(한국문집총간 205집)

채팽윤(蔡彭胤),『희암집(希菴集)』(한국문집총간 182집)

최석정(崔錫鼎),『명곡집(明谷集)』(한국문집총간 153~154집)

허훈(許薰),『방산집(舫山集)』(한국문집총간 327~328집)

홍경모(洪敬謨),『관암전서(冠巖全書)』(한국문집총간 속113~114집)

홍인우(洪仁祐),『치재유고(恥齋遺稿)』(한국문집총간 36집)

강원도(2005),『국역 강원도지』상, 춘천:산책

강정화(2008),「동아시아의 명산(名山)과 명산문화(名山文化); 지리산(智

異山) 유산기(遊山記)에 나타난 조선조 지식인의 산수인식(山水認識)」, 『남명학연구』26, 남영학연구소.

권혁진 외 3인(2015), 『조선 선비 설악에 들다』, 서울:문자향.

김기영(2002), 「관악산유산록의 작품 실상과 교육적 가치」, 『어문연구』38, 어문연구학회.

김선희(2009), 「유산기를 통해 본 조선시대 삼각산 여행의 시공간적 특성」, 『문화역사지리』21, 한국문화역사지리학회.

노규호(2009), 「한국 遊山記의 계보와 두타산 遊記의 미학」, 『우리문학연구』28, 우리문학회.

김풍기(2006), 「오대산 인식의 역사적 변천과 문화사적 의미」, 『강원 한시의 이해』, 서울:집문당.

문경새재박물관(2008), 『삼천에 구백리 머나먼 여행길』, 서울:민속원.

박영민(2005), 「18세기 청량산 유산기 연구」, 『한자한문연구』1, 고려대학교 한자한문연구소.

안득용(2005), 「17세기 후반~18세기 초반 山水遊記 研究: 農巖 金昌協과 三淵 金昌翕을 중심으로」, 고려대학교 대학원 석사학위논문.

안득용(2006), 「農淵山水遊記研究」, 『동양한문학연구』22, 동양한문학회.

안득용(2007), 「16세기 후반 영남 문인의 산수유기-芝山 曺好益 산수유기에 나타난 지연인식과 형상화를 중심으로-」, 『어문논집』55, 민족어문학회.

육재용(2010), 「산수유람록에 나타난 선인들의 관광의식 일고찰-금강산 유람록을 중심으로-」, 『관광연구』25, 대한관광경영학회.

이혜순 외 3인(1997), 『조선중기의 유산기 문학』, 서울:집문당.

일연 저, 이민수 역(2013), 『삼국유사(三國遺事)』, 서울:을유문화사.

정시한 저, 신대현 역(2005), 『산중일기』, 서울:혜안.

정치영(2007), 『옛 선비들의 청량산 유람록 Ⅰ』, 서울:민속원.

최석기 외(2007), 『선인들의 지리산 유람록』, 서울:돌베개.

한국고전번역원(1982), 『국역 동문선(東文選)』, 서울:한국고전번역원.

한국고전번역원(1985), 『국역 신증동국여지승람』, 서울:한국고전번역원.

한국고전번역원(2008), 『국역 기언(記言)』, 서울:한국고전번역원.

한국고전번역원(2010), 『국역 승정원일기』, 서울:한국고전번역원.

오대산 유산기
유산기 해제

　산을 유람하면서 만나는 경치와 자연에서 촉발된 느낌 등을 기록한 글이 유산기遊山記다. 유산기에 대한 글은 다양한 시선으로 검토되어 왔다. 먼저 산을 바라보는 시각에 대한 연구가 이루어졌다. 산은 신이 살고 있는 신비한 장소가 아닌 인간이 살고 있는 장소, 아름다운 경관으로 시흥詩興의 원천이 되는 곳, 단순한 탐승探勝의 대상이 아니라 도체道體가 깃들인 곳으로 이를 통해 심신을 수양하는 장소, 한 지방의 상징적 존재이자 민족의 상징적 존재라는 설명은 산에 대한 이해를 심화시켰다.[1] 이후 특정 시기와 특정 계열을 중심[2]으로 산수유기를 분석하기도 했으며, 유산기에 나타난 사의식士意識[3]에 주목하기도 하였고, 한 지역의 특정한 산을 집중적으로

---

1 이혜순 외 3인, 『조선중기의 유산기 문학』, (집문당, 1997). 이 책은 유산기의 성립과 배경뿐만 아니라 금강산유기 · 지리산유기 · 청량산소백산유기 · 묘향산유기 등에 대하여 자세하게 고찰하고 있다.

2 안득용, 「17세기 후반~18세기 초반 山水遊記 硏究 : 農巖 金昌協과 三淵 金昌翕을 중심으로」, 고려대학교 대학원 석사학위논문, 2005.8 ;안득용, 「農淵山水遊記硏究」,(『동양한문학연구』,22, 동양한문학회, 2006); 안득용, 「16세기 후반 영남 문인의 산수유기-芝山 曺好益 산수유기에 나타난 자연인식과 형상화를 중심으로-」,(『어문논집』, 55, 민족어문학회, 2007).

3 최석기 외,「조선시대 사대부들의 지리산 유람과 사의식」, 『선인들의 지리산 유람록』, (돌베개, 2007).

분석'하기도 하면서 연구의 지평을 넓혀왔다.

지금까지 연구의 대상이 된 산은 금강산, 지리산, 청량산, 소백산, 묘향산 등이다. 이 산들이 연구된 까닭은 지명도가 있는 유명한 산이기도 하지만, 자료가 충분하기 때문이기도 하다. 그렇다면 설악산에 대한 연구가 미흡한 까닭은 무엇으로 설명할 수 있을까? 명산이기는 하지만 자료가 불충분하기 때문이라는 이유를 들기도 한다. 그러나 조금만 관심을 갖는다면 다른 산에 비해 유산기가 절대로 뒤지지 않는다.

이 글은 설악산 유산기에 대한 간략한 설명이다. 누가, 언제, 누구와 함께 유산을 하였으며, 어떤 목적을 갖고 유람하였는지, 등반 코스는 어떠한지 등과 같은 기초적인 항목들에 대하여 설명함으로써, 설악산의 진면목을 이해하는데 도움을 주고자 한다.

자료와 창작시기

한문의 문체를 분류하는 방법은 다양하다. 중국 육조시대 양梁나라 태자였던 소통蕭統의 『문선文選』부터 시작한 분류는 130여 개로 세분화하기도 한다. 그 중에 잡기류雜記類가 있는데, 유산기는 여기에 속한다.

---

4 김기영, 「관악산유산록의 작품 실상과 교육적 가치」,(『어문연구』, 38, 어문연구학회, 2002); 박영민, 「18세기 청량산 유신기 연구」, (『한자한문연구』, 1, 고려대학교 한자한문연구소, 2005); 정치영, 『옛 선비들의 청량산 유람록Ⅰ』, (민속원, 2007). 강정화, 「동아시아의 명산(名山)과 명산문화(名山文化) ; 지리산(智異山) 유산기(遊山記)에 나타난 조선조 지식인의 산수인식(山水認識)」, (『남명학연구』, 26, 경상대학교 남명학연구소, 2008); 노규호, 「한국 遊山記의 계보와 두타산 遊記의 미학」, (『우리문학연구』, 28, 우리문학회, 2009); 김선희, 「유산기를 통해 본 조선시대 삼각산 여행의 시공간적 특성」, (『문화역사지리』, 21, 한국문화역사지리학회, 2009).

유산기는 대부분 '~기記' 형식을 취하지만, 가끔 '~록錄'이란 제목을 갖기도 한다. 설악산 유산기도 예외는 아니며, 이 글의 중심을 이룬다. 작가가 여행 중 보고 들은 것을 기록하고, 경치를 묘사했으나 문체로 구분할 때 유산기가 속한 잡기류가 아니더라도, 설악산 내용을 담고 있으면 포함시켰다.

오대산 유람을 기록한 자료들을 연도별로 정리하면 아래와 같다.

1626년, 신즙(申楫), 「관동록상(關東錄上)」, 『하음집(河陰集)』
1631년, 신익성(申翊聖), 「유금강소기(遊金剛小記)」, 『낙전당집(樂全堂集)』
1644년, 윤선거(尹宣擧), 「파동기행(巴東紀行)」, 『노서유고(魯西遺稿)』
1676년, 송광연(宋光淵), 「오대산기(五臺山記)」, 『범허정집(泛虛亭集)』
1687년, 정시한(丁時翰), 「산중일기(山中日記)」, 『우담집(愚潭集)』
1708년, 조덕린(趙德鄰), 「관동록(關東錄)」, 『옥천선생문집(玉川先生文集)』
1718년, 김창흡(金昌翕), 「오대산기(五臺山記)」, 『삼연집(三淵集)』
1723년, 김이만(金履萬), 「산사(山史)」, 『학고집(鶴皐集)』
1727년, 강재항(姜再恒), 「오대산기(五臺山記)」, 『입재유고(立齋遺稿)』
1732년, 권섭(權燮), 「유행록(遊行錄)」, 『옥소고(玉所稿)』
1740년, 채지홍(蔡之洪), 「동정기(東征記)」, 『봉암집(鳳巖集)』
1742년, 정기안(鄭基安), 「유풍악록(遊楓岳錄)」, 『만모유고(晚慕遺稿)』
1898년, 허훈(許薰), 「동유록(東遊錄)」, 『방산선생문집(舫山先生文集)』

지금까지 발굴한 작품들을 시대 순서로 정리한 것이다. 제목을 보면 오대산만 유람한 것도 있지만 관동 일대를 여행하는 과정에서 오대산을 들린 경우도 많다. 이러한 작품들은 오대산과 관련된 부분만 발췌를 하였다.

오대산에 들지 않고 여러 사정 때문에 멀리서 보고 지나가는 경우도 있다. 그러나 대부분 직접 산행을 하지는 않았지만 오대산과 관련된 내용을 장황하게 설명하면서 아쉬워하거나 다음을 기약하는 경우가 대부분이다.

1553년, 홍인우(洪仁祐), 「관동록(關東錄)」, 『치재선생유고(恥齋先生遺稿)』
1691년, 이세구(李世龜), 「동유록(東遊錄)」, 『양와집(養窩集)』
1781년, 송환기(宋煥箕), 「동유일기(東遊日記)」, 『성담집(性潭集)』
1868년, 송병선(宋秉璿), 「동유기(東遊記)」, 『연재집(淵齋集)』

유산기의 형식을 갖추진 않았지만 오대산을 자세하게 설명하는 글들도 오대산을 이해하는데 도움을 준다. 성해응과 허목의 경우가 대표적이다. 이들의 글은 오대산을 이해하는데 많은 도움을 준다.

성해응(成海應), 「오대산(五臺山)」, 『연경재전집(研經齋全集)』
유몽인(柳夢寅), 「제감파최유해호부묵유금강산록후(題紺坡崔有海號副墨遊金剛山錄後)」, 『어우집(於于集)』
허목(許穆), 「오대산기(五臺山記)」, 『기언(記言)』
허목(許穆), 「오대산기2(五臺山記2)」, 『기언(記言)』

유산기가 지어진 시기는 17세기 초반부터 19세기 후반까지이다. 미처 발견하지 못한 자료들이 있다고 하더라도 시기가 많이 당겨질 것 같지는 않다. 인근에 있는 설악산의 경우 초창기의 작품은 1485년에 남효온南孝溫이 지은 「유금강산기遊金剛山記」와 1575년에 문익성文益成이 작성한 「유한계록遊寒溪錄」이다. 오대산 유산기는 17세기와 18세기에 주로 창작되었다. 이것은 외사고外史庫로서 오대산사고가 설치된 것과 관계가 있는 것으로 보인다. 사고가 설치된 것은 1606년(선조 39)이다. 그러나 이보다 앞서 1605년 10월에 재인쇄된 실록의 초고본을 봉안할 장소로 오대산 상원사上院寺

가 선정되었다. 그러다가 다시 월정사 부근에 사각史閣을 건립, 실록을 보관하기로 하고 사고를 마련해 초고본 실록을 보관한 것이다. 오대산 사고의 실록 봉안은 1606년에 태조부터 명종 때까지의 초고본을 봉안한 이후, 1616년(광해군 8)에는 『선조실록』, 1653년(효종 4)에는 『인조실록』, 1657년에는 『선조수정실록』, 1661년(현종 2)에는 『효종실록』, 1678년(숙종 4)에는 『광해군일기』, 1728년(영조 4)에는 『숙종실록』, 1732년에는 『경종실록』, 1805년(순조 5)에는 『정조실록』을 봉안하였다. 또한 실록 책을 바람에 쐬고 햇볕에 쐬는 포쇄가 수시로 행해졌고, 김정희金正喜는 「포쇄하기 위해 오대산에 오르다」란 시를 남기기도 했다. 그러나 무엇보다도 오대산이 명산이었기 때문이었을 것이다.

1742년 9월, 정기안鄭基安, 「유풍악록遊楓岳錄」, 『만모유고晚慕遺稿』
"사고(史庫)에 이르니 조화숙(趙和叔)이 어제 햇볕에 쐬는 일로 이곳에 왔다. 이야기를 오래 나누었다."

어느 계절에 유람했을까

강릉 학담에 은거하던 송광연宋光淵이 오대산을 유람하기 위해 출발한 시기는 1676년 9월 7일이었다. 적멸보궁이 있는 중대에 오르자 눈이 내렸다. "조금 있다가 비가 오려는 조짐이 있더니 눈꽃

---

5 조명정(趙明鼎, 1709~1779): 본관은 임천(林川). 자는 화숙(和淑), 호는 노포(老圃). 조시형(趙時馨)의 증손으로, 할아버지는 조현기(趙顯期)이고, 아버지는 지평 조정순(趙正純)이다. 어머니는 이공간(李公幹)의 딸이다.

이 날린다. 슬피 바라보다가 산을 내려와 상원사로 돌아와서 묵었다." 유람의 목적이 오대산인 경우 송광연처럼 가을에 다녀갔다. 김창흡金昌翕이 오대산을 유람하고 남긴 「오대산기五臺山記」는 1718년 윤8월이었다. 이때 단풍이 절정이었던 것 같다. 작품 이곳저곳에 단풍과 관련된 묘사가 보인다. "들판이 끝나고 골짝 어귀로 들어섰다. 오래된 전나무 천백 그루가 길 양쪽에 늘어섰는데 모두 한 아름이다. 붉게 물든 단풍나무가 전나무 사이에 뒤섞여 있다.", "때마침 경치가 맑고 아득하며 하늘은 청명하고, 수많은 단풍이 빛나는 햇살에 붉다.", "붉게 물든 단풍잎의 농도가 완상하기에 적당하니, 이것이 또 한 가지 행운이다." 1727년 9월에 찾은 강재항姜再恒의 눈에도 단풍이 들어왔다. "시내를 따라 북쪽으로 올라가 골짝 입구로 들어섰다. 오래된 전나무 수백 그루가 의젓하게 줄지어 서 있고 길을 끼고 좌우로 단풍잎이 한창 물들었다. 청색과 홍색이 어우러졌는데, 자못 인간 세상이 아닌 듯하다."

1626년 8월에 신즙申楫은 오대산을 찾았는데 높은 곳에는 눈이 벌써 내렸다. "시내를 따라가고 봉우리를 오르며 마음대로 찾아다니고 싶었으나 눈 덮인 산은 매우 험하고 산중 해가 어느덧 기울어가서 감로수 등에 가보지 못하고 되돌아왔다."라고 아쉬워한다. 1631년 9월에 신익성申翊聖은 오대산으로 향하던 중 횡계를 지나게 되었다. "횡계橫溪의 절벽과 골짜기에 이르니 떨릴 정도로 춥다. 서리가 내린 지 오래되어서 나뭇잎은 모두 다 떨어졌다." 정기안鄭基安이 찾았던 1742년 9월은 단풍이 아름다웠다. "절 뒤로 계곡을 따라 올라갔다. 새로 서리가 짙게 내리니 단풍나무 잎이 한창이어서 붉은색이 옷에 비친다. 산수의 정취를 논할 것 없이 이것 또한 자연스런 기이한 구경거리다."

주목적이 오대산이 아니라 여행 도중에 산을 찾은 경우는 계절과 관계가 없다. 윤선거尹宣擧는 3월에 유람하고「파동기행巴東紀行」을 남겼다. 조덕린趙德鄰의「관동록關東錄」은 4월에 작성되었다. 채지홍蔡之洪의「동정기東征記」는 4월에, 권섭權燮의「유행록遊行錄」은 윤5월에, 허훈許薰의「동유록東遊錄」은 5월과 6월에 걸쳐 작성되었다.

전국을 두루 유람하던 정시한丁時翰의 발길이 1687년 10월에 오대산에 닿았다. 김이만金履萬은 1723년 겨울에 찾은 유일한 사람이었다.「산사山史」에 겨울 풍경이 묘사되어 있다. "밤에 눈이 내리더니 아침에 개었다. 가마를 타고 산에 들어가니 커다란 전나무가 빽빽하다. 사이사이에 소를 가릴 만큼 큰 나무는 천 년은 된 나무 같다. 숲을 뚫고 계곡을 건너며 수십 번 꺾어져서 조그만 암자에 이르렀다가 돌아왔다."

어디를 경유했을까

유산기를 분석해보면 탐승경로는 월정사삼거리에서 월정사로 향하면서 시작한다. 월정사에서 숙박한 후 계곡을 따라 올라가면서 오대산사고를 들리고 상원사에 머무른다. 상원사를 중심으로 서대를 갔다 오거나, 중대 적멸보궁을 답사하고 북대로 향하기도 한다. 절을 중심으로 유람이 행해졌다는 것을 보여준다. 각각의 유람 코스를 살펴보면 다음과 같다.

• 신즙(申楫), 「관동록상(關東錄上)」, 『하음집(河陰集)』
진부역(珍富驛)―월정사(月精寺)―사각(史閣)―상원사(上元寺)―횡계역(橫溪驛)

• 신익성(申翊聖), 「유금강소기(遊金剛小記)」, 『낙전당집(樂全堂集)』
횡계―성평―월정사―청심대

• 윤선거(尹宣擧), 「파동기행(巴東紀行)」, 『노서유고(魯西遺稿)』
진부역(珍富驛)―성오평(省烏坪)―월정사(月精寺)―금강연(金剛淵)―사고(史庫)―
영감사(靈鑑寺)―상원사(上院寺)―사자암(獅子庵)―금몽암(金夢庵)―적멸보궁(寂
滅寶宮)―금몽암―상원사―월정사―유현(杻峴)―횡계역(橫溪驛)

• 송광연(宋光淵), 「오대산기(五臺山記)」, 『범허정집(泛虛亭集)』
진부역(珍富驛)―사미대(沙彌臺)―금강연(金剛淵)―월정사―신성굴(神聖窟)―화
엄암(華嚴庵)―상원사(上元寺)―적멸보궁(寂滅寶宮)―상원사―사각(史閣)―영감
사―월정사―횡계역(橫溪驛)

• 정시한(丁時翰), 「산중일기(山中日記)」, 『우담집(愚潭集)』
홍계역(洪溪驛)―금강연(金剛淵)―월정사(月精寺)―절 뒤 산―사자연(獅子淵)―금
강대암(金剛臺菴)―영감사―사고(史庫)―고개―신성암(神聖菴)―적조암(寂照庵)―
사자봉―환희점(歡喜岾)―삼인봉(三印峰)―상두암―함허당(涵虛堂)―북대암(北臺
菴)―상두암(象頭菴)―자씨암(慈氏菴)―소명(昭明)터―적멸보궁(寂滅寶宮)―금몽
암(金夢庵)―사자암(獅子菴)―상원사(上院寺)―진여원(眞女院)―보질도암(寶叱徒
庵)―적조암(寂照菴)―부도대(浮屠臺)―동관음암(東觀音庵)·육수암(六水庵)―월
정사―진보역(珍寶驛)

• 조덕린(趙德鄰), 「관동록(關東錄)」, 『옥천선생문집(玉川先生文集)』
횡계역(橫溪驛)―월정사―사각(史閣)―중대(中臺)·사자암(獅子庵)―화엄암(華嚴
庵)―상원사―월정사―진부(珍富)

• 김창흡(金昌翕), 「오대산기(五臺山記)」, 『삼연집(三淵集)』
횡계역(橫溪驛)―높은다리[高橋]―유목정(楡木亭)―성오평(省烏坪)―사미대(沙彌

臺)–금강연(金剛淵)–월정사–금강대(金剛臺)–사고(史庫)–영감사(靈鑑寺)–고
개–신성굴(神聖窟)–상원사(上院寺)–사자암(獅子菴)–금몽암(金夢菴)–사리각
(舍利閣)–상원사–북대(北臺) 북암(北庵)–상원사–서대(西臺) 우통수–상원사–
학담(鶴潭)–월정사

· 김이만(金履萬), 「산사(山史)」, 『학고집(鶴皐集)』
진부역–금강연–월정사–조그만 암자–월정사

· 강재항(姜再恒), 「오대산기(五臺山記)」, 『입재유고(立齋遺稿)』
횡계역–높은다리–유목정–성조평–만과봉–사미대–금강연–월정사–금강대–
사각–고개–백탑동–신성굴–상원사–사자암–금몽암–사리각–적멸각–상원사–
백탑동–학담–월정사–금강연–소릉동–가좌리–횡계역

· 권섭(權燮), 「유행록(遊行錄)」, 『옥소고(玉所稿)』
진부역–금강연–월정사–동대관음암–월정사–부도–금강대–사고–영감암–화
암암–진여원–상원사–사자암–금몽암–적멸보궁–골짜기 입구 마을–횡계

· 채지홍(蔡之洪), 「동정기(東征記)」, 『 봉암집(鳳巖集』
진보역(眞保驛)–월정사(月精寺)–사고–고개–상원사(上院寺)–사자암(獅子菴)–
금몽암(金夢菴)–적멸암(寂滅菴)–상원사–월정사–유령(杻嶺)–횡계역

· 정기안(鄭基安), 「유풍악록(遊楓岳錄)」, 『만모유고(晚慕遺稿)』
진부역(珍富驛)–월정사(月精寺)–사고(史庫)–사자암(獅子菴)–중대(中臺)–적멸
보궁(寂滅寶宮)–금몽암(金夢庵)–상원사–월정사–대관령(大關嶺)

· 허훈(許薰), 「동유록(東遊錄)」, 『방산선생문집(舫山先生文集)』
송천(松川)–장현(長峴)–오대동문(五臺洞門)–금강연(金剛淵)–월정사(月精
寺)–영감사(靈鑑寺)–내원(內院)–적멸궁(寂滅宮)–내원(內院)–월정사–진부역
(珍富驛)

여러 유람객 중 정시한丁時翰의 행적은 특별하다. 그가 월정사를 찾은 때는 1687년 10월 5일이었다. 10월 6일에는 월정사 뒷산에 오른다. 10월 7일에는 사자연獅子淵과 금강대암金剛臺菴을 지나 영감사와 사고史庫를 견학한다. 10월 8일에는 사고 뒤에 있는 고개를 넘어 신성암神聖菴 앞 냇물을 건너 냇물을 따라 7~8리를 가서 적조암寂照庵에 이른다. 다음날 새벽부터 밤까지 큰바람이 불고 눈발이 날려서 적조암에 머무른다. 지금은 터만 남아 있을 적조암의 존재를 알려주는 귀한 정보다. 10월 10일에 북대 주변에 있었던 상두암과 함허당涵虛堂을 방문한다. 10월 11일에는 북대암北臺菴, 상두암象頭菴, 자씨암慈氏菴, 소명昭明 터, 적멸보궁寂滅寶宮, 금몽암金夢庵, 사자암獅子菴, 상원사上院寺, 진여원眞女院, 보질도암寶叱徒庵, 적조암寂照菴을 두루 유람한다. 이날의 행로도 지금은 사라진 많은 암자의 명칭과 위치 등을 알려준다. 10월 12일에는 부도대浮屠臺를 지나 동관음암東觀音庵에서 숙박을 한다. 10월 13일에는 육수암六水庵과 월정사를 지나 횡계역으로 향한다. 오대산에서 8박 9일을 보낸 것이다. 짧게는 하루만 유람한 경우도 있지만, 2~3일 유람한 경우가 대부분임을 본다면 특별한 경우다. 특히 많은 암자에 대한 정보 제공 때문에 정시한의 유산기는 특별한 가치가 있다.

대부분 대관령을 넘어오거나 진부를 거쳐 오대산을 찾았는데 허훈許薰은 양양 송천松川을 지나 현재의 진고개인 장현長峴을 넘어 오대산을 찾았다. 강재항姜再恒이 귀로에 안개자니계곡인 가좌리를 찾은 것도 특별한 경우다.

어디서 잤을까

박성원은 설악산이 아름다운 이름을 얻지 못한 이유에 대해 산 안에 절이 없기 때문에 옛날이나 지금 유람하는 사람들이 의지하여 머물 곳이 없어서라고 평하였다. 절은 산을 유람하는 사대부들의 숙식을 제공하기도 했지만 가마를 어깨에 메기도 했다. 그렇기 때문에 절은 산을 유람할 때 중요한 기지가 되는 셈이다.

1박 2일로 유람할 경우 대부분 월정사에서 짐을 풀었다. 1626년에 신즙申楫, 1631년에 신익성申翊聖, 1723년에 김이만金履萬이 간단하게 유람을 하였다. 1676년에 오대산을 찾은 송광연宋光淵은 상원사에서 1박을 하였다. 1740년에 채지홍蔡之洪도 상원사에서 하룻밤 신세를 졌다.

1708년에 조덕린趙德鄰은 월정사에서 2일을 머물렀다. 1742년에 정기안鄭基安도 월정사에서만 이틀 신세를 졌다. 1644년에 윤선거尹宣擧는 상원사에서 이틀, 월정사에서 하루를 묵었다. 허훈許薰은 1898년에 월정사와 상원사에서 하룻밤을 보냈다.

1718년에 김창흡金昌翕은 월정사에서 하룻밤, 북대 북암에서 하룻밤, 다시 월정사에서 하룻밤 잠을 청했다. 강재항姜再恒은 월정사에서 3일, 오대산 입구인 소릉동에서 하룻밤을 보냈다. 1732년에 권섭權燮은 월정사와 오대산 골짜기 입구 마을에서 짐을 풀었다. 1687년에 오대산을 찾은 정시한丁時翰의 행적이 특이하다. 월정사에서 3일, 영감사에서 1일, 적조암에서 3일, 함허당涵虛堂과 동관음암東觀音庵에서 하루의 피로를 풀었다. 대부분의 유산객들과 다른 일정이 「산중일기山中日記」에 기록되어 있다.

어떻게 산을 올랐을까

조선시대에 산을 찾은 탐방객은 두 발로 걸었을 것이라고 막연하게 생각할 것이다. 험한 구간에서는 어쩔 수 없이 걸어야만 했지만 조금만 길이 평탄하다 싶으면 가마인 견여肩輿와 남여籃輿에 오르곤 했다. 1626년에 찾은 신즙申楫부터 시작하여 1644년 3월에 찾은 윤선거尹宣擧는 남여를 타고 거슬러 올라갔다.

1676년 9월에 송광연宋光淵이 월정사에 이르자 월정사 중들이 남여籃輿를 가지고 와서 맞이하였고, 남여를 재촉하여 곧바로 중대中臺로 향했다. 남여를 타고 갈 수 없어서 산기슭을 걸어가다가 다리에 힘이 모두 풀려 더 이상 위로 올라갈 수 없게 되자 힘이 센 중에게 업혀서 겨우 중대에 올랐다.

1708년 4월에 오대산을 찾은 조덕린趙德鄰도 마찬가지였다. 식사를 재촉하고 남여에 올라 숲을 뚫고 시내를 뛰어넘으며 산을 올랐다. 중대中臺를 오르는데 산세가 높고 험준하여 십여 명의 스님이 메는 띠를 이용해 가마를 끌고 올라갔고, 매우 위험한 곳에 이르러 가마에서 내려 걸어 올라갔다.

수레에 대한 기록은 김창흡金昌翕의 「오대산기五臺山記」에 자세하다. 가마를 멜 사람이 없어 염려하다가 길에서 만난 월정사 중들을 끌고 월정사로 가려하니, 거짓으로 응낙하고는 몰래 도망한 자가 부지기수였다고 적고 있다. 다음날 세 사람이 가마를 메고 곧바로 북쪽을 향해 계곡물을 따라 올라갔다. 점심을 먹고 북대北臺로 향하는데 미끄러운 돌이 많자 동행하던 사람은 가마에서 내려서 걸어갔으나, 김창흡은 꿋꿋하게 가마에 앉은 채 내리지 않았다. 가마

위에 앉았어도 도리어 숨쉬기가 힘드니, 중들의 어깨가 벌겋게 되었음은 알만하다고 적고 있다. 다음날 보다 못한 스님이 가마 앞에서 합장을 하고는 웃으며 말하기를, "훗날 올 때에는 이 가마는 빼고 오는 것이 좋겠습니다."라고 할 정도였다.

1727년에 찾은 강재항姜再恒, 1740년에 온 채지홍蔡之洪, 1742년에 유람한 정기안鄭基安도 마찬가지였다.

불교에 대한 입장

대부분의 유산기는 뛰어난 경치를 보면서 감탄하거나, 그 흥취를 시로 표현한다. 여정을 꼼꼼하게 기록하여 지금의 우리에게 도움을 주기도 한다. 유산기를 남긴 사람들은 유학자들이기 때문에 불교에 대해 비판적인 입장을 취하는 것을 쉽게 찾을 수 있다.

윤선거는 상원사를 방문하고 깊은 산중에 세운 상원사가 백성들의 재산을 모두 써서 화려함을 다하였다고 비판을 날을 세웠다. 조덕린도 마찬가지다. 그의 눈에 비친 상원사는 백여 칸 으로 매우 정교하고 불우佛宇, 소상塑像, 탁자, 그릇 종류들이 모두 기이하고 화려했다. 계단은 모두 흰색으로 갈고 다듬은 것이 섬세하고 부드러웠다. 건물 꾸밈의 정밀함과 모양을 본뜨고 조각한 공교로움이 매우 기교가 있어 기괴함에 현혹되니 사람이 만든 것 같지 않다. 아! 사람의 힘을 쓴 것이 많고 공사비가 많이 들어 크고 화려한 볼거리를 창건했다고 적고 있으니 이것은 칭찬이 아니라 비판이다.

불교에 대한 비판의 목소리도 있다. 정기안은 중대 금몽암金夢庵

에 거주하며 새벽 저녁으로 적멸보궁에서 지극정성으로 향을 피우는 중을 보고, 이 마음을 옮겨 도道로 향한다면 어찌 이르지 못할 것이 있겠냐며 외교外教에 빠져있는 것을 안타까워했다.

궁벽한 이치를 찾아내어 괴이한 행동을 하는 것을 색은행괴索隱行怪라 한다. 『중용』에 나오는 공자의 말이다. 정시한은 함허당涵虛堂에 거주하는 밀선이 소금, 간장, 채소절임은 없고, 단지 솔잎만으로 반찬을 해서 먹는 것을 보고 색은행괴索隱行怪 중 심한 것이라며 비판한다. 채지홍은 오대산에 석가여래의 두골頭骨이 묻혀 있단 말에 의심을 품으며 황당한 말이라 결론 내린다.

대부분 비판적이었지만 신익성은 호의적인 입장을 취한다. 동대 관음암觀音菴에 성정性淨 스님에게 방편어方便語로 질문 하니 드디어 눈을 뜨고 빙그레 웃으며, '그대는 같이 이야기할 만하다.'라고 대답하고 있는데 메아리와 같다고 비유를 한다. 그의 글을 인용해 본다.

나는 승려를 좋아하는 버릇이 있고, 승려 가운데서도 나를 좋아하는 이들이 많다. 서산대사 이하 유명한 승려들을 보지 못한 이들이 없다. 비록 보지는 못하였지만 계행(戒行)에 대해서는 알고 있다. 그런데 금강산에 살고 있는 선숙(禪宿) 중 선정에 든 자를 살펴보면 성정(性淨)같이 지행(知行)이 모두 높은 이가 없다. 그가 입정(入定)하면 그것을 깰 수 없는 것이 오래 된 우물 같다. 가까이 가기만 해도 정신이 깨끗해지고 맑아지며 말의 칼날은 예리하여 크게 의심스러운 것이라도 한마디로 해결한다. 뜻과 기개를 보니 한 시대를 능가하기에 충분하다.
내가 묻기를, "사교(四教)에는 원래 공안법(供案法)이 없었는데 조주(趙州)로부터 시작되었고 지금의 수행법은 사교를 본받지 않고 조주의 면목만 의지하고 있으니 이와 같이해서 도에 들어갈 수 있겠는가?"라고 하였다. 성정이 웃으면서 말하기를, "선생께서는 도를 아십니까? 선설에 대해 듣고서도 의심을 하시는군요. 유교를 예로 삼아서 증명하겠습니다. 공자와 맹자는 제자와 문답함으로써 설파하였을 뿐이고, 송나라의 유학자들이 주경설(主敬說)을 처음으로 내놓았습니다. 유가의 주경(主敬)은 바로 불가의 공안입니다. 성인의 시대와 멀어지니 그 말씀도 없어져 큰 도는 황량하게 되었고 인욕(人慾)이 천 리를 없애게 되었습니다. 유가나 불가가 모두 마음에서 구해야 하는데 마음을 구하는 요령은 욕심을 없애는 데에 있으므로 이것을 가르침으로 삼아 경(敬)으로써 하고 무(無)로써 하기도 하지만 인욕을 없애고 뜻을 정하는 것은 모두 마찬가지입니다. 인욕이 모두 깨끗이 다하여 없어지게 되면 천 리는 저절로 드러나게 됩니다."라고 한다.

오대산의 네 가지 미덕

1718년에 김창흡은 오대산을 유람하고 「오대산기」를 남긴다. 작품 말미에 오대산의 미덕을 네 가지로 요약한다.

대개 이 산은 중후하여 유덕한 군자와 비슷하다. 조금도 가볍거나 뾰족한 모습이 없으니, 이것이 한 가지 뛰어남이다. 깊숙한 숲속에 커다란 나무는 크기가 몇 아름이나 되며, 심지어 구름에 닿고 해를 가릴 정도여서 첩첩의 높은 산처럼 가려져 있다. 청한자(淸寒子)가 말하기를 "초목이 우거져 속인(俗人)이 찾아오기 드문 곳으로는 오대산이 최고다."라고 하였으니, 이것이 한 가지 뛰어남이다. 암자가 깊은 숲속에 자리 잡고 있어 곳곳에서 수도할 만하니, 이것이 한 가지 뛰어남이다. 샘물의 맛이 아주 좋은데 여러 산에서 드문 것이니, 이것이 한 가지 뛰어남이다. 이러한 네 가지 미덕을 지녔으니, 명성이 금강산에 버금가는 것은 당연하도다! 오대산의 장점을 들어 금강산의 뾰족한 산봉우리와 장엄한 폭포에 견준다면, 어느 쪽이 으뜸이 될지는 알지 못하겠다.

이어서 다섯 가지의 행운에 대해서 말한다.

내가 여러 산을 유람하면서 이 오대산이 마지막을 장식하게 되었으니, 더욱 특이한 행운이다. 대개 산에 올라 위를 우러러보고 아래를 굽어보며 재차 어루만진 것이 어린 시절부터였는데, 머리가 하얗게 되어 오대산을 찾아와 본 것이 늦음을 탄식하니, 이것은 한 가지 행운이다. 올해는 보통의 해가 아니며 어려움에서 벗어나 목숨을 보전하여 이번 유람을 할 수 있었으니, 이것이 또 한 가지 행운이다. 산 밖에서 비를 만나 나막신을 신었다가 곧 날이 개었으니, 이것이 또 한 가지 행운이다. 붉게 물든 단풍잎의 농도가 완상하기에 적당하니, 이것이 또 한 가지 행운이다. 함께 할 사람이 없이 나 혼자만의 흥취일줄 알았는데 네 사람과 함께 마음껏 즐겼으니, 이것이 또 한 가지 행운이다.

그의 글은 이어진다. 오대산의 네 가지 미덕에 개인적인 다섯 가지 행운을 합치시켰으니, 기이한 일이어서 기록하지 않을 수 없다고 말한다. 만약 노쇠하고 병들어 기운이 없어진 후에, 또는 벗들과 헤어지고 난 때에 이 글을 본다면 또한 시름을 떨쳐버리고 근심을 흩어 보낼 수 있을 것이라는 말도 덧붙인다. 마지막으로 오대산의 승경과 오묘함을 자신의 유기遊記에 다 기록했다고 생각하지는 않는다며 겸손하게 끝을 맺는다.

강재항姜再恒은 1727년에 「오대산기五臺山記」를 남기는데 김창흡이 말한 오대산에는 네 가지 승경勝景과 다섯 가지 행운을 인용하고 있으니, 김창흡의 「오대산기」는 유명했던 것 같다.

오대산 유산기

유산기 자료

오대산 유산기 목록

1626년 8월, 신즙(申楫), 「관동록상(關東錄上)」, 『하음집(河陰集)』
1631년 9월, 신익성(申翊聖), 「유금강소기(遊金剛小記)」, 『낙전당집(樂全堂集)』
1644년 3월, 윤선거(尹宣擧), 「파동기행(巴東紀行)」, 『노서유고(魯西遺稿)』
1676년 9월, 송광연(宋光淵), 「오대산기(五臺山記)」, 『범허정집(泛虛亭集)』
1687년 10월, 정시한(丁時翰), 「산중일기(山中日記)」, 『우담집(愚潭集)』
1708년 4월, 조덕린(趙德鄰), 「관동록(關東錄)」, 『옥천선생문집(玉川先生文集)』
1718년 윤8월, 김창흡(金昌翕), 「오대산기(五臺山記)」, 『삼연집(三淵集)』
1723년 겨울, 김이만(金履萬), 「산사(山史)」, 『학고집(鶴皐集)』
1727년 9월, 강재항(姜再恒), 「오대산기(五臺山記)」, 『입재유고(立齋遺稿)』
1732년 윤5월, 권섭(權燮), 「유행록(遊行錄)」, 『옥소고(玉所稿)』
1740년 4월, 채지홍(蔡之洪), 「동정기(東征記)」, 『봉암집(鳳巖集)』
1742년 9월, 정기안(鄭基安), 「유풍악록(遊楓岳錄)」, 『만모유고(晩慕遺稿)』
1898년 5~6월, 허훈(許薰), 「동유록(東遊錄)」, 『방산선생문집(舫山先生文集)』
1553년 5월, 홍인우(洪仁祐), 「관동록(關東錄)」, 『치재선생유고(恥齋先生遺稿)』
1691년 9월, 이세구(李世龜), 「동유록(東遊錄)」, 『양와집(養窩集)』
1781년 8월, 송환기(宋煥箕), 「동유일기(東遊日記)」, 『성담집(性潭集)』
1868년 윤4월, 송병선(宋秉璿), 「동유기(東遊記)」, 『연재집(淵齋集)』

성해응(成海應), 「오대산(五臺山)」, 『연경재전집(研經齋全集)』
유몽인(柳夢寅), 「제감파최유해호부묵유금강산록후(題紺坡崔有海號副墨遊金剛山錄後)」, 『어우집(於于集)』
허목(許穆), 「오대산기(五臺山記)」, 『기언(記言)』
허목(許穆), 「오대산기2(五臺山記2)」, 『기언(記言)』

신즙申楫, 「관동록關東錄 상」, 『하음집河陰集』

신즙 申楫, 1580~1639

본관은 영해寧海. 자는 여섭汝涉, 호는 하음河陰. 경상도 상주 출신. 신종위申從渭의 증손으로, 할아버지는 신연申演이고, 아버지는 주부 主簿 신경남申慶男이다. 정경세鄭經世의 문인이다.

1606년(선조 39) 식년문과에 병과로 급제, 문한직인 전적典籍을 지냈다. 광해군이 즉위한 뒤, 대북정권이 패륜행위를 거듭하자 벼슬을 버리고 명승지를 찾아 유랑하였다. 1627년(인조 5) 정묘호란 때는 강원도도사로 종군하였으며, 1636년 병자호란 때는 의병장이 되었고, 사복시정司僕寺正에 이르렀다.

효성이 지극하고 지조가 강하였다. 성리학을 비롯하여 의약·복서卜筮·지리·천문 등에 통달하였으며, 스승 정경세와 학문과 의례에 대하여 많은 문목問目과 토론을 하였다. 상례喪禮와 복제服制에 관한 문목이 『우복집愚伏集』에 수록되어 있다.

유람 경로

1626년 8월 17일: 진부역珍富驛-월정사月精寺

8월 18일: 사각史閣-상원사上元寺

8월 19일: 횡계역橫溪驛-대관령大關嶺-구산丘山

번역

진부역珍富驛에서 점심을 먹었다. 진부珍富에서 출발해서 월정사月精寺에서 머물렀다. 절까지 5리 못 미쳤는데, 지혜志慧 스님이 말

앞에 와서 맞이한다. 절 앞에 있는 금강연金剛淵 바위는 매우 깨끗하고, 폭포는 흩어져서 못이 된다. 잠깐 앉았다가 절로 들어갔다. 커다란 불상 세 개가 법당에 모셔져 있고, 네 벽에 그려진 불화佛畫가 멋있다. 뜰 가운데 아홉 길 금탑金塔이 있다. 월정사는 오대산의 큰 절이다. 서대西臺에 감로수인 우통수竽筒水가 있어서 물이 음陰하고 달 또한 음陰의 정기이기 때문에 이름붙인 것인가? 산에 동·서·중·남·북대가 있고, 합해서 오대五臺라 부른다. 옥여沃余와 서쪽 곁채에서 함께 잠을 잤다.

정유丁酉일. 머무르며 사각史閣[1]과 상원사上元寺를 구경했다. 사각史閣은 오대산에 있는데 나라의 역사책을 보관한다. 상원사는 중대中臺에 있는데, 모든 건물들이 금빛과 푸른빛으로 영롱하고 단청이 눈부시게 비친다. 계단은 모두 잘 다듬은 돌이고, 종과 북, 목어 등은 다른 절이 비할 게 아니다. 절 앞 1리쯤에 수각교水閣橋가 있다. 새로 지었는데 아직 기와를 올리지 못했다. 남한산성南漢山城의 부역 때문인 것 같다. 절과 중이 모두 비어 폐찰이 되었다. 문 밖은 풀에 묻히고 서쪽 행랑은 반쯤 기울었다. 수각水閣을 새로 지었으나 진도가 나아가지 못한 것은 이 때문인가? [水閣之新而未就者以是歟] 저물녘에 옥여沃余와 남여를 타고 갔다. 시내를 따라가고 봉우리를 오르며 마음대로 찾아다니고 싶었으나 눈 덮인 산은 매우 험하고 산중 해가 어느덧 기울어가서 감로수 등에 가보지 못하고 되돌아왔다.

---

1 사각(史閣):오대산사고를 말한다.

무술戊戌일. 일찍 출발했다. 횡계역橫溪驛에서 점심을 먹었다. 횡계에서 출발하여 대관령大關嶺을 넘었다. 고개 위에서 말을 갈아탔다. 구산丘山에 이르러 조금 쉬었다. 저녁에 강릉부江陵府에 도착했다. 부사府使 정종명鄭宗溟이 공관公館으로 나와 환영한다.

원문

中火珍富驛, 自珍富投月精寺, 未及寺五里, 有僧志慧者來迎馬首, 寺前有金剛淵, 巖石甚潔, 散瀑爲淵, 坐須臾入寺, 有丈六金身坐法堂者三, 四壁佛畫亦好, 庭中有九仞金塔, 月精者臺山巨刹, 而以西臺有竽筒甘露水, 水陰而月亦陰精, 故名歟, 山有東西中南北臺, 故合而名五臺, 與沃余聯枕西廂, 丁酉留, 賞史閣及上元寺, 史閣在五臺, 國乘藏焉, 上元寺在中臺, 殿堂室宇, 金碧玲瓏, 丹艧照耀, 階級皆以熟石, 鐘皷木魚等具, 非他寺比, 寺前一里, 有水閣橋, 新而未瓦, 蓋以南漢山城之役, 寺僧一空, 已爲廢刹, 門外草沒, 西廊半傾, 水閣之新而未就者以是歟, 向晚與沃余籃輿以行, 沿溪陟巇, 恣意窺探, 然雪嶽絶險, 山日已西, 不及甘露等水而還, 戊戌早發, 中火橫溪驛, 自橫溪踰大關嶺, 嶺上遞馬, 到丘山又小憩, 夕抵江陵府, 府使鄭宗溟出迎公館

---

2 정종명(鄭宗溟, 1565~1626): 본관은 연일(延日). 자는 사조(士朝), 호는 화곡(華谷)·벽은(薜陽). 정위(鄭潙)의 증손으로, 할아버지는 정유침(鄭惟沉)이고, 아버지는 좌의정인성부원군(左議政寅城府院君) 정철(鄭澈)이다. 어머니는 문화 유씨(文化柳氏)로 유강항(柳强項)의 딸이다. 형조참의 홍인걸(洪仁傑)의 사위이다. 이이(李珥)·성혼(成渾)의 문인이다. 1625년 의정부검상·의정부사인·홍문관교리·세자시강원보덕을 거쳐 통정대부(通政大夫)에 승진하면서 강릉대도호부사로 파견되었다가 임지에서 죽었다. 병조판서에 추증되었으며, 저작으로『송강유고(松江遺稿)』의 부록에 실려 있는『백씨유고(伯氏遺稿)』가 있다.

신익성申翊聖, 「유금강소기遊金剛小記」, 『낙전당집樂全堂集』

신익성 申翊聖, 1588~1644

본관은 평산平山. 자는 군석君奭, 호는 낙전당樂全堂·동회거사東淮居士. 우참찬 신영申瑛의 증손으로, 할아버지는 개성도사 신승서申承緒이고, 아버지는 영의정 신흠申欽이다. 선조의 딸 정숙옹주와 혼인해 동양위에 봉해졌고, 1606년 오위도총부부총관이 되었다.

광해군 때 폐모론이 일어나자 이를 반대하다가 전리로 추방되었다. 1623년 인조반정 후 재등용되어 이괄李适의 난을 평정하는 데 공을 세웠다. 1627년 정묘호란 때는 세자를 따라 전주로 피란했고, 1638년 병자호란 때는 남한산성에서 끝까지 싸울 것을 주장했다. 화의 성립 후 1637년 오위도총부도총관·삼전도비사자관에 임명되었으나 사퇴했다.

1642년 이계李烓의 모략으로 청에 붙잡혀갔으나 조금도 굴하지 않았다. 소현세자昭顯世子의 주선으로 풀려나 귀국했다. 저서로 『낙전당집』이 있다. 시호는 문충이다.

유람 경로

1631년 9월 15일: 대관령-횡계-성평-월정사-청심대

번역

대관령에 올라 마을 집들을 보니 개미같이 작고 경호鏡湖는 국자

만하다. '태산泰山에 올라서야 천하가 작다'라고 한 것을 알게 되었으니 대관령은 웅장하다고 할 만하다. 강릉에서 곧바로 고개 위까지 사십 리나 되는 먼 길이다. 고개를 넘으면 횡성(橫城)의 경계가 나오는데 여기서부터 평지이고, 그 사이 우전郵傳⁴은 모두 고갯길로 백 이십 리다. 강릉 일대는 가을빛이 정말 아름다워 단청 같이 빛난다. 횡계橫溪의 절벽과 골짜기에 이르니 떨릴 정도로 춥다. 서리가 내린 지 오래되어서 나뭇잎은 모두 다 떨어졌다. 강릉과 떨어진 거리는 수십 리인데 기후가 전혀 다르다.

오대산 앞뜰은 성평省坪⁵이라 부르고 어림대御林臺⁶가 있다. 어림대는 작은 언덕이다. 민간에 전하길 세조가 오대산에 행차했을 때 여기에서 말을 쉬게 하면서 문사와 무사들을 뽑았는데, 무사를 뽑을 때에 활과 말로 시험하지 않고 소를 타고 험한 고개로 달려 내려가게 하여 떨어지지 않는 사람을 합격시켰고, 그래서 강릉에 소를 타고서 급제했다는 이야기가 있다고 한다.

오대산의 크기는 금강산과 비교하면 제齊나라와 추鄒나라 정도에 지나지 않고, 봉우리들이 둥글고 살이 쪘으며 수석水石은 기이하고 뛰어난 곳이 없다. 오직 우동수于同水는 작은 절구 정도의 크기인데 한강의 근원이 되니 기이하다. 세상에 전해지길 물이 아주 특이하다는데, 내가 한 모금 마셔보니 달고 차가우며 차를 끓이니 더욱 맛이 좋다.

---

4 우전(郵傳): 교통·통신을 담당하는 역(驛)을 통하여 문서를 전송(傳送)하는 것을 말한다.
5 성평(省坪): 월정삼거리가 있는 간평리를 말한다.
6 어림대(御林臺): 만과봉의 다른 이름이다. 간평리에 있다.

상원사上院寺는 세조의 원찰園刹[7]로 크고 화려한 것이 비길 데가 없다. 소장하고 있는 그릇들이 아주 많다. 흰 병풍 하나는 청지淸之[8]가 손수 쓴 글씨여서 진귀하다. 월정사의 중문重門에 석천石川 임억령林億齡[9]의 오언 율시 두 수가 걸려 있는데 읊어볼 만하다.

오대산은 좋은 재목이 울창한 곳으로 나무들이 하늘을 찌르고 해를 가릴 정도다. 큰 것은 나무 둘레가 수십 아름 정도나 된다. 옛사람들이 말하기를, '바다를 보고 나니 물이라고 하기 어렵다.'고 했는데 나도 '오대산을 보고 나니 나무라고 하기 어렵다.'고 생각한다.

월정사에 선禪에 대해 말하는 승려가 없다. 동대 관음암觀音菴에 곡식을 끊은 늙은 승려가 살고 있다는 말을 듣고서 계책을 써서 불렀다. 이름은 성정性淨이고 나이는 68세이며 몸은 토목土木 같고 암자에서 나오지 않은 지 7년이 되었으며 말하지 않고 먹지 않은 지가 아주 오래되었다고 한다. 내가 방편어方便語로 질문 하니 드디어 눈을 뜨고 빙그레 웃으며, '그대는 같이 이야기할 만하다.'라고 한다. 질문에 대답하는 것이 메아리와 같다.

나는 승려를 좋아하는 버릇이 있고, 승려 가운데서도 나를 좋아

---

7 창건주(創建主)가 자신의 소원을 빌거나 죽은 사람의 명복을 빌기 위하여 특별히 건립하는 절을 원찰(願刹)이라고 하는데 원문 원찰(園刹)이다. 오기인 듯하다.

8 청지(淸之): 안평대군의 자. 이름은 용(瑢), 호는 비해당(匪懈堂)·낭간거사(琅 居士)·매죽헌(梅竹軒). 세종의 셋째 아들이다.

9 석천(石川) 임억령(林億齡): 본관은 선산(善山). 자는 대수(大樹), 아버지는 임우형(林遇亨)이며, 어머니는 박자회(朴子回)의 딸이다. 박상(朴祥)의 문인이다. 1552년 동부승지·병조참지를 역임하고, 이듬해 강원도관찰사를 거쳐 1557년 담양부사가 되었다. 천성적으로 도량이 넓고 청렴결백하며, 시문을 좋아하여 사장(詞章)에 탁월하였으므로 당시의 현인들이 존경하였다. 저서로는 『석천집』이 있다.

하는 이들이 많다. 서산대사 이하 유명한 승려들을 보지 못한 이들이 없다. 비록 보지는 못하였지만 계행戒行에 대해서는 알고 있다. 그런데 금강산에 살고 있는 선숙禪宿[10] 중 선정에 든 자를 살펴보면 성정性淨같이 지행知行이 모두 높은 이가 없다. 그가 입정入定하면 그것을 깰 수 없는 것이 오래된 우물 같다. 가까이 가기만 해도 정신이 깨끗해지고 맑아지며 말의 칼날은 예리하여 크게 의심스러운 것이라도 한마디로 해결한다. 뜻과 기개를 보니 한 시대를 능가하기에 충분하다.

내가 묻기를, "사교四敎[11]에는 원래 공안법供案法이 없었는데 조주趙州[12]로부터 시작되었고 지금의 수행법은 사교를 본받지 않고 조주의 면목만 의지하고 있으니 이와 같이해서 도에 들어갈 수 있겠는가?"라고 하였다. 성정이 웃으면서 말하기를, "선생께서는 도를 아십니까? 선설에 대해 듣고서도 의심을 하시는군요. 유교를 예로 삼아서 증명하겠습니다. 공자와 맹자는 제자와 문답함으로써 설파하였을 뿐이고, 송나라의 유학자들이 주경설主敬說을 처음으로 내놓았습니다. 유가의 주경主敬은 바로 불가의 공안입니다. 성인의 시대와 멀어지니 그 말씀도 없어져 큰 도는 황량하게 되었고 인욕人慾이 천리를 없애게 되었습니다. 유가나 불가가 모두 마음에서

---

10 선숙(禪宿): '노선(老禪)'과 같은 말로, 학식이 높은 노숙한 선승(禪僧)을 일컫는다.

11 사교(四敎): 석가가 일생 동안 행한 가르침을 내용이나 교화의 형식에 따라서 넷으로 나눈 것. 장교(藏敎), 통교(通敎), 별교(別敎), 원교(圓敎)를 이른다.

12 조주(趙州): 조주(趙州)의 관음원(觀音院)에 주석하면서 조주 고불(趙州古佛)의 명호를 얻은 당(唐) 나라의 선승(禪僧) 종심(從)을 가리킨다. 승려 하나가 조주에게 "달마가 서쪽에서 온 뜻[祖師西來意]이 무엇이냐."고 묻자, "뜰 앞에 있는 잣나무[庭前栢樹子]"라고 대답한 유명한 일화가 있다.

구해야 하는데 마음을 구하는 요령은 욕심을 없애는 데에 있으므로 이것을 가르침으로 삼아 경敬으로써 하고 무無로써 하기도 하지만 인욕을 없애고 뜻을 정하는 것은 모두 마찬가지입니다. 인욕이 모두 깨끗이 다하여 없어지게 되면 천리는 저절로 드러나게 됩니다."라고 한다.

고개를 지나는데 바위가 막아서 눈이 번쩍 뜨이는 곳이 없다. 청심대清心臺[13]에 이르니 매우 높고 시원하다. 누대 옆에 우물이 있는데, 또 우동于同이라 한다. 물맛이 아주 훌륭하여 오대산의 물과 다르지 않다.

원문

登大嶺見邑屋, 小如蟻蛭, 鏡湖如斗, 方知登泰山小天下耳,

大嶺可謂壯矣, 自江陵直抵嶺上四十里而遠, 踰嶺出橫城界, 方爲平地, 其間郵傳皆嶺路, 百有二十里也,

江陵一境, 秋色政佳, 燦然如丹靑, 到橫溪, 崖谷憀慄, 霜降已久, 木葉盡脫, 相距數十里, 而氣候頓異,

五臺山前野號省坪, 有御林臺, 臺卽小堆阜也, 俗傳光廟幸五臺時, 駐驛于此, 取文武士, 而武擧不試弓馬, 令騎牛馳下峻坂而不墜者爲入格, 故江陵有騎牛及第之說,

五臺之大, 比金剛不翅齊鄒, 而其峯巒圓肥, 水石無奇勝處, 唯于同水一小臼, 而爲漢源者異矣, 世傳此水殊異, 余爲一喢甘洌, 煮茶尤佳,

---

13 청심대(淸心臺): 평창군 진부면 마평리 오대천 옆에 있는 우뚝한 바위를 말한다.

上院, 卽 光廟願刹, 宏侈無比, 所蓄器血極富, 一素屛乃淸之手筆, 爲可珍, 月精重門, 掛林石川五言律二首, 爲可詠,

臺山卽杞梓之淵藪, 參天蔽日, 其大或數十圍, 古人曰觀於海, 難爲水, 余亦謂觀於五臺, 難爲木也,

月精無談禪之僧, 聞東觀音菴有休糧老宿, 以計致之, 名曰性淨, 年六十八歲, 形骸土木, 不出菴已七年, 而不語不食者久云, 余設方便語質之, 遂開目菀爾曰, 宰官可與語也, 應之如響,

余有愛僧癖, 僧亦多款余者, 自西山以下諸名釋無不見, 雖未及見者, 蓋得其戒行矣, 又從金剛閱禪宿之棲定者, 未有如性淨之知行俱高也, 其入定未破如古井, 旣接爲搆, 精神渙發, 辭鋒超邁, 雖大疑端, 以一句決之, 見其志槩, 有足以凌駕一世,

余問四敎無供案法, 自趙州始, 今之做工, 不法四敎, 只依趙州面目, 如是而可以入道未, 淨笑曰, 措大能識道理麼, 禪說聽瑩, 假儒爲證, 孔孟只因弟子問答說破, 而宋儒始說出主敬, 儒家之主敬, 卽禪氏供案之意, 蓋聖遠言湮, 大道榛蕪, 人慾滅天, 儒釋皆當求心, 求心之要, 在袪欲, 故以此爲敎, 或以敬或以無, 袪慾定志則一也, 人慾淨盡, 天理自見耳,

過嶺巖阻無開眼處, 到淸心臺, 頗高爽, 臺邊有井, 亦名于同, 味極佳, 與五臺之水無別,

윤선거尹宣擧, 「파동기행巴東紀行」, 『노서유고魯西遺稿』

윤선거 尹宣擧, 1610~1669

조선시대 후기의 유학자, 시인, 정치인이다. 자는 길보吉甫, 호는 미촌美村 · 노서魯西 · 산천재山泉齋이다. 본관은 파평坡平이다. 1633년 생원 · 진사시에 합격하고 성균관에 들어갔다. 1636년 병자호란이 일어나자 강화로 가서 권순장 · 김익겸 등과 함께 성문을 지켰다. 이듬해 강화가 함락되자 권순장 · 김익겸은 자살했으나, 그는 성을 탈출하여 목숨을 건졌다. 1651년 이래 여러 벼슬에 임명되었으나, 강화도에서 홀로 살아나온 데 대한 자책으로 관직을 맡지 않았다.

1653년 황산서원에서 송시열 · 유계 · 권성원 등과 함께 윤휴의 주자경전주해 변개 문제에 대하여 격론을 벌일 때, 윤선거는 윤휴를 변호하여 송시열과 대립된 견해를 표명했다. 1665년 송시열과 다시 만나, 송시열과 윤휴의 예송 시비를 놓고 재차 논쟁을 벌였다. 1669년 송시열에게 보내는 서신인 「기유의서」를 작성하여, 남인과 서인간의 당쟁을 지양하는 정견을 제시하면서 윤휴와 허목의 등용을 주장했다. 저서로 『노서유고』 · 『계갑록』 등이 있다.

이 일기는 1644년 2월 7일부터 5월 2일까지 태백지역인 황지의 주변 및 금강산을 돌아 남해로 이동하는 경로를 기록한 것이다. 2월의 기록은 7일의 기록만 있고 이후 3월초부터 5월 2일까지 일별로 기록되어 있다.

윤선거가 이 지역을 방문하게 된 것은 영월군수로 재직했던 형님인 윤순거를 만나기 위함이었다. 윤선거는 윤순거를 방문하는 과정에서 운계서원을 방문한 것과 사촌 누이를 정축난 이후로 처음 만나 비탄한 마음 등을 기록하였다. 또한 여행 중에 단종의 묘소인 노릉을 알현하고 비통한 심정을 시로 남겼다. 이 일기는 태백 지역의 당시 상황을 알려주는 중요한 자료라고 할 수 있다.

유람 경로

1644년 3월 4일: 평창平昌-승진繩津-이치梨峙-방림역芳林驛-대화역大和驛-부지현不知峴-청심대淸心臺-진부역珍富驛

3월 5일: 성오평省烏坪-월정사月精寺-금강연金剛淵-사고史庫-영감사靈鑑寺-상원사上院寺

3월 6일: 상원사

3월 7일: 사자암獅子庵-금몽암金夢庵-적멸보궁寂滅寶宮-금몽암-상원사-월정사

3월 8일: 유현杻峴-횡계역橫溪驛-대관령大關嶺-반정현半程峴-오봉서원五峯書院

번역

1644년 3월 4일. 일찍 평창平昌을 출발하여 승진繩津을 건너고 이치梨峙를 넘었다. 방림역芳林驛을 지나 오후에 대화역大和驛에서 말을 먹였다. 횃불을 들고 길옆 커다란 굴을 구경했다.[14] 역촌驛村에서 5리 쯤 떨어졌다. 오고가며 구경하는 자가 잇는다고 한다. 굴은

---

14 평창 대화에 있는 광천선굴을 말한다.

조그만 산 아래 있다. 입구는 좁으나 안은 넓고 높이는 말을 탈 수 있으며 넓이는 수레가 나란히 다닐 수 있다. 늦은 오후에 부지현不 知峴[15]을 넘었다. 진부역珍富驛에서 10리 쯤 떨어졌다. 길 오른쪽에 큰 바위가 우뚝 섰는데 청심대淸心臺라 한다. 말에서 내려 올라가 바라보니 물이 세차게 흐르며 치고받으니 내려다볼 수 없다. 저녁 무렵에 역촌驛村에 도달했다. 시가 있다.[16]

5일. 아침에 진부역珍富驛을 출발해서 성오평省烏坪을 경유하여 정오 무렵에 오대산 월정사月精寺에 이르렀다. 절 앞에 금강연金剛淵이 있다. 대臺는 언덕 중 으뜸가는 곳이다. 넓어서 배를 나란히 띄울 수 있고, 금강연 옆 너럭바위에서 산보할 수 있다. 이리저리 거닐며 떠나지 못하자 각현覺玄 스님이 나와서 맞이한다. 함께 절 다락으로 들어갔다. 점심을 먹은 후 남여를 타고 상류로 거슬러 올라갔다. 사고史庫와 영감사靈鑑寺, 남대南臺를 두루 다니면서 구경했다. 저녁에 상원사上院寺에 도달해 그곳에서 잤다. 시가 있다.[17]

6일. 비 때문에 움직이지 못하고 상원사에 머물렀다. 마침 재회齋會가 있어 사대四臺의 스님들이 모두 왔다. 임석천林石川[18]의 월정사 시 운자를 따라 시를 지었다.[19]

---

15 부지현(不知峴): 대화와 진부 사이에 있는 모릿재를 말한다.

16 문집에 「宿珍富驛」 "千間大和窟, 百 淸心臺, 若化蘇仙羽, 疑藏禹穴能, 高深元異狀, 山海此同裁, 永日長途上, 都忘馬首催"이 있다.

17 「滯雨上院」 "山雨如新沐, 鈴似古絃, 遊春千里客, 設會四方禪, 淸磬從晨飯, 眉對晝眠, 無端儒釋辨, 聊與老師宣, 次石川月精韻,"이 있다.

18 임석천(林石川): 석천(石川) 임억령(林億齡)을 말한다.

19 「宿五臺山上院寺」 " 珍驛催曉發, 烏坪信馬遲, 金淵當大谷, 白見玄師, 石上非關席, 藤枝可代, 臺山第一勝, 坐久自忘移, 次林石川始到金剛淵韻,"이 있다.

7일. 일찍 중대中臺에 올랐다. 사자암獅子庵과 금몽암金夢庵을 지났다. 암자 위 수십 보쯤 되는 곳에 집 한 채를 지었는데 철기와에 겹벽이고 적멸보궁寂滅寶宮이라 편액을 달았다. 안에 금불상을 안치하지 않고 단지 불영佛影을 설치하고 잡다한 색의 종이꽃을 어지러이 꽂았을 뿐이다. 스님 색름賾凜이 창건했다고 한다. 금몽암에 스님 의규義珪가 홀로 살고 있는데 색름賾凜의 뛰어난 제자다. 오대산은 깊고 그윽하며 웅장하고 위대한 기상이 있다. 처음 입구에 들어올 때는 망연히 끝을 알지 못했는데 중대에 오른 뒤에 사대四臺의 규모를 대강 짐작하여 알 수 있다. 중맥中脈이 비로봉毗盧峯부터 내려오다가 몇 마디 지나지 않아 크게 끊기며 다시 뾰족하게 도드라지며 중대가 되었다. 좌우전후가 고루 자리 잡아 정방형이다. 지사地師들이 지나가며 모두 풍수 중 제일의 땅이라고 말한다. 사고史庫를 세울 때 이곳을 차지하지 않고 영감사에 의탁한 것을 알지 못하겠다. 아마 중대가 너무 깊어서인 것 같은데 상원사도 또한 괜찮을 것이다.

상원사를 설립한 것은 세조 때 스님 학설學說이 뜻을 받들어 세웠고, 김괴외金乖厓가 기문을 지었다.[20] 백성들의 재산을 모두 써서 화려함을 다하였다. 백헌白軒 이경석李景奭이 중수기를 지었다. 여기에 사고史庫를 세웠다면 힘들이지 않고 갖추었을 것이다. 이 날은 비가 온 뒤라 구름이 사방을 덮어 멀리 볼 수 없다. 금몽암으로 되돌아 내려와 둘째 형의 산山 자 운을 따라 시를 지어 의규義珪 스님

20 김수온의 기문이 있다.

에게 주었다. 상원사로 돌아와 앞의 운을 써서 시를 지어 명안明眼, 극민克敏, 성름聖廩 등 여러 스님에게 주었다. 저녁에 월정사로 되돌아왔다. 익재益齋 이제현이 쓴 비석을 봤다. 덕견德堅 노사老師가 와서 인사했다. 성정性正의 제자다. 곡식을 끊은 지 몇 년 되었다. 동회東淮 도위都尉와 바로 문답問答하고 설화說話한 것을 능히 말할 수 있으니 비록 글자를 알지 못하지만 비범한 스님이다. 선인善仁, 대성大聖 두 승방에서 잤다. 덕견德堅, 각현覺玄 두 노사老師와 밤 깊을 때까지 이야기했다.

8일. 일찍 월정사에서 출발했다. 선숙善叔이 어제 영월서 편지를 가지고 쫓아왔다. 임영臨瀛의 원님이 또한 생선과 쌀을 보내왔다. 함께 골짜기 입구로 나와 선숙善叔을 영월로 되돌아가게 했다. 임영에서 온 관리와 함께 유현杻峴을 넘었다. 횡계역橫溪驛에서 점심을 먹었다. 석천石川의 월정사 운에 맞춰 시를 지었다. 대관령大關嶺 위에서 동쪽으로 푸른 바다를 바라봤다. 시가 있다.[21] 고개를 넘어 반정현半程峴에 이르러 명주溟州를 굽어봤다. 저녁에 오봉서원五峯書院에서 잤다.

원문

○四日, 早發平昌, 渡繩津踰梨峙, 歷芳林驛, 午秣大和驛, 執炬觀路傍大窟, 去驛村五里許, 往來遊觀者相續云, 窟在小山底, 口狹而內闊, 高可乘馬, 廣可方軌, 日晡踰不知峴, 去珍富驛十里許, 路右

---

21 「大關嶺上, 東望滄海」 "臺岳春遊意氣豪, 大關東上不知勞, 挾山超海心如壯, 擊水搏風興自挑, 聞百誰云玉莫若己, 臨深愼勿以爲高, 滄波日滌乾坤淨, 肯着人間一點"가 있다.

大岩屹立, 名曰淸心臺, 舍馬登臨, 奔流擊撞, 不敢俯瞰, 薄暮乃達驛村, 有詩,

○五日, 朝發珍富驛, 由省烏坪, 午抵五臺山之月精寺, 寺前金剛淵, 乃臺阜之第一門也, 闊可方舟, 淵上盤石, 可以散步, 彷徨不能去, 覺玄師出迎, 偕入寺樓, 晝飯後藍輿泝上流, 歷觀史庫靈鑑寺南臺, 夕達上院寺宿焉, 有詩, ○六日, 㴱雨留上院, 適有齋會, 四臺之僧皆至矣, 次林石川月精韻, ○七日, 早登中臺, 歷獅子庵金夢庵, 庵上數十步許, 乃建一舍, 鐵瓦重壁, 扁曰寂滅寶宮, 內不置金像, 只設佛影, 亂揷雜色紙花而已, 有釋賾凜刱立云, 夢庵中有僧義珪獨居, 乃凜之高足也, 五臺爲山, 只有深邃雄偉氣象, 初入洞門, 茫然不知涯畔, 及上中臺然後, 可以領略四臺之規模, 中脈自毗盧峯而下, 未過數節, 卽大斷而復突起爲中臺, 左右前後, 均停正方, 地師輩過之, 皆言風水之第一地云, 史庫之設, 不占此丘而託於靈鑑, 未可知也, 豈以中臺爲太深耶, 則上院亦可矣, 上院之設, 光廟時, 有僧學說奉旨以建, 金乖厓爲之記, 費盡民財, 窮極巨麗, 而白軒李相 景奭 作重修之記, 於此而設置史庫, 則不勞而辦矣, 是日雨餘, 雲冪四面, 不能遠望, 還下金夢庵, 次仲氏山字韻, 贈珪師, 仍歸上院, 又用前韻, 贈明眼, 克敏, 聖凜諸僧, 夕返月精, 觀李益齋所記碑, 德堅老師來見, 乃性正弟子, 絶穀有年, 能說東淮都尉與正問答說話, 雖不識字, 亦非庸僧也, 宿于善仁, 大聖兩僧房, 德堅, 覺玄二老師夜話至半, ○八日, 早發月精, 善叔昨自越奉書追至, 臨瀛倅亦佯致魚粲, 同出谷口, 送善還越, 同瀛倅踰柹峴, 午飯橫溪驛, 次石川月精韻, 大關嶺上, 東望滄海, 有詩, 踰嶺到半程峴, 俯視溟州, 夕宿五峯書院,

송광연宋光淵, 「오대산기五臺山記」, 『범허정집泛虛亭集』

송광연 宋光淵, 1638~1695

본관은 여산礪山. 자는 도심道深, 호는 범허정泛虛亭. 감찰 송초宋礎의 증손으로, 할아버지는 예조참의 송극인宋克認이고, 아버지는 좌승지 송시철宋時喆이다. 어머니는 연안부사 정지경鄭之經의 딸이다.

1666년(현종 7) 별시문과에 급제하여 사헌부집의·황해도관찰사·이조참판 등을 역임하였다. 강릉 학담鶴潭에 은거하여 여러 차례 벼슬을 사양하였고, 병을 치료하기 위해 상경하여 고양高陽 행호杏湖에 정착하였다. 송광연은 성품이 강개하고 벼슬을 좋아하지 않으며 오로지 학문을 좋아하였다는 평가를 받았다. 저술로 『범허정집』이 있다.

유람 경로

1676년 9월 7일: 진부역珍富驛-사미대沙彌臺-금강연金剛淵-월정사-신성굴神聖窟-화엄암華嚴庵-상원사上元寺-적멸보궁寂滅寶宮-상원사

9월 8일: 사각史閣-영감사-월정사-횡계역橫溪驛

번역

1676년 9월 7일. 맑다가 저녁에 비가 흩날렸다. 아침 먹을 때 진부역珍富驛에서 월정사月精寺로 들어가니 거의 30여 리다. 골짜기 입구에 사미대沙彌臺와 금강연金剛淵이 있는데, 둘 다 경치가 빼어나다. 금강연이 대단한 절경인데, 너럭바위는 갈아놓은 듯하고 은빛 폭포는 빗겨 흐른다. 말에서 내려 산보하노라니 속세의 잡념이 말

끔히 사라진다.

조금 있으니 월정사 중들이 남여籃輿를 가지고 와서 맞이하는데, 경령慶悅과 운제雲際 등이 나와서 기다린다. 월정사는 동대東臺 아래에 있는데, 입구가 그윽하고 깊숙하며 산과 물이 휘돈다. 층층 건물과 누대의 금빛과 푸른빛이 깨끗하다. 참으로 관동지방의 거대한 사찰이다.

칠불보전七佛寶殿에 금불상 일곱이 있다. 시왕전十王殿과 나한당羅漢堂 등이 셀 수 없을 정도로 많다. 건물들은 모두 신라시대에 창건한 것인데, 사치스러울 정도로 심히 화려하니 당시의 경제력을 짐작해 볼 수 있다. 천백여 년이나 지나도록 기울거나 무너진 곳이 조금도 없으니, 건물 세울 때의 완미함을 또한 볼 수 있다.

절 안에 광묘光廟께서 친해 행차했을 때의 도량금첩道場錦帖과 수행하였던 신하들 명부가 있는데, 나의 6대조인 여산군礪山君[22]의 이름도 적혀 있다. 손을 깨끗하게 씻고 우러러보니 당시의 일이 눈앞에서 보이는 듯하다. 또 비해당匪懈堂[23]의 친필 병풍이 있었는데, 일곱 첩은 나쁜 놈들이 훔쳐가서 진적眞蹟은 다만 세 첩만 남아 있다. 참으로 애통하다!

중이 말하기를 "날씨가 맑으니 실로 대臺에 오르기 딱 좋습니다.

---

22 여산군(礪山君): 송문림(宋文琳, 1411~1476). 본관은 여산(礪山). 송윤번(宋允蕃)의 증손으로, 할아버지는 송전(宋琠)이며, 아버지는 송인산(宋仁山)이다. 성종의 즉위에 공로가 있어 좌리공신(佐理功臣) 2등에 책봉되고 여산군(礪山君)에 봉하여졌다. 1472년 이조참판에 올랐으며 작위는 자헌대부(資憲大夫)에 이르렀다. 직무에 충실하였고 성품이 강직하였으며 무예에 밝았다. 시호는 공무(恭武)이다.

23 비해당(匪懈堂): 안평대군(1418~1453)의 호. 어려서부터 학문을 좋아하고 시문·서·화에 모두 능하여 삼절(三絕)이라 칭하였다. 그리고 식견과 도량이 넓어 당대인의 명망을 받았다.

다만 오래지 않아 비가 내릴 듯합니다."라 한다. 이에 남녀를 재촉하여 곧바로 중대中臺로 향했다. 시내를 따라 10여 리 올라가서 신성굴神聖窟에 도착하였다. 한 무더기 바위가 시냇가에 우뚝 솟았고, 아래에 작은 구멍이 있다. 위에 정사精舍 한 칸을 새로 지어놓고 수좌승 의천義天이 머물면서 자신의 호를 환적당幻寂堂이라 하였다. 의천은 가만히 앉아 도를 닦아 정신과 풍채가 의연하고, 나이가 일흔 넷인데도 얼굴에 젊은이의 광채가 가득하다. 젊을 때부터 솔잎을 항시 복용하여 기력을 얻은 것이 많아서 그렇다고 한다. 의천이 스스로 말하길 속가俗家가 선산善山에 있으며 이백종李百宗 등과 서로 친한 사이라고 한다. 여러 중들이 말하길, 본래는 선산의 대족大族으로 출가하여 중이 되었는데 지조와 행실이 여느 중들과는 확연히 다르다고 한다. 이에 의천의 문도들이 번성하여 지업志業을 쉬이 성취하였으며, 산 속에 암자를 여럿 세운 것이 많은데 진여원眞如院과 신성굴이 가장 이름난 암자다. 신성굴 아래에 또한 오래된 초가집 터가 있는데, 신라의 왕자가 정신을 수양하고 도를 닦던 곳이다. 의천은 자신의 문도에게 이곳에 암자 하나를 짓게 하였다.

다시 10여 리를 가서 화엄암華嚴庵에 도착하였다. 이곳은 곧 신라 성덕왕聖德王인 효명孝明이 불교에 귀의하였을 때 머물렀던 곳이다. 다시 환적당을 보았다. 진여원의 중 의천은 진여원을 중건하였다. 아래에 당堂을 짓고 그의 법호로 편액을 걸었다. 수좌승 주계珠戒가 머물고 있다.

곧이어 상원사上元寺에 도달하였다. 상원사는 중대中臺의 정맥正脉에 위치하였으며, 규모가 대단히 크고 화려하다. 이 절은 곧 성화

成化[24] 연간에 내탕고(內帑庫)[25]의 재물을 내어 본조本朝의 원당(願堂)으로 지어진 것이다. 종각鐘閣에는 괴애乖崖 김수온(金守溫)[26]과 백헌白軒 이경석(李景奭)[27] 두 재상의 서기序記가 있다. 수좌승으로 의규義珪, 삼인三印, 성허性虛 셋이 있는데, 삼인은 마침 하산했다. 성허는 나이가 겨우 30여 세인데 자못 총명하고 도리道理에 식견이 있어서 비로소 함께 대화할 만하다.

조금 쉬었다가 중대(中臺)를 향해 올라갔다. 더 이상 남여를 타고 갈 수 없어서 산기슭 하나를 걸어서 갔는데, 다리에 힘이 모두 풀려 위로 올라갈 수 없다. 백족白足[28] 중에서 힘이 센 자가 있어, 그에게 업혀서 겨우 중대에 올랐다.

적멸보궁(寂滅寶宮)에 앉으니 오대산의 진면목이 바로 눈앞에 있는 듯 역력하다. 태백산과 소백산을 구름 사이로 가리켰다. 이곳저곳을 자유롭게 보며 회포를 펼치니, 멍하니 속세를 벗어난 운치가 있다. 조금 있다가 비가 오려는 조짐이 있더니 눈꽃이 날린다. 슬피 바라보다가 산을 내려와 상원사로 돌아와서 묵었다.

---

24 성화(成化): 중국 명나라 헌종 때의 연호.

25 내탕고(內帑庫): 조선시대 임금의 사재를 보관하던 곳간.

26 김수온(金守溫): 세종과 세조 때의 편찬 및 번역사업에 공헌한 인물이다. 세종으로부터 문재를 인정받아 집현전 학자로 임명되었고, 성삼문, 신숙주, 이석형 등과 교우관계를 유지했다. 승려인 맏형 신미의 영향으로 불교에도 깊은 지식을 가져 불경 번역과 불사에 관계된 많은 글을 남겼으며, 시와 문장에 뛰어났다.

27 이경석(李景奭): 조선 중기의 문신. 본관은 전주, 자는 상보, 호는 백헌, 쌍계로 병자호란이 발발한 다음 해에 청나라 황제의 공덕을 칭송하는 〈삼전도비문〉을 작성하였다. 인조반정 이후 이괄의 난 때 공주로 가는 인조의 피난길을 함께하면서 조정의 신임을 받았다. 효종의 북벌계획이 청나라에 알려져 조정이 위기에 처했을 때, 효종을 비호하고 자신의 책임으로 돌려 효종의 위기를 막았다. 현종으로부터 국가에 공이 많은 늙은 신하에게 주는 안석과 지팡이를 의미하여 신하로서의 최고 영예로 받아들여지는 궤장을 받았다.

28 백족(白足): 세속의 더러움에 오염되지 않은 청정한 수도승(修道僧)을 말한다.

천지조화의 묘를 뭐라 글로 표현해 내기 어렵다. 다만 중대中臺로 이끌려 모여든 산천의 큰 형세를 논하면, 설악산의 지맥 하나가 남쪽 바닷가로 내달려 명주溟州 서쪽에서 특별나게 솟아난 것이 비로봉毗盧峯이다. 비로봉으로부터 중간에 떨어져 나온 것이 중대인데, 이름을 지로智爐라 한다. 중대 위에는 적멸보궁寂滅寶宮이 있다. 중이 말하기를, "이곳은 무상향無常享[29]으로 오대의 여러 부처가 때때로 모이는 곳입니다."라고 한다.

그 아래에 기가 모인 곳이 상원사上元寺고, 상원사 아래가 진여원眞如院, 환적당幻寂堂, 화엄암華嚴庵이며, 적멸보궁의 오른쪽이 금몽암金夢庵이다. 수좌승 자언自彦이 거처하며 보궁불존寶宮佛尊의 임무를 수행한다. 금몽암 아래는 사자암獅子庵인데 중이 없어 허물어지려 하니, 애석하고도 애석하다!

비로봉에서 왼쪽으로 돌면 북대北臺로 이름은 상왕대象王臺다. 아래에 고운암孤雲庵이 있는데, 수좌승 성영性英이 거처한다. 그 아래는 상두암象頭庵과 자시암慈施庵인데, 수좌승 육화六和가 거처한다. 그 아래는 신성굴神聖窟이며, 또 그 아래는 정신淨神이 있던 옛 암자터다.

북대에서 동쪽으로 내달리면 동대東臺로, 이름은 만월대滿月臺다. 그 아래에는 동관음암東觀音庵이 있으며, 수좌승 종택宗擇이 거처한다. 동대 남쪽에 세운 것이 월정사다. 그 아래 종봉암鍾峰庵으로 수좌승 도영道英이 거처한다. 비로봉에서 왼편으로 돌면 서대西臺로, 이름이 장령대長嶺臺다. 아래에 서수정암西水晶庵이 있으며, 수좌승

---

29 무상향(無常享): 수시로 예불을 올릴 수 있는 곳.

청오淸旿가 거처한다. 서대에서 남쪽으로 내달리면 남대南臺로, 이름이 기린대麒麟臺다. 아래에 사각史閣이 있고, 옆은 영감사靈鑑寺다. 남관음암南觀音庵, 지장암地藏庵, 보현암普賢庵, 금강암金剛庵 등의 여러 암자가 사각의 위아래에 바둑돌처럼 포진해 있다.

오대산 안으로 흐르는 물과 남대 밖으로 흐르는 물이 합쳐져서 월정수구月精水口가 되고, 금강연金剛淵과 사미대沙彌臺가 된다. 이 물이 영월寧越에 이르러 후진後津이 되고, 청풍淸風에 이르러 북진北津이 된다. 다시 금천金遷으로 들어간 후 서쪽으로 흘러가 한강이 된다. 서대 북쪽으로 나온 물은 우통수于筒水가 된다. 서대와 북대 밖으로 흐르는 물은 주천현酒泉縣으로 유입된다. 동대 바깥으로 흐르는 물은 청학동靑鶴洞이 되고 동쪽으로 가서 바다로 흘러 들어간다. 이것이 물줄기의 대략이며, 나머지는 일일이 기록할 수 없다.

이튿날 아침 다시 내려가 십여 리를 갔다. 사각史閣은 두 구역이다. 위의 층진 누각 두 칸은 선첩璿牒을 봉안하는 곳이고, 아래 층진 누각 네 칸은 금궤金櫃에 비장秘藏하는 곳이다. 건물은 담으로 빙 둘렀으며 담 밖에 영감사靈鑑寺가 있다. 입적된 승도僧徒가 수직하게 하였다. 영감사 오른편에 공해公廨를 세워 비사秘史를 옮겨 봉안하거나 관개冠蓋[30]가 잠시 거처하는 곳으로 삼았다. 이곳은 올 봄에 새로 지은 것이다. 월정사로 내려와 점심을 먹고 다시 출발하여 횡계역橫溪驛에서 묵었다. 이동한 거리가 거의 40리가 되었다.

병진년(1676, 숙종 2) 가을에 적다.

---

30 관개(冠蓋): 높은 벼슬아치가 타고 다니는 덮개가 있는 수레.

원문

九月初七日丙戌晴, 夕灑雨, 早食時, 自珍富驛, 入月精寺, 幾三十餘里, 洞口有沙彌臺金剛淵, 皆勝地, 而金剛淵最絶景, 盤石如磨, 銀瀑橫流, 下馬盤桓, 塵慮淨盡, 有頃月精僧輩, 持藍輿來迎, 寺僧慶悅雲際輩出待, 寺在東臺下, 洞門幽深, 山水縈回, 層軒疊樹, 金碧維新, 眞關東之大刹, 七佛寶殿, 有七軀金像, 其他十王殿羅漢堂之屬, 不可勝記, 屋宇皆羅代所刱, 窮侈極麗, 可想當時之物力, 而歷過千百餘年, 少無傾圮之處, 其制作之完美, 亦可見矣, 寺中有光廟親幸時道場錦帖, 而從臣名錄, 有六代祖碣山君姓署, 盥手奉玩, 古事如在眼中, 又有匪懈堂親筆屛風, 而七帖爲惡少所偸, 眞蹟只有三帖, 良可痛惜, 僧言天日淸朗, 實合登臺, 匪久當有雨徵云, 催行藍輿, 直向中臺, 緣溪十數里, 到神聖窟, 一層巖石, 斗起溪上, 而下有小竇, 其上新刱一間精舍, 首座僧義天居之, 自號幻寂堂, 靜坐修道, 神彩毅然, 年今七十四, 韶光滿顔, 自少恒服松葉, 得力頗多云, 自言家在善山, 與李百宗諸人相善云, 而諸僧皆言本是善山大族, 出家爲僧, 其志行, 與凡僧絶異云, 門徒寔繁, 志業易就, 山內諸庵, 多所營建, 而眞如院, 神聖窟, 最是名庵, 窟下, 又有草庵舊址, 卽新羅王子淨神修道之處也, 方使其門徒營一招提矣, 又行十餘里, 到華嚴庵, 卽新羅聖德王孝明在空門時, 所住處也, 又見幻寂堂, 眞如院天僧, 重建眞如而爲堂於其下, 扁以渠之道號, 而首座僧珠戒居之, 仍到上元寺, 寺在中臺正脉, 制極宏侈, 卽成化年間, 出內帑之貨, 成本朝願堂者也, 鍾閣有乖崖白軒兩相公序記, 義珪, 三印, 性虗三首座在寺中, 而印僧適下山矣, 性虗年今三十餘, 頗聰明, 識道理, 始可與言矣, 少憩, 登中臺, 藍輿

窮處, 步進一麓, 脚力殆盡, 不得更上一層, 白足有有力者, 負而行之,
僅上中臺, 坐寂滅寶宮, 五臺面目, 眼底歷歷, 太小白二山, 指點雲間,
游目騁懷, 怳然有出塵之趣, 少頃天有雨意, 雪花翩翩, 悵望下山, 還
宿上元, 天地造化之妙, 有難以鉛槧模寫, 而以山川大勢之控挹於中
臺者論之, 雪嶽一支, 南馳海上, 特起於溟州之西, 爲毗盧峰, 自毗盧
中落者, 爲中臺, 其名爲智爐, 臺上有寂滅寶宮, 僧言此無常享爲五臺
諸佛時會之所云, 其下結氣處爲上元寺, 寺下爲眞如院, 幻寂堂, 華
嚴庵, 寶宮之右爲金夢庵, 首座僧自彦居之, 爲寶宮佛尊之任, 金夢之
下, 爲獅子庵, 而無僧將廢, 可惜可惜, 自毗盧左旋者爲北臺, 其名爲
象王臺, 下有孤雲庵, 首座僧性英居之, 其下爲象頭庵, 爲慈施庵, 首
座僧六和居之, 其下爲神聖窟, 其下爲淨神所住舊址, 自北臺東馳爲
東臺, 其名爲滿月臺, 下有東觀音庵, 首座僧宗擇居之, 自東臺南搆爲
月精寺, 其下爲鍾峰庵, 首座僧道英居之, 自毗盧左旋者爲西臺, 其名
爲長嶺臺, 下有西水晶庵, 首座僧淸晤居之, 自西臺南馳爲南臺, 其名
爲麒麟臺, 下有史閣, 閣傍爲靈鑑寺, 而南觀音, 地藏, 普賢, 金剛
等諸庵, 某布於史閣上下, 五臺內面水及南臺外面水合, 而爲月精水
口, 爲金剛淵, 爲沙彌臺, 至寧越爲後津, 至淸風爲北津, 入金遷西流
爲漢水, 其出於西臺北者, 爲于筒水, 西北臺外面水, 流入于酒泉縣,
東臺外面水, 爲靑鶴洞, 東入于海, 此其大略也, 其餘不能盡記, 翌朝
還下, 行十數里來, 史閣有二區, 層閣上二間, 爲璿牒奉安之所, 下四
間, 爲金櫃秘藏之室, 繚以一垣, 垣外爲靈鑑寺, 籍入僧徒, 使之守直,
寺右建公廨, 以爲秘史移奉, 冠盖住接之地, 此則今春所新刱者也, 仍
下月精寺, 中火, 還發宿橫溪驛, 幾四十里也, 丙辰秋記,

정시한丁時翰, 「산중일기山中日記」, 『우담집愚潭集』

정시한 丁時翰, 1625~1707

서울 출신. 본관은 나주羅州. 자는 군익君翊, 호는 우담愚潭. 대사헌 윤복胤福의 증손이고, 아버지는 관찰사 언황彦璜이며, 어머니는 횡성 조씨橫城趙氏로 직제학 정립正立의 딸이다.

강원도 원주 법천法泉으로 낙향하여 평생 버슬길을 멀리하였다. 오직 이현일李玄逸·이유장李惟樟 등과 교류하면서 학문에 힘쓰고 후진 양성에 전념하였다. 유일遺逸로 천거되어 사헌부집의·성균관사업의 벼슬이 내려졌으나, 모두 사양하고 나아가지 않았다.

그의 학문적 업적은 성리설의 이기론과 사단칠정론을 정밀하게 분석하여 이황李滉의 입장을 명석하게 해명하고 도통을 계승한 데 있다. 그는 이현일이 「수주관규록愁州管窺錄」(1695)을 통해 이이李珥의 성리설을 비판함으로써 퇴계학파의 형성에 선구적 역할을 한 것을 계승하여 「사칠변증四七辨證」을 통해 이이의 성리설을 41조에 걸쳐 조목별로 비판함으로써 퇴계학파의 형성에 중요한 기여를 하였다.

유람 경로

1687년 10월 3일: 구산역丘山驛오봉서원五峯書院

10월 4일: 구산역반정半程-대관령-홍계역洪溪驛 역리 송태원宋太元의 집

10월 5일: 금강연金剛淵-월정사月精寺

10월 6일: 절 뒤 산

10월 7일: 사자연獅子淵-금강대암金剛臺菴-영감사-사고史庫

10월 8일: 고개-신성암神聖菴-적조암寂照庵

10월 9일: 적조암

10월 10일: 사자봉-환희점歡喜岾-삼인봉三印峰-상두암-함허당涵虛堂

10월 11일: 북대암北臺菴-상두암象頭菴-자씨암慈氏菴-소명昭明 터-적멸보궁寂滅寶宮-금몽암金夢庵-사자암獅子菴-상원사上院寺-진여원眞女院-보질도암寶叱徒庵-적조암寂照菴

10월 12일: 부도대浮屠臺-동관음암東觀音庵

10월 13일: 육수암六水庵-월정사

10월 14일: 진보역珍寶驛-청심대淸心臺-모노령毛老嶺-태화역太華驛

번역

○ 1687년 10월 3일. 흐렸다가 때때로 맑음.

아침 일찍 생원 권시일權時一이 왔다. 아침식사 뒤에 이강李堈도 왔다. 주인[31]이 떡, 과일, 화전과 술잔으로 정성스럽게 작별을 하였고, 쌀 세 말, 말 먹이 콩 두 말, 마죽미馬粥米 세 말, 생선 등 여행에 필요한 물건을 주었다. 늦게 작별인사를 하고 출발하여 구산역丘山驛에 도착하였다. 서원을 찾아 방도교訪道橋를 지나니 다리 가장자리에 대坮가 큰 연못에 임해 있다. 입석에는 '방도교訪道橋', '연어대鳶魚臺' 등의 글자가 크게 쓰여 있고, 대 위에는 소나무 10여 그루가 있다. 문원건文元健과 함께 잠시 두루 걷다가 바로 말에 올라 몇 리를 가서 오봉서원五峯書院에 이르렀다. 서원 노비가 향과 촛불을 진

---

31 주인: 정태방(鄭泰邦, 1626~1695)으로 1654년 생원이 되었고 의금부 도사를 지냈다.

설하여 문원건과 함께 네 번 절하고 향을 사른 뒤에 또 네 번 절하고 나왔다. 풍영루風詠樓에 앉아 심원록尋院錄에 이름을 쓰고 주인집으로 돌아오니 날이 이미 저물었다. 약 15리를 다녔다.

○ 4일. 맑음. 추워서 길이 얼음.

일찍 구산역을 출발하여 4~5리를 가서 비로소 큰 고개에 올랐다. 고갯길은 높고 험하여 사람과 말이 엎어지고 넘어진다. 간신히 반정半程에 도착하여 말을 쉬게 하였다. 잠시 뒤에 다시 말에 올라 강릉성江陵城과 경호鏡湖를 굽어보니 모두 눈 아래에 있다. 멀리 바다를 바라보니 또한 장관이다. 낮에 홍계역洪溪驛 역리인 송태원宋太元의 집에 도착하였다. 주인은 반찬을 준비하여 매우 정성스럽게 대접하였다. 반정半程에 이르지 못하였을 때 말이 넘어지면서 바위 사이로 떨어지며 상처를 입어 허리와 겨드랑에 통증이 있으나 대단하지 않다. 진보역珍寶驛 역리인 김신金信은 임진년(1652) 사이에 삼척을 왕래하면서 서로 알던 사람으로 마침 이곳을 지나다가 보니 기쁘다.

○ 5일. 맑음. 새벽에 추위가 심함.

일찍 식사하고 출발하려 하였으나 타는 말에 눈병이 있고 누웠다가 일으키는데 몸을 떤다. 김신金信이 와서 여러 곳에 침을 놓아 치료하였다. 출발을 멈추고 잠시 있으니 주인이 닭을 잡아 대접한다. 부채를 주어 넉넉한 인정에 사례하였다. 말을 달려 5리쯤을 가니 말이 누워 일어나지 못한다. 마침 홍계역洪溪驛 역인으로 말을 관리하는 사람을 만났는데 길을 가던 중에 말을 묶고 치료하였다.

곧장 말을 타고 20리쯤 가서 문원건과 헤어졌다. 문원건은 경숙庚宿과 함께 곧바로 원주로 향하여 집으로 돌아가고, 나는 월정사月精寺 길을 경유하여 오대산으로 들어갔다. 큰 냇물을 건너고 또 다리를 건너 20여 리를 가서 절 문밖에 이르렀다. 금강연金剛淵 반석에 앉으니 깊은 연못은 맑고 밝아 구경할만하다. 83세 되신 노스님의 법명은 처암處菴으로 잠시 이야기를 나누었다. 불존승佛尊僧 도안道安이 와서 인사한다. 또 중 희원希遠 스님은 을축생(1625)으로 임진년(1652)에 그의 아버지 심춘남沈春男 집에서 서로 얼굴을 익혔는데, 맞이하여 보고 기뻐서 한참 앉아있었다.

절 문에 들어가니 금가루로 '월정사月精寺' 세 글자가 쓰여 있다. 범종각梵鐘閣과 정문을 지나 법당에 이르니 '칠불보전七佛寶殿' 네 글자가 쓰여 있다. 일곱 불상은 중국에서 온 것이라고 한다. 법당 앞에 있는 9층탑은 기이하고 교묘하여 하늘이 만든 것 같다. 일찍이 보지 못한 것이다. 희원이 저녁식사를 준비하여 대접하였다. 해천海天은 청룡사靑龍寺의 중 광수廣修의 상좌로 30년 전에 내가 청룡사에서 본 사람이다. 도안道安 또한 계해년(1683) 사이에 법천法泉에서 나를 보았다. 조용히 옛날이야기를 하다가 향로전香爐殿에서 잤다. 지리산 금선대암金仙臺菴의 성인省印 또한 이곳을 지나다가 대면하고 즐거워한다. 도희道希 노승 또한 와서 보았다. 절 안은 비어 있고 단지 여러 노승만이 있다고 한다.

○ 6일. 흐리고 추움. 저녁 무렵 맑음.

아침식사 뒤에 혜찰慧詧 및 희원의 상좌 해상海祥과 함께 여러 요사채와 빈 전각을 두루 보았다. 서북쪽에 비석이 있는데, 고려 때 이제신李齊臣이 글을 지은 것이지만 글자가 깎여 있어 모두 해석하지 못하였다. 이어서 두 사람과 함께 절 뒤 봉우리에 올라 굽어보니, 절터는 네모지게 반듯하고 평평하며 넓다. 법당과 여러 요사채, 행랑은 합하여 200여 칸이며, 나머지 땅도 매우 넓다. 산의 형세는 돌며 감싸는데 주산과 안산이 서로 합쳐지나 안산이 크게 높고 너무 가까이에 있는 것이 흠이다. 오랫동안 있다가 돌아내려와 다시 법당에 있는 탑을 보았는데 조화로운 솜씨에서 나온 것 같다. 범종각梵鐘閣과 금강문金剛門을 경유하여 월대越臺에 앉았다가 냇가에 이르니 너럭바위와 전나무가 빽빽하게 전후좌우에 열을 지어 있다. 내려가 너럭바위 위에 앉아 삶은 닥나무를 물에 씻는 것을 보았다. 돌아와 불존 곁에 들어와 발을 씻었다. 도안道安이 저녁식사를 준비하여 대접하였다.

○ 7일. 새벽 밤에 큰바람이 불고 비가 내림. 흐리다가 늦게 맑음.
일찍 수리搜理와 짐 싣는 말을 강릉에 보내어 전문錢文 한 냥 반으로 제수용 건어를 사오게 했는데 느지막이 돌아왔다. 희원希遠에게 쌀 한 말 한 되를 빌리고, 경복庚卜에게 옷과 이부자리, 쌀 등을 짊어지게 하여 혜찰과 함께 영감사靈鑑寺에 올랐다. 사자연獅子淵에 이르니 위아래로 연못이 맑고 깊어 짙은 푸른색을 띤다. 좌우에 있는 반석과 입암立巖이 볼만하다. 혜찰과 함께 석대石臺 위에 앉아 오랫동안 구경하다가 금강대암金剛臺菴에 도착하니 암자는 비어 있다. 잠시 두루 보다가 혜찰을 돌려보내고 영감사에 이르렀다. 수좌 설행雪行은 임술생(1622)으로 혼자서 절을 지키고 있다. 저녁식사 뒤에 두루 객실客室과 사고史庫를 보았다. 또 금강대암에 오르니 암자는 깊은 골짜기에 있어 볼 만한 것이 없다. 날이 저물어 영감사로 돌아오니 지나가다 들어온 중이 있다. 법명은 해신海信으로 나이는 24세. 쌀 네다섯 말을 지고 와서 자씨암慈氏庵에서 겨울을 보내려고 하였다. 내일 함께 가기로 약속했다. 약 13~4리를 다녔다.

○ 8일. 맑음. 밤에 큰 바람.

아침식사 뒤에 해신海信에게 길을 안내하게 하고 설행雪行과 작별하였다. 뒤쪽 고개를 넘고 냇물을 따라 10여 리를 가서 신성암神聖菴에 이르렀다. 암자 앞 위아래에 두 연못이 있다. 위쪽 연못은 사람의 힘을 이용하여 냇가에 대를 쌓았고, 위에 채각綵閣이 눈부시게 빛난다. 이곳은 의천義天이 창건했는데 진흙 벽이 모두 깨지고 비어 있은 지 이미 5~6년이 되었다. 절에 있던 중을 호랑이가 잡아먹자 떠나서 비게 되었다고 한다. 큰 바위 아래에 빈 전각 한 칸이 있고, 위 옛 암자 터에 초가집 여러 칸이 있다. 머물던 중은 동냥하러 나갔다. 두루 보고 나서 다시 앞 냇물을 건너 냇물을 따라 7~8리를 갔다. 작은 냇물을 건너 적조암寂照庵에 올랐다. 수좌 의규義圭는 81세로 예전부터 알고 지내던 사이처럼 맞이하였고, 함께 잠시 이야기하였다. 자운암紫雲菴 수좌 지영智永은 28세이고, 법기法機는 43세인데 강릉에서 쌀을 짊어지고 도착하였다. 함께 밥을 지어 저녁을 먹었다. 잠시 있으니 해신海信도 왔다. 지영은 불경에 매우 통달하였으며 수좌의 행실을 익혔고, 사람 됨됨이 또한 진실하고 순박하여 사랑스럽다. 저녁식사 뒤에 법기와 지영은 다시 강릉으로 갔다. 어두워진 뒤에 사화당舍華堂의 수좌 밀선密禪과 화암암華嚴菴의 수좌 도무道畝가 쌀을 짊어지고 와서 함께 잤다. 약 17~8리를 다녔다.

○ 9일. 새벽부터 밤까지 큰바람이 불고 눈발이 날림. 늦게 때때로 흐렸다 맑음. 바람.

아침식사 뒤에 도무道畝가 떠났고, 저녁식사 뒤에 해신海信이 갔다. 적조암에 머물렀다.

○ 10일. 맑음.

아침식사 뒤에 의규 수좌와 작별하고 밀선密禪 경복庚卜과 함께 북대北坮에 오르다 사자봉 정상에 이르렀다. 길은 매우 높고 험하여 매달린 것 같은 바위 모서리를 힘껏 잡아당기며 올랐다. 또 환희점歡喜岾 위 삼인봉三印峰에 오르니 동해가 내려다보인다. 북대암北臺菴 상두암象頭庵 등의 암자를 바라보며 오랫동안 앉아 쉬었다. 북대에 이르니 자리한 땅은 평평하고 바르며 시야가 탁 트이게 뚫려 있어 멀리 바라보니 구름에 싸인 산은 막힘이 없다. 물을 끌어다 쓰는데 한겨울에도 얼지 않아 '감로甘露'라고 부른다. 오대五臺 가운데 가장 높이 있는 명당으로 암자 또한 정교하게 만들어졌으나 비어 있은 지 이미 오래되었다. 서북쪽으로 수십 걸음 오르니 상두암이다. 더욱 바람이 없고 탁 트이게 뚫렸으며 삼인봉을 안산으로 한다. 참으로 도인이 수도하는 곳이다. 또한 비어 있는 벽에 나옹懶翁의 화상이 걸려있다. 보고 나서 동쪽으로 6~7리를 가서 함허당涵虛堂에 이르렀다. 밀선이 거주하는 곳인데 이 산에서 가장 깊숙하다. 절터가 둘러싸여 있으며 정교하고 교묘하다. 보통 사람의 눈에 보이는 자리한 땅은 안산을 잘못 마주보고 있는 것 같다. 밀선은 25세로 춘천 사람이며 용모가 단정하고 사람됨이 편안하고 자상하다. 유점사에서 중이 되어 수좌를 지낸지 이미 4~5년이 되었으며, 혼자 이 암자에 거주하고 있다. 나에게 저녁식사를 대접하였다. 소금, 간장, 채소절임은 없고, 단지 솔잎만으로 반찬을 해서 먹는다. 은밀한 것을 찾고 괴상한 일을 행하는 것 중의 심한 것이다. 의규義圭는 90세인데도 자기 힘으로 아침과 저녁에 삼단三壇·칠불七佛에 예를 올렸다. 밤에 오경점五更點을 치고 법복을 입고 앉아있으니 이름을 헛되게 얻은 것이 아니다. 30리를 다녔다.

○ 11일. 맑음. 큰바람이 불고 추움.

아침식사 뒤에 밀선密禪과 함께 두루 거쳐 북대암北臺菴에 들어갔다. 잠시 쉬다가 상두암象頭菴을 경유하여 내려갔다. 또 한 암자 터를 지나 백호봉白虎峰 아래에 있는 자씨암慈氏菴에 올랐다. 깊은 우물에 떨어진 것 같이 길이 험하다. 암자에서 오랫동안 휴식했다. 달리 볼 만 한 것이 없다. 그러나 우물 샘은 달고 차서 이 산에서 가장 좋다. 겨울에는 따뜻하고 여름에는 차며 물이 넓고 깊어 마르지 않는다고 한다. 또 몇 리를 내려가 냇물을 따라 갔다. 폭포와 맑은 연못 중 감상할만한 곳이 많다. 소명昭明 터를 지나 중대中臺에 올랐다. 산은 높고 길은 좁아 힘껏 밀치며 잡아당기니 기운이 다하여 피로하고 땀이 흘러 몸을 적신다. 열 걸음을 걷고 한 번 쉬면서 올랐으나 큰 바람이 불어 상세하게 볼 수 없다. 빈 전각에 '적멸보궁寂滅寶宮' 네 글자가 크게 쓰여 있다. 개성부開城府 사람 홍명기洪命基가 아홉 살 때 쓴 것인데, 홍명기는 지금 29세이고 아직 개성에 살고 있다고 한다. 그의 집에서 아름다운 빛깔의 비단을 시주하여 새기고 그린 것이 여러 절과 다르다. 인물, 날짐승, 길짐승, 풀과 나무의 모습이 네 벽에 열 지어 그려져 있고, 위에도 기교를 다하였다. 이름頤凜 수좌가 중창하였는데, 이름頤凜은 성정性淨의 제자이며, 의규義圭는 이름의 제자라고 한다. 집 뒤쪽에 돌을 쌓아 언덕을 만들었는데 석가의 불두골佛頭骨을 보관한 곳이라고 한다. 지대가 정중앙이고 산세가 부축하며 호위하고 있으나 혈穴이 넉넉하지는 못하고, 안산과 멀리 마주하고 있다. 보고 나서 금몽암金夢庵으로 내려왔다. 사자암獅子菴을 지나 상원사上院寺에 이르니 단지 중한 사람만이 지키고 있다. 법명은 신영信英으로 경진생(1640)이다. 신영이 하는 말이 이곳 행차 때문에 노비 두 사람이 왔는데 추측하여 자씨암으로 보냈다고 한다. 곧바로 경복에게 뒤쫓아 가서 불러오게 하였다. 집안 서찰을 보니 초6일에 보낸 서찰로 대단한 변고가 없다고 한다. 태남太男이 양식과 콩을 싣고 토곡土谷에 이르렀다가 용업龍業을 데리고 와서, 바로 월정사로 돌아가 말을 먹이고 내일 새벽에 용업을 돌려보내게 하였다. 밀선密禪과 신영信英이 저녁 식사를 지어 올렸다. 식사를 마치고 밀선과 함께 두루 절 안에 있는 기물과 종을 둘러보았다. 종은 매우 크지는 않지만 형태와 소리는 일찍이 보거나 듣지 못한 것이다. 여러 요사寮舍의 교묘한 제도와 섬돌에 공들인 것은 사람의 힘을 다한 것이다. 법당의 찬란한 휘장은 예부터 전해 내려온 것으로 빙천화완포氷蚕火浣布라 한다. 절터는 중대의 여기餘氣[32]며 안산이 매우 가깝다. 다른 볼 만한 것이 없다. 밀선과 함께 진여원眞女院에 내려왔다. 진여원은 중창한지 오래되지 않아 금빛과 푸른빛이 휘황찬란하다. 또 보질도암寶叱徒庵으로 내려왔는데 다른 볼 만한 것이 없다. 상원사, 진여원, 보질도암은 모두 중대의 여기餘氣다. 가다가 냇물을 건너 적조암寂照菴에 이르니 의규 노스님이 기쁘게 맞이하였다. 두루 60여 리를 다녔다.

○ 12일. 맑음.

아침식사 뒤에 의규 노스님과 작별하고 밀선과 함께 4~5리를 갔다. 도무道毋 수좌가 쫓아와서 함께 10여 리를 갔다. 자운암紫雲菴 스님 지영智永과 법기法機를 만나 잠시 이야기를 나누었다. 냇물을 따라가며 구경하는데 굽이굽이 맑은 연못과 너럭바위, 폭포가 기이하고 뛰어나서 걸음걸음마다 앉아 읊조렸다. 두 스님은 작별하고 먼저 떠났다. 경복과 함께 가다가 앉기도 하면서 해가 기우는 것을 알지 못하였다.

부도대浮屠臺에 이르니 월정사의 희원希遠 스님이 와서 맞는다. 함께 냇가로 가니 병든 지원智院 스님은 80세로 양식을 구하러 나가다 냇물에 빠졌다. 희원에게 꺼내게 하고 함께 동관음암東觀音庵에 올랐다. 노스님이 거주하는 토굴에 이르러 쌀 여러 되와 엿을

---

32 여기(餘氣) : 본래 풍수학에서 용맥(龍脈) 주변의 여지(餘枝)를 가리키는 말로, 생기(生氣)가 풀리고 남은 것이 맺혔기에 '여기'라고 부른다.

주었다. 잠시 있다가 희원을 월정사로 돌려보내고 경복과 함께 암자에 올라 문에 이르렀다. '관음암觀音庵' 세 글자가 쓰여 있었고, 그 옆에는 분을 바른 글자로 '동양위서東陽尉書' 네 글자가 가늘게 쓰여 있다. 문에 들어가니 암자 스님 자징子澄이 나와 인사한다. 문을 여니 지환智環이 맞이하여 배알한다. 잠시 앉아 있으니 태남이 양식 쌀 네 되와 게젓 등을 가지고 왔으므로 곧바로 저녁식사를 짓게 하였다.

저녁식사를 마치고 도량을 두루 돌아보니, 암자는 월정사 뒤쪽 봉우리에 있다. 지대는 깊숙하고 궁벽하며 높고 넓다. 시야는 제법 앞뒤로 뚫려 있다. 도인이 이 암자에 많이 거주했다고 한다. 지환智環은 혜원惠遠의 법제자로 우징宇澄과 함께 동시에 책을 놓고 곡식을 끊고 수좌의 행실을 하는 사람이다. 약 30여 리를 다녔다.

날마다 높은 곳에 오르고 멀리 가니 기력이 고달프고 힘이 없다. 허리와 다리가 모두 아파서 밤에 편안히 잠들 수 없다. 새벽에 일어나 건욕乾浴하고 나서야 제법 편안하다.

○ 13일. 새벽에 비. 흐리다 밤에 비.
아침식사 뒤에 태남이 또 양식을 가지고 왔다. 느지막이 수리搜理가 강릉에서 건어를 사가지고 왔으며, 도사都事 정태방鄭泰邦의 답장을 전하였다. 도사가 양식 쌀 한 말, 말죽 한 말, 연어 1마리, 대구 1마리, 가자미 2마리, 배 10개를 보내왔다. 중에게 배 2개를 나누어 주었다.

저녁식사 뒤에 지환智環과 작별하고 자징子澄과 함께 육수암六水庵

으로 내려갔다. 월정사의 희원希遠, 불존佛尊 스님 도안道安이 와서 이 암자에서 기다렸다. 잠시 앉아있다가 곧바로 월정사로 내려갔다. 월정사에 있는 중 6~7명이 와서 맞았다. 향로전香爐殿에 도착하여 홍시를 나누어주고, 여러 중에게 빌렸던 양식을 계산하여 주었다. 행장을 꾸려 내일 일찍 출발하므로 절에 있는 중들이 와서 보고 갔다. 5리를 다녔다.

중들이 하는 말이 "함허당涵虛堂은 월정사에서 60여 리의 거리로 길이 매우 험하고 높습니다. 그러므로 월정사의 노스님도 보지 못하고 죽는 자가 있습니다. 희원 스님이 이번 봄에 자지紫芝를 캐러 갔다가 처음으로 한 번 보았습니다. 전후로 놀러오는 사람 중 이곳에 이른 자가 없었는데 지금 가서 볼 수 있었던 것은 진실로 괴상한 일입니다."고 한다. 북대에서 함허당까지 자지紫芝 밭이 많다고 한다.

○ 14일. 새벽 밤부터 비바람 치다 새벽에 비가 그침. 흐리고 바람이 불었다.

일찍 출발하여 월정사의 승려와 문밖에서 작별하고 냇물을 따라 30여 리를 가서 진보역珍寶驛에 이르렀다. 식사하고 말먹이를 먹이고 수리에게 있는 건어를 합쳐 실었다. 10여 리를 가서 청심대淸心臺에 올랐다. 냇물의 연못을 굽어보고 모노령毛老嶺을 넘어 태화역太華驛 마을 집에 이르렀다. 약 80리를 갔다.

원문

初三日. 陰或晴 早朝權生員時一來 朝食後李堈亦來 主人以餅果花煎酒盃相別款款 又以粮米三斗馬太二斗馬粥米三斗鮮魚等贐 行差晚辭別 行到丘山驛 因尋院過訪道橋 橋邊有坮臨大潭 立石 大書訪道橋鳶魚臺等字 坮上有松十餘株 與文生周步 小時卽上馬行數里 至五峯書院 院奴設香燭 與文生四拜焚香後 又四拜出 坐風詠樓 書名尋院錄 還主家則日已昏矣 行約十五里

初四日 晴 寒路氷 早發丘山驛 行四五里 始登嶺 嶺路險峻人馬顚仆 董董到半程休馬 暫時復上俯見江陵城及鏡湖 皆在眼底 望海極目 亦一大觀也 午達洪溪驛吏宋太元家 主人備饌 頗款接 未至半程 馬仆落傷於巖石間 腰脇牽痛 不至大段 珍寶驛吏金信卽壬辰年間往來三陟時相識者 適過此處來見欣然

初五日 晴 曉寒甚 早食欲發而騎馬病眼 臥起身戰 金信來治酌諸處 停行小時 主人殺鷄以待 給扇柄以謝其厚意 馳馬行五里許 馬臥不起 適逢洪溪驛人理馬者 路次縛馬治療 卽騎行二十里許 與文生分路 文生與庚宿直向原州 因還其家 我由月精寺路入五臺山 涉大川 又渡橋 行二十餘里 至寺門外坐金剛淵盤石 深潭淸瑩可玩 有老僧年八十三 名處菴 與語小時 佛尊僧道安來見 又希遠僧年乙丑生壬辰年主於其父沈春男家 與之相熟者 迎見歡喜 坐良久 入寺門 金字書月精寺三字 過梵鐘閣正門 至法堂 書七佛寶殿四字 七佛列坐僧言七佛像 自中國出來者云 法堂前九層塔奇巧天成 曾所未見也希遠備饋夕食 僧海天卽靑龍寺僧廣修上佐 三十年前見我於靑龍寺者也 道安亦癸亥年間見我於法泉 語舊從容 宿於香爐殿 智異山金

仙臺菴僧省印亦過此 相對歡然 老僧道希亦來見 寺內一空 只有老
僧數人云

初六日 陰寒 向夕晴 朝食後與慧詧及希遠上佐海祥周觀衆寮及
空殿 西北有碑 卽高麗李濟臣所撰 字刓不可盡解 仍與兩人上寺後
峰俯見 寺基方正平衍 法堂衆寮諸行廊合二百餘間 而餘地甚廣 山
勢回抱 主案相合而案山太高太近 是可夬也 良久還下 再觀法堂塔
若出於造化手段 由梵鐘閣金剛門坐越臺 臨溪流 盤石檜木森列於前
後左右 下坐盤石上 見洗浣熟楮者 還入佛尊旁洗足 道安饋夕食

初七日 曉夜大風洒雨陰差晚晴 早送搜理及卜馬於江陵 以錢文
一兩半 貿祭用乾魚來差晚 貸希遠米一斗一升 使庚卜負衣衾粮米等
慧察同上靈鑑寺 至獅子淵 上下澄潭淸泓紺碧 左右盤石立巖可玩
與詧坐石臺上 觀玩良久 到金剛臺菴菴空 周觀 小時還送慧詧 至靈
鑑 首坐僧雪行 年壬戌生 獨守寺 夕食後周觀客室及史庫 又上金剛
臺菴 菴在深洞而無可觀 日暮還靈鑑 有僧歷入者 名海信 年二十四
負米四五斗 將過冬慈氏庵 約明日同行 約行十三四里

初八日 晴夜大風 朝食後使海信引路別雪行 踰後嶺沿溪行十餘
里 至神聖菴 菴前有上下兩潭 上潭用人力築溪邊臺 上綵閣輝煥 是
義天所創 而塗壁盡破空已五六年 蓋寺僧有虎嚙去 故空云 大巖下
有空殿一間 其上古菴基有草幕數間 巨僧動鈴次出去 周觀已後渡前
溪 沿溪行七八里 渡小溪上寂照庵 首坐義圭年八十一 迎見如舊識
與語小時 紫雲菴首坐智永年二十八 法機年四十三 自江陵負米來到
共炊夕飯 少頃海信亦來 智永頗通佛經而學首坐行 爲人亦眞淳可愛
夕食後機永復往江陵 昏後舍華堂首坐密禪 華嚴菴首坐道毋負米來

同宿 行約十七八里

初九日 自曉夜大風洒雪 差晚或陰晴風 朝食後道毋去 夕食後海信去 留寂照

初十日晴 朝食後別圭首坐 與密禪庚卜上北坮 至獅子頂 路極高峻 石角如懸 極力攀上 又登歡喜岾 上三印峰 俯臨東海望見 北臺象頭等菴坐休良久 至北坮坐地平正眼界通瀏極目 雲山無有阻礙 引水盛冬不氷 稱以甘露 五坮中之最高明堂 菴亦精造 而空已久矣 西北上數十步有象頭菴 尤藏風通瀏 以三印峰爲案 眞道人修道之所 而亦空壁掛懶翁翁畫相 見已東行六七里至涵虛堂 卽密禪所住 深邃爲此山之最 基亦回抱精妙 而凡眼所見坐地案對似誤 密禪年二十五 春川人而容貌端正 爲人安祥 自楡岾爲僧 而爲首坐行已四五年 獨居此菴 饋我夕食而鹽醬菜荳 只以松葉和飯而喫 索隱行怪中之尤也 義圭九十之年 能自力朝夕禮三壇七佛 夜打五更點 法服而坐 名不虛得也 行三十里

十一日 晴大風寒 朝食後與密禪同行 歷入北臺菴 休小時由象頭菴下 又過一菴基 上白虎峰慈氏菴 路峻如墮深井 憩菴良久無他可觀 而井泉甘列 爲此山之最冬溫夏冷 汪汪不渴云 又下數里沿溪而行 瀑流清潭多有可賞處 過昭明基 上中臺 山峻路微 極力擠攀 氣盡力疲流汗洽體 十步一休 旣上因大風不能詳觀 有空殿大書寂滅寶宮四字 卽開城府人洪命基九歲時所書 洪也時年二十九 方在開城云 其家施綵刻畫異於諸寺 人物飛禽走獸草木之形 列於寺壁及上窮極其巧 卽灝凜首坐所重創 凜性淨之弟子 而義圭卽凜之弟子云 家後壘石作堆 卽釋迦佛頭骨所藏處云 坐地正中山勢擁護 而穴未豐厚案

對頗遠 見已下金夢庵 歷獅子菴 至上院寺 只有守僧一人 名信英庚
辰生 言行次奴二人來推指送於慈氏云 卽使庚卜追呼而來 見家中書
卽初六日出書 始無大段故云 太男載粮太至土谷 率龍業來 卽使還
大寺飼馬 明曉還送龍業 密禪及信英炊夕飯以進 食訖與禪周觀寺中
器物及鐘 鐘不甚大 而貌樣聲音曾未聞見者 衆寮之巧制石砌之用功
窮極人力 法堂綵帳 自古相傳云 水蠶火浣布云 寺基卽中垈餘氣 案
對太近無他可玩 與禪下眞女院 院重創未久 金碧輝煌 又下 寶叱徒
菴 亦無他可觀 上院眞如院寶叱徒庵 皆中垈餘氣 又行越溪 至寂照
菴 義圭老僧歡迎 周行約六十餘里

　十二日 晴 朝食後別老僧 與密禪行四五里 道毋首坐追來偕行十
餘里 逢紫雲菴僧智永法機 與語少時 沿溪賞玩曲曲澄潭盤石瀑布奇
絶 步步坐吟 而禪辭別先去 獨與庚卜 或行或坐不覺日斜 至浮屠臺
大寺僧希遠來迎 偕行至溪邊 病僧智院年八十乞粮次出去 溺於溪水
使遠拯出 偕上東觀音庵 至老僧所住 土堀給粮米數升饋飴餹 小許
還送希遠於大寺 獨與庚卜上菴 至門書觀音庵三字 傍以粉字細書東
陽尉書四字 入門則菴僧子澄出見開戶 則智環迎拜 坐小時 太男持
粮米四升蟹等物而來 卽使炊夕飯 飯訖周觀道場 則菴在月精寺後峰
而坐地深僻高曠 眼界頗通 前後道人多居於此菴云 智環卽惠遠之法
弟 與宇澄同時放册辟穀爲首坐行者也 行約三十餘里 連日登陟遠行
氣力困憊 腰脚皆痛 殆不能堪夜安寢 曉起乾浴 則頗安矣

　十三日 晚灑雨或陰暗夜灑雨 朝食後太男又持粮來 次晚搜理自江
陵貿乾魚來 且傳鄭都事答簡 鄭送粮米一斗馬粥一斗鱸魚一生大口
魚一生鰈魚二生梨十介 與僧分生梨二介 夕食後別智環 與子澄同下

六水菴 大寺僧希遠佛尊僧道安來 待於此菴 坐小時卽下大寺 大寺
僧六七來迎 卽到香爐殿 分給紅柿諸僧 計粮治行 明早當發 寺僧等
來見 去行五里 僧輩言涵虛堂距大寺六十餘里 而路極險峻 故月精
寺老僧 或有不得見而死者 希遠今春以採紫芝次往 始得一見 前後
遊客來曾有至者而今乃能往見 實是怪事云云 自北坮至涵虛多紫芝
田云

十四日 曉夜風雨曉雨止陰風 早發行寺僧別於門外 沿溪行三十餘
里 至珍寶驛 炊飯秣馬 合載搜理所留乾魚 行十餘里 登路淸心坮 俯
見溪潭 踰邊毛老嶺 至太華驛村家 行約八十里

조덕린趙德鄰, 「관동록關東錄」[33], 『옥천선생문집玉川先生文集』

조덕린 趙德鄰, 1658~1737

본관은 한양漢陽. 자는 택인宅仁, 호는 옥천玉川. 아버지는 충의위
忠義衛 조군趙頵이다. 1725년(영조 1) 노론·소론의 당론이 거세지
자 당쟁의 폐해를 논하는 10여조의 소를 올렸다가 노론을 비난하
는 내용이 있어 당쟁을 격화시킬 염려가 있다 하여 종성에 유배되
었다. 70여 세의 나이로 3년간의 적거謫居 끝에 1727년 정미환국으
로 소론이 집권하게 되자 유배에서 풀려 홍문관응교에 제수되었으
나, 서울에 들어와 숙사肅謝한 다음 곧 고향으로 돌아갔다. 1728년
3월 이인좌李麟佐의 난이 일어나자 영남호소사嶺南號召使에 피임, 격
문을 돌리고 일로一路의 의용병을 규합하여 대구사마방목에 내려
갔으나 난이 평정되자 파병罷兵하였으며, 이 공로로 동부승지에 임
용되고 경연經筵에 참석하였다. 얼마 뒤 병으로 사직하고 세상에의
뜻을 버린 채 다시 환향하여 학문에 몰두하자 원근에서 제자들이
모여들었다. 1736년 서원의 남설을 반대하는 소를 올려 1725년의
소와 연관되어 노론의 탄핵을 받고 제주로 유배가던 중 강진에서
죽었다. 그의 상소는 몇 차례에 걸친 소론들의 재집권을 위한 난언
亂言·벽서사건壁書事件의 실마리를 만들기도 하였다. 저서로『옥천
문집玉川文集』18권이 있다.

---

33 옥천(玉川) 조덕린(1658~1773)이 1708년 관동지방을 유람하며 들른 금강연의 모습은 다르
다. 그는 4월16일부터 5월 1일까지 관동지방을 유람하고 '관동록'(關東錄)을 남겼는데 집을 떠
나 평해와 울진의 불영사를 거쳐 삼척·강릉의 대관령을 넘어 뉘엿뉘엿 해가 서산에 기울 무렵
오대산에 다다랐는데 그날은 4월 26일이었다.

유람 경로

1708년 4월 26일: 구산丘山-대관령-횡계역橫溪驛-월정사

4월 27일: 사각史閣-중대中臺 사자암獅子庵-화엄암華嚴庵-상원사-월정사

4월 28일: 진부珍富-태화太和-방림芳林

번역

26일. 출발하려고 하는데 유자유柳子由가 굳이 만류하고 앞길의 지대支待³⁴ 때문에 오래 지체되었다. 드디어 일어나 길에 올라 구산丘山³⁵에 도착했다. 앞은 대령大嶺으로 막혔는데 하늘에서 또 비가 온다. 그러나 이미 밖으로 나와서 멈출 수 없다. 비옷을 입고 출발을 재촉하여 산 입구에 들어섰다. 흰 바위가 겹겹이 우뚝하고, 소나무와 상수리나무가 즐비하여 가로막는다. 계곡물은 깊이 못을 이룬다. 쏟아지는 것은 옥 소리 같아 물소리를 들을 만하다. 물어보니 연어정鳶魚亭³⁶이라 한다.

앞으로 가자 길은 더욱 험하다. 돌 비탈에 길이 끊어져 갈 수 없다. 말을 버리고 견여를 타고 10여 리 갔다. 산은 높고 골짜기는 깊으며 비는 그치질 않는다. 가마꾼은 숨이 차서 가지 못한다. 구불구불 빙빙 돌며 올라가는데 몇 번 돌아가는지 알 수 없다. 전에 본

---

34 지대(支待): 공적인 일로 지방에 나간 고관의 먹을 것과 쓸 물건을 그 지방관아에서 바라지하는 일을 이르던 말.

35 구산(丘山): 강릉시 성산면 구산리를 말한다.

36 연어정(鳶魚亭): 여러 기문에서 언급한 연어대(鳶魚臺)를 가리키는 것 같다.

응소應劭[37]의 글에 '태산泰山은 무릇 십팔반十八盤[38]으로 물고기 꿴 듯 올라가니 뒷사람은 앞사람의 발밑을 보고, 앞사람은 뒷사람의 정수리를 보게 된다'는 것은 이것을 말하는 것이다. 잠깐 있다가 비의 형세가 조금 그치자 구름과 안개가 일어난다. 멀고 가까운 곳과 위와 아래가 온통 흰색이다. 몸은 산꼭대기에 있는데 하늘 밖으로 멀리 나와 은빛 바다 커다란 파도 가운데 떠있는 배와 같아서 일정치 않게 흔들리니 춥지 않으나 두렵게 만든다. 산속에 목부용木芙蓉[39]이 많은데 바야흐로 만발했다. 비에 젖어 밝고 고와서 사랑스럽다.

고개를 넘자 비가 그쳤다. 몇 리를 가서 수레에서 내리고 말을 탔다. 대개 고개 동쪽은 가파르고 높이 솟아 곧바로 30리 올라가고, 서쪽은 차츰 평평해져서 급하지 않다. 서북과 동남의 높고 낮은 지세를 여기서 볼 수 있다. 횡계역橫溪驛에 도착해서 점심을 먹었다. 진부珍富에 사는 종인宗人 한 사람이 와서 인사한다. 해가 기울어서 함께 오대산五臺山 월정사月精寺에 도착했다.

월정사는 산 밖 평평한 곳에 있는데 자못 크고 빛난다. 잠시 금강연金剛淵 옆에 앉았다. 금강연은 절에 앞에 있다. 흰 바위는 사방을 깎아 놓은 것 같고 물이 돌 틈에서 쏟아져 못을 이룬다. 깊이는 배꼽 정도에 이를 정도며 넓이는 수 묘畝에 이른다. 중이 말하길 물

---

37 응소(應): 동한 여남(汝南) 남돈(南頓: 지금의 하남성 항성(項城) 서남쪽) 사람으로 자는 중원(仲遠). 헌제 때 태산태수(泰山太守)를 지냈다.

38 십팔반(十八盤): 태산 등정의 최고 난도 구간으로 벼랑 사이 가파른 계단 1633개를 두 시간 동안 '수행하는 마음'으로 오르는 길이다.

39 목부용(木芙蓉): 목련(木蓮)을 말한다.

의 깊이와 넓이가 예전에 두 배였는데, 지난해 장마에 묻혔다고 한다. 수레를 타고 절로 들어갔다.

절의 스님이 고적古跡을 들고 와서 보여준다. 세조대왕世祖大王이 이 산의 상원사를 창건할 때의 교사敎辭다. 교사敎辭는 이러이러하다. 붉은 것이 체천지보體天之寶[40]를 누르고 체천지보는 옥보전玉筋篆[41]으로 썼다. 스님이 당귀當歸, 자지紫芝를 진상해서 저녁 식사를 했다. 오랫동안 해산물 반찬이 비린 생선은 것을 싫어했는데 이것을 먹으니 상쾌함이 내장에 스며들어 지나치게 배부른 것을 느끼지 못했다. 스님들을 불러 내일 상원사와 중대中臺 올라가는 것을 약속했다. 스님의 말이 산이 비록 갠 날이어도 산에 들어가면 하늘이 푸르렀다가 안개가 자욱하여 옷을 적시고, 내일 만약 오늘 같다면 갈 수 없으며, 비록 산에 오르더라도 지척을 볼 수 없다고 한다.

새벽에 일어나니 비가 오지 않지만 흐렸다. 식사를 재촉하고 남여에 올랐다. 숲을 뚫고 시내를 뛰어넘으며 수십 리를 갔다. 사각史閣 아래 이르러 스님 암자에서 쉬었다. 또 동쪽으로 큰 산을 넘어

---

40 체천지보(體天之寶): 체천은 '천명(天命)에 의거한다'는 뜻을 담고 있다. 『세조실록』에 어보(御寶)를 처음 만들고 승정원(承政院)에 쓰임새를 의논하게 한 기사가 있는데, 이로 미루어 세조가 이 어보를 제작할 당시에는 특정한 사용처를 두지 않았음을 알 수 있다[『세조실록』4년 2월 26일]. 체천지보가 찍힌 문서로 대표적인 것이 「오대산상원사중창권선문(五臺山上院寺重創勸善文)」에 들어 있는 세조의 글이다. 세조가 쓴 글에는 세조와 왕세자의 수결(手決)과 인기(印記) 및 체천지보가 찍혀 있다. 다른 한 첩은 권선문을 한문으로 쓴 다음 다시 한글로 번역한 것을 붙였는데, 권선문 끝에 천순팔년납월십팔일(天順八年臘月十八日)이라 쓰여 있어 1464년(세조 10) 12월에 제작되었음을 알 수 있다. 체천지보는 그 이후 쓰이지 않고 영조대까지 궁궐에 비장(秘藏)되어 있었다. 영조는 김재로(金在魯)와 유척기(兪拓基)에게 이 유물이 언제, 누가 만들었는지를 물었다. 그러나 두 신하는 체천지보가 세조대에 제작한 어보라는 것을 알지 못하고, 효종이 왕자 시절 심양관(瀋陽館)에 볼모로 잡혀 있으면서 모은 중국의 유물(遺物)을 가지고 돌아와 대내에 간직하였으므로, 그때 유입된 것으로 추정하여 보고하였다[『영조실록』 32년 9월 5일].

41 옥조전(玉筋篆): 진(秦) 나라 이사(李斯)가 창시(創始)한 소전(小篆)을 일컫는다.

수십 리를 가니 상원사다. 먼저 따르는 자를 보내 점심을 준비하게 했다. 또 십리를 가니 중대中臺다. 산세가 높고 험준하여 십여 명의 스님이 메는 띠를 이용해 가마를 끌고 올라갔다. 매우 위험한 곳에 이르러 가마에서 내려 걸어 올라갔다. 앞에서 당기고 뒤에서 밀며 힘을 써서 오르니 구름이 흩어져 하늘이 쾌청하다. 정찰精刹은 열 개 기둥이며 단청과 금은색이 밝게 빛나 눈길을 끈다. 가운데 소상塑像을 설치하지 않았고 단지 빈 탁자 하나를 안치했다. 바깥 사방은 철기와 한 장을 써서 처마를 이었다. 듣건대 스님의 말에 기이한 것이 많아 징험할 수 없어서 생략한다.

대개 오대산에서 가장 높은 것은 비로봉毗盧峰이다. 비로봉 중앙에서 나와 몸을 일으켰다 엎드렸다 미끄러지고 끊어지다가 중대中臺 뒤에 이르러 온전한 돌이 평평하고 밝은 층대層臺가 된다. 사방의 산이 둘러싸고 껴안으며 손을 마주잡고 인사하기 때문에 쌓인 기가 새지 않는다. 동서남북의 대臺를 바라볼 수 있고, 시야는 그리 멀리 떨어지지 있지 않다. 곧바로 남쪽에 있는 여러 봉우리는 구름 가에 은은하다. 스님이 말하길 이 산은 백봉산百福山, 치악산雉岳山 등의 산이라 한다. 술과 포로 피곤함을 풀었다. 조그만 암자로 걸어 내려가니 스님 이 혼자 거처하고 있다. 사자암獅子庵과 화엄암華嚴庵을 지나 가마에 올라 상원사에 이르렀다.

스님 대여섯 명이 길 왼쪽에서 합장을 하고 이끌고 절로 들어갔다. 백여 칸 지은 것이 매우 정교하고 불우佛宇, 소상塑像, 탁자, 그릇 종류들이 모두 기이하고 화려하다. 사이에 다른 나라의 물건이 있다. 계단은 모두 흰색으로 갈고 다듬은 것이 섬세하고 부드럽다.

옆으로 배열하며 잇달아 쌓았는데 열 개 계단을 올라가서 완성된다. 모두 돌난간을 썼는데 좌우에 끼고 있다. 엄숙한 것이 궁궐의 모양이다. 다른 건물 꾸밈의 정밀함과 모양을 본뜨고 조각한 공교로움이 매우 기교가 있어 기괴함에 현혹되니 사람이 만든 것 같지 않다. 아! 사람의 힘을 쓴 것이 많고 공사비가 많이 들여 크고 화려한 볼거리를 창건했으나, 큰 산 궁벽한 계곡 가운데 치우쳐 있어 인간세상과 떨어진 것이 거의 백 리다. 오가는 길은 숲속 나무가 하늘을 가리고 골짜기가 가로로 자르거나 끊어져 소나 말이 통하지 못한다.

스님들 어깨는 붉어지고 발은 부르트도록 다니지만 겨우 한두 말 곡식을 얻을 수 있다. 오직 계곡물 마시고 나무를 먹으며 입정入定하여 고고枯槁하게 되는 자는 거처할 수 있지만 이와 같은 무리는 세상에 많지 않다. 단지 뜬구름처럼 이리저리 돌아다니면서 정처 없이 떠돌아다니는 사람이 아침에 왔다가 저녁에 가니 절을 황폐하게 하고 담장과 집은 관리되지 않아 황량하고 추우며 적막한 경계에서 무너지고 비 새며 부서지게 되었다. 불가에서 건립한 공덕은 논할 것이 없으니 이미 사용한 공력이 어찌 아깝지 않겠는가? 스님이 말하길 사원전寺院田이 영동에 있어 해마다 수입을 거두어 수선의 비용을 충당한다고 한다.

이 산에서 발원한 물은 십여 개다. 이름 붙일 수 있는 것으로 동쪽은 감로수甘露水이고, 서쪽에 있는 것은 우통수于筒水다. 나누어서 흐르다가 산 앞에서 합해지고 여러 흐르는 물과 모여서 월정사 앞에 이르러 금강연金剛淵이 되고 한강의 근원이 된다고 한다.

식사가 끝나자 가마를 타고 월정사로 되돌아왔다. 나무 그늘 속으로 가는데 길이 매우 작다. 시냇물은 콸콸 흐르고 울창하여 음산하고 추우며 새소리를 들을 수 없다. 때마침 계곡물로 끊긴 곳을 만나 긴 전나무 두 그루를 잇달아 놓아 통나무다리를 만들어서 건넜다. 이날 절에서 머물렀다.

28일. 진부珍富와 태화太和에 머물렀고 방림芳林에서 잤다.

원문

二十六日, 將發, 子由苦挽, 余以前路支待已久, 遂起登道, 到丘山, 前阻大嶺, 天又雨, 業已出來, 不容止, 雨服, 催發入山口, 白石嶙峋, 松檜離迤, 澗水湛然成潭, 瀉若蔓玉, 淙琤可聽, 問是鳶魚亭云, 前進路益險, 石磴截路, 不可行, 乃舍馬乘肩輿, 行十餘里, 山高谷深, 雨不絶, 舁人足謖氣喘, 不能進, 透迤盤旋而上, 不知其幾盤, 前見應劭記, 泰山凡十八盤, 魚貫而上, 後人見前人履底, 前人見後人頂上者, 正謂此也, 須臾雨勢少止, 雲霧噴泄, 遠近上下浩晶一色, 身在山頂, 迥出天外, 若浮銀海洪濤中舟, 搖颺不定, 令人不寒而栗, 山中多木芙蓉, 方盛開, 雨裏明鮮可愛, 踰嶺雨歇, 行數里下輿 上馬, 蓋嶺以東峭起陡高直上三十里, 以西稍平緩不急, 地勢西北東南之高下, 此可見矣, 到橫溪驛, 午食, 宗人之寓居珍富者, 一人來見, 日西昃, 同到五臺山月精寺, 寺在山外平處, 頗宏麗, 少坐金剛淵上, 淵在寺前, 白石如削四圍, 水從石縫, 跳下成淵, 深可至臍, 廣才數畝, 僧言此水深廣前倍之, 爲去年潦水所湮云, 升輿入寺, 寺僧奉古跡來示, 乃世祖大王創此山上院時敎辭也, 敎辭云云, 紅朱壓體天之寶, 寶用

玉筯篆, 僧進當歸, 紫芝, 供夕食, 久厭海味腥矗, 喫此爽沁脾腑, 不
覺過飽, 召僧徒約以明日遊上 院中臺, 僧言此山雖開晴之日, 入山空
翠, 霏微濕衣, 明日若如今日, 則不可行, 雖登山, 咫尺不可見云,

　晨起不雨而陰, 促食登藍輿, 穿林驀澗, 行數十里, 至史閣下憩僧
庵, 又東踰一大山, 行數十里爲上院, 先遣從者, 具午食, 又行十里,
爲中臺, 山勢斗峻, 十餘僧用擔帶引轎而上, 至絶險處下轎步上, 前
挽後推, 努力而登, 雲陰解散, 天色晴朗, 精刹凡十架, 丹碧金銀, 熒
晃奪目, 中不設塑像, 只安空卓一坐, 外薄四際, 率用鐵瓦一葉, 以承
簷, 聞僧言多異, 不足徵, 姑略之, 蓋臺山之最高而尊者, 曰毗盧, 自
毗盧當中而出, 起伏跌 斷, 至中臺之後, 全石爲層臺, 平夷坦曠, 四
山環抱拱揖, 蓄氣不洩, 東西南北之臺, 可望而有也, 目境不甚遠, 直
南數峰, 隱隱雲際, 僧言是百福雉岳等山云, 以酒脯佐疲, 步下小庵,
有一僧獨居, 又歷獅子庵, 華嚴庵, 升輿至上院, 僧五六人合掌于道
左, 導而入寺, 凡百餘間, 制作極精巧, 佛宇塑像床卓器皿之屬, 皆奇
異華好, 間有異國之物, 階砌皆白石磨礱細軟, 橫排聯累, 升拾階給
皆用石闌, 左右夾之, 儼然宮闕模樣, 他室宇裝繢之精, 象物雕鏤之
工, 極技眩怪, 不類人造, 嗚呼, 用人力浩多, 工費大萬, 創鉅麗之觀,
僻在大 山窮谷之中, 去人間殆百里, 往來之路, 林木蔽天, 溪磵橫截,
不通牛馬, 僧輩頳肩胼足, 僅能致一二斛粟, 惟澗飲木食, 入定槁枯
者可居, 而若此類世不多有, 只雲遊蓬轉之蹤, 朝來而暮去, 使塲園
荒蕪, 垣屋不理, 一任其壞漏彤剝於荒寒寂寞之境, 卽佛家之建立功
德, 姑無論已, 其已用之功力, 豈不惜哉, 僧言有寺位田結, 在嶺東,
歲收其入, 以充修繕之費云, 水之發於玆山者, 十餘道, 而其可名者,

東曰甘露, 西曰于筒, 分流合於山前, 與衆流會, 而至月精寺前, 爲金剛淵, 此爲漢江之源云, 飯訖, 升輿還月精寺, 林樾中行 逕甚微, 溪流汨潚, 悄蒨陰寒, 不聞禽鳥之聲, 時遇澗水隔斷處, 聯置長檜兩株, 作略彴以渡之, 是日留宿于寺,

二十八日, 留珍富太和, 宿于芳林,

김창흡金昌翕, 「오대산기五臺山記」, 『삼연집三淵集』

김창흡 金昌翕, 1653~1722

본관은 안동. 자는 자익, 호는 삼연. 좌의정 상헌의 증손자이며, 영의정 수항의 셋째 아들이다. 김창집과 김창협의 동생이기도 하다. 형 창협과 함께 성리학과 문장으로 널리 이름을 떨쳤다. 과거에는 관심이 없었으나 부모의 명령으로 응시했고 1673년(현종 14) 진사시에 합격한 뒤로는 과거를 보지 않았다. 김석주金錫冑의 추천으로 장악원주부에 임명되었으나 벼슬에 뜻이 없어 나가지 않았고, 기사환국 때 아버지가 사약을 받고 죽자 은거했다.

『장자』와 사마천의 『사기』를 좋아하고 도道를 행하는 데 힘썼다. 신임사화로 외딴 섬에 유배된 형 창집이 사약을 받고 죽자, 그도 지병이 악화되어 죽었다. 이조판서에 추증되었으며 양주의 석실서원 등에 제향되었다.

유람 경로

1718년 윤8월 6일: 강릉부-건금촌乾金村-서원-마염현馬厭峴-웅좌치熊坐峙-대관령-횡계역橫溪驛

윤8월 7일: 높은다리[高橋]-유목정楡木亭-성오평省烏坪-사미대沙彌臺-금강연金剛淵-월정사

윤8월 8일: 금강대金剛臺-사고史庫-영감사靈鑑寺-고개-신성굴神聖窟-상원사上院寺-사자암獅子菴-금몽암金夢菴-사리각舍利閣-상원사-북대北臺-북암北庵

윤8월 9일: 상원사-서대西臺 우통수-상원사-학담鶴潭-월정사

윤8월 10일: 월정사

번역

나는 강원도 영서지방의 명산을 두루 유람하였으나, 유독 오대산五臺山만은 50년 동안 갚지 못한 빚으로 여기며 그저 마음속으로만 부지런히 왕래할 뿐이었다.

금년(1718, 숙종 44) 중추仲秋에 임영臨瀛[42] 호해정湖海亭[43]으로 와서 머물게 되었다. 오대산이 경내에 있었기 때문에, 가보고 싶은 마음이 더욱 심해졌다. 서울로 돌아가는 날에 반드시 오르고자 하였는데, 함께 갈 사람이 없는 것이 걱정이었다. 이에 원장院長 신택지辛澤之에게 함께 가자 부탁했더니, 고달명高達明 군도 좇아가길 원하여 구산서원丘山書院[44]에서 만나기로 약속하였다.

윤8월 5일. 호해정에서 고달명 군의 집으로 이동하여 머물렀다. 이튿날 아침에 출발을 하였다. 신택지는 자기 집에서 먼저 출발하였다. 서쪽으로 몇 리를 가서 강릉부를 지나다가 가해루駕海樓에 올라 두루 구경하였다. 얼마 있다가 일어나서 10여 리를 가서 건금촌乾金村[45]을 지났다. 대나무가 무리를 지었는데, 그 사이로 원정園亭이 보였다 안 보였다 하여 즐길만하였다. 방도교訪道橋[46]에 도착해 시내를 건너 연어대鳶魚臺[47]에 올랐다. 여울이 세차게 흐르고 소나무

---

42 임영(臨瀛): 강릉의 별칭.

43 호해정(湖海亭): 강원도 강릉시 저동 경포호의 북쪽 언덕 위에 위치한 누각. 1718년(숙종 44) 삼연(三淵) 김창흡(金昌翕)이 강릉에 들렀다가 경포호의 경관에 매료되어 이곳을 명승지라 감탄하였다. 이때 신성하(辛聖河)는 삼연을 위해 이곳에 작은 초옥(草屋)을 지어 거처케 하였다. 선생은 이를 몹시 좋아하여 1년 가까이 이곳에 머물면서 학문과 시문을 강론하였다.

44 구산서원(丘山書院):오봉서원을 말한다.

45 건금촌(乾金村): 성산면 금산리 지역.

46 방도교(訪道橋): 성산면에 있던 다리. 현재 있는 다리의 명칭도 방도교다.

47 연어대(鳶魚臺): 성산면 구산리 개울가에 있었다.

가 무성하여 그윽한 멋이 있다. 이곳은 10여 년 전에 이미 왔던 곳인데, 이제 다시 와보니 예전 그대로다. 신택지의 막내아들 석동碩東과 김응경金應鏡 군은 모두 호해정에서 글을 강독하던 자들로 나와의 이별을 심히 슬퍼하여 연어대에 와서 기다리고 있다. 함께 서원에 이르러서 유생 10여 인과 줄지어 앉아 회포를 풀었는데, 신택지는 이미 자리에 와서 앉아있다. 사당에 들어가 공자의 초상을 우러러보고 절을 올리고 나오니, 서원의 유생들이 술과 음식을 차려놓았다. 식사를 마치고는 대관령 길을 찾아 길을 나섰다.

길 왼편으로 샘과 바위가 있는데, 영귀암詠歸巖 위로부터는 종종 감상할 만하다. 가장 좋은 곳 한군데는 바위 모양이 평퍼짐하며 둥근 못과 이어져 있다. 영귀암과 비교해 보면 이곳이 더 나은 듯하다. 오래지 않아 마염현馬厭峴에 이르렀다. 구불구불한 길이 양의 창자를 이루고 산길이 자못 높고 가팔라서 사람과 말이 모두 진이 빠졌다. 드디어 산등성이에 올라 말을 멈추고 잠시 쉬었다. 신군과 김군은 여기에서 헤어져 되돌아갔다. 김군은 차고 있던 죽통竹筒을 풀어 이별주를 내게 권하였다. 사양하기 어려운 애틋한 정을 느낄 수 있었다.

웅좌치熊坐峙를 지나는데 갈수록 가팔랐지만 구불구불한 곳은 거의 없다. 밟히는 것이 모두 바윗돌이고 다른 길로 바꿀 수가 없어서 피곤함을 거의 견딜 수 없다. 조금씩 힘들게 5~6리를 나아가자 고갯길이 끝나고 바다가 보이는데, 망망대해가 끝없이 탁 트였다. 경포호를 굽어보니 겨우 잔 속의 물과 같으며, 앞서 뱃길로 거슬러 온 곳이 좁다는 것을 알게 되었다.

이른바 대관령은 여기가 꼭대기인데, 길이 비로소 평탄해지고 바위가 없이 순전히 흙뿐이다. 미수령彌水嶺[48]과 비교해 보면 도회지의 번화한 길과 다를 바가 없다. 처음에는 도달하기 어려울 것을 걱정하였으나 지나는 길이 편한 듯하여 종들을 돌아보며 "상쾌하구나!"라고 외쳤다.

대관령을 넘어 서쪽으로 가자 흙이 두텁게 덮였고 수풀이 우거졌으며 적목赤木이 모여 있는데 울창하고 고풍스럽다. 다른 산에서는 보지 못하던 것이다. 길 양쪽으로 단풍나무 숲이 반쯤 붉게 물들었다. 벌써 서리를 맞은 듯하다. 지대가 높아 절기가 빠름을 이것에서 알 수 있다. 종종 누런 갈대로 둘러싸인 습지가 나오는데, 호랑이가 웅크리고 숨어있는 듯하다. 탁 트여서 바람을 온몸으로 맞는 곳에 이르렀다. 겨울철 길을 지나다가 많이 얼어 죽는다고 한다.

횡계역橫溪驛에 이르자 해가 이미 서산으로 넘어갔다. 마을 북쪽에 있는 집에 투숙을 하였는데, 이곳은 신택지가 기거하던 곳이다. 방이 안온하고 상쾌하여 곤하게 잠이 들어서 깊게 잤다. 밤중에 비바람이 몰아쳐서 꿈결에 들었다. 또 울타리 너머에서 조심하라고 시끄럽게 외치는 소리가 들렸는데, 호랑이가 삽살개를 물어갔다고 한다. 이 날 60리를 이동하였다.

윤8월 7일. 비가 내려 일찍 출발하지 못하였다. 길 위로 비가 부슬부슬 계속 내려서 유삼油衫[49]을 착용하고 갔다. 산등성이는 유장

---

48 미수령(彌水嶺): 미시령을 말한다.
49 유삼(油衫): 비와 눈에 젖지 않기 위하여 종이나 포목을 기름에 흠씬 배게 하여 지은 옷.

한 형세를 띠고 완만하게 비탈졌다. 높다란 다리[高橋]⁵⁰와 넓은 벼랑을 지났다. 대체로 울창한 숲속을 지났는데, 숲이 깊고 풀이 물기를 머금어서 특별히 그윽한 운치가 있다.

유목정楡木亭⁵¹ 길 오른편으로 논이 많고 집들은 정연하다. 강姜씨 선비가 이 마을의 우두머리였는데, 신택지는 찾아가 그를 만났다. 나는 큰 나무 아래에 앉아 잠시 쉬고 있는데, 호해정에서 안면이 있었던 마을 사람들이 막걸리를 가져다주어 비었던 배를 자못 배부르게 했다.

여기서부터 진부珍富로 이어진 큰길에서 벗어나 북쪽 월정사月精寺로 향했다. 이곳은 성오평省烏坪인데 벌판의 빛깔이 창연하다. 중들이 길에 흩어져 있다가 와서 내게 문안하는데, 이들은 모두 영동嶺東으로 동냥을 나갔던 월정사 중이다. 가마를 멜 사람이 없어 염려하다가 이들을 끌고 월정사로 가려고 하였다. 거짓으로 응낙하고는 몰래 도망한 자가 부지기수였다.

들판이 끝나고 골짝 어귀로 들어섰다. 오래된 전나무 천백 그루가 길 양쪽에 늘어섰는데 모두 한 아름이다. 붉게 물든 단풍나무가 전나무 사이에 뒤섞여 있다. 사미대沙彌臺에서 잠시 쉬었다. 흐르는 시내를 보면서 시를 읊조리며 신택지가 뒤따라 도착하길 기다렸다. 다시 3~4리를 가서 금강연金剛淵에 도착하였다. 금강연은 폭이 백 칸쯤 되며, 좌우로 늘어선 바위는 편안히 앉기에 적당하다. 연못 속에는 물고기가 줄지어 헤엄치는데, 봄철에는 열목어가 다투

---

50 높다란 다리[高橋]: 유천리에 있던 다리로 현재도 '높은다리'가 있다.
51 유목정(楡木亭): 유천리에 '느릅정'이란 정자가 있었다.

어 뛰어올라 마치 용문龍門에서 노는듯하여 기이한 볼거리라 한다.

월정사로 들어가 법당을 살펴보니, 널찍하고 화려하여서 견줄 곳이 없다. 법당 앞에는 12층 석탑이 있다. 옆에 풍경이 매달려 있고 위에는 금경金莖[52]이 꽂혀 있다. 석탑을 만든 솜씨가 매우 뛰어나다. 중이 말하기를, "이 탑은 경천대사擎天大寺 탑과 함께 첫째를 다툽니다."라고 한다. 사찰을 처음 만든 것은 신라의 두 왕자인 정신淨神과 효명孝明이다. 광묘光廟[53]에 이르러 더욱 장엄해졌다. 신미국사信眉國師를 시켜 건립을 관장하고 왕실의 복을 기원하도록 했다. 여러 사적을 상고해 보니 그러하다.

저물어 삼보방三寶房에서 묵었는데, 비가 올 듯 잔뜩 흐려 화창하게 갤 기미가 없다. 신택지는 중과 날이 흐릴지 갤지 점을 쳐보느라 서로 이야기를 나눈다. 나는 "이 늙은이가 지금껏 여러 산을 유람하면서, 비 때문에 계획이 어긋난 적이 없었소. 지금 만약 날씨가 좋지 않다면, 이는 어찌 동행한 사람들 탓이 아니겠소? 그도 아니면 이 몸이 점점 노쇠해져서, 좋은 인연이 또한 사라져서 그런 것이겠지요."라 말하고 서로 한바탕 껄껄 웃었다. 이 날에는 45리를 이동하였다.

윤8월 8일. 날이 개었다. 남여籃輿를 준비하라 재촉해도 중들은 일부러 더디 출발하였다. 도리어 여유롭게 노니는 흥취를 더욱 돋궈주었다. 세 사람이 가마를 메고 곧바로 북쪽을 향해 계곡물을 따라 올라갔다. 초입에 있는 바위와 물이 그윽하고 깨끗하여 완상할

---

52 금경(金莖): 쇠로 만든 기둥.
53 광묘(光廟): 세조의 별칭.

만하다. 약 10리를 가서 나무다리 하나를 건너는데, 양쪽 언덕이 마주한 채로 끊어져서 천연적으로 다리를 놓을 자리다. 맑은 여울물이 가운데로 쏟아져 내리며 거문고 소리를 낸다. 비스듬히 서쪽으로 가서 산록 하나를 오르자 작은 암자가 나타난다. '금강대金剛臺'라고 하는데, 그윽하여 거처할 만하다.

다시 수백 보를 나아가자 사고史庫가 있다. 모든 산봉우리가 사고를 받들며 공수拱手하고 있어, 온갖 신령들이 보살펴 주는 듯하다. 사고는 위아래로 두 개의 서각書閣이 있다. 아래에는 금궤金匱를 보관하였으며 위에는 선첩璿牒[54]을 봉안하였다. 돌담으로 둘렀으나 담이 자못 나지막하고 작은 데다 숲과의 거리가 수십 보밖에 안 된다. 때문에 화소火巢[55]를 만들었는데, 또한 너무 좁은 것이 걱정이다. 왼쪽에 영감사靈鑑寺가 있는데, 수승守僧[56]과 재랑齋郎[57]이 거처하는 곳이다. 지어진 것은 고려 때이며, 벽에 김부식金富軾이 지은 기문記文이 있다.

구경을 마치고 북쪽 고개를 넘는데, 매우 험준하고 가팔라서 걷기가 어렵다. 계곡 길을 따라 다리를 서너 번 건넜다. 다리는 길이가 모두 100자로 삼나무 널판을 엮어 만들었다. 가마에서 내려 비틀거리며 다리를 건너는데, 겁이 나서 건널 수 없다. 동쪽에 다른 계곡물이 흘러나와 살펴보았더니 자못 맑고도 그윽하다. 이곳을

---

54 선첩(璿牒): 왕실 족보.

55 화소(火巢): 산불을 막기 위하여 능이나 묘 따위의 울타리 밖에 있는 풀과 나무를 불살라 버린 곳.

56 수승(守僧): 수직하는 중.

57 재랑(齋郞): 조선 시대, 묘(廟), 사(社), 전(殿), 궁(宮), 능(陵), 원(園)의 참봉(參奉)을 달리 이르는 말.

뚫고 가면 양양의 부연釜淵에 도달할 수 있다고 한다. 신성굴神聖窟이 그 옆에 있다. 옛날에 이름난 중이 기거하던 곳이었으나 지금은 황폐한 터가 되었다.

20리를 가서 상원사上院寺에 도착하였다. 중을 남게 해 밥을 준비하게 하고 곧바로 중대中臺로 향하였다. 10여 리 되는 산길을 부여잡고 오르자니 몹시 힘들다. 사자암獅子菴을 지나 금몽암金夢菴에 이르렀다. 이름난 샘물을 떠서 마셨다. 아주 시원하지는 않았으나, 달고 부드러워 쉬이 입에 맞는다. 물맛이 의당 상품上品을 차지한다. 육우陸羽[58]에게 차를 달이게 할 수 없는 것이 한스럽다. 오대산 샘물은 각기 이름이 있다. 이곳은 옥계수玉溪水고, 서대는 우통수于筒水, 동대는 청계수青溪水, 북대는 감로수甘露水이며, 남대는 총명수聰明水라고 한다.

암자 뒤의 돌계단을 층층이 밟고 수십 보를 올라가서 사리각舍利閣 뒤에 이르렀다. 돌을 쌓아 보루처럼 만든 것이 두 군데 있는데, 바위와 이어져 있다. 단과 섬돌을 교묘하게 배치하였으니, 이는 하늘이 만든 것이지 사람이 만든 것이 아니다. 중이 말하기를 "여기서부터 주봉主峰에 이르기까지 누차 중요한 길목에 마디마디마다 석축石築이 있습니다."라고 한다. 이른바 석가의 뼈를 묻은 곳은 여기저기로 장소가 정해진 것은 아니다. 적멸보각寂滅寶閣은 석축의 앞에 있는데, 단지 비어 있는 방일 뿐이며 민가의 병사丙舍[59]

---

58 육우(陸羽): 중국 당나라의 문인이며, 자는 홍점(鴻漸), 호는 상저옹(桑苧翁)이다. 차를 만들고 마시는 것에 관한 지식을 정리한 『다경(茶經)』 3권 등을 저술하였으며, 중국의 차 문화에 크게 기여하였다.

59 병사(丙舍): 무덤 가까이에 지은 집.

와 같다. 아침저녁으로 향불을 사르는데, 금몽암의 수승守僧이 봉행한다.

앞 기둥 쪽에 앉아 고개를 들어 바라보니, 온통 구름 낀 산이 수백 리 펼쳐지고 원근의 봉우리는 마치 신처럼 호위한다. 다른 명산에서 찾아도 이에 비할 데가 드물 것이니, 과연 제일의 풍수風水다. 은연중에 쏟아부어 만든 복이 어디로 돌아갈지 모르겠다. 중들이 말하기를, "한 구역 내에 있는 수많은 중들의 탯줄이 바로 여기에 있으니, 이곳이 아니면 성불成佛할 씨앗이 사라집니다."라고 한다. 그 말이 또한 웃을 만하다.

상원사로 내려와 불전과 불각, 행랑채와 요사채를 두루 살펴보니 칸수가 많은 데다 장식 또한 성대하다. 계단과 섬돌은 모두 돌을 섬세하고 매끈하게 갈아서 마치 옥을 쌓아놓은 듯이 촘촘한데 경주에서 실어 온 것이라 한다. 종은 만든 솜씨가 뛰어나고 소리가 웅장하다. 대개 광묘光廟께서 순행하실 때 백관들이 많이 시종했는데, 지금 승려들이 지내는 요사채가 모두 당시 건물이라고 한다. 왼편에 진여각眞如閣이 있고, 불전에는 문수보살文殊菩薩이 서른여섯 가지로 변한 모습을 그려놓았는데 한번 웃음 짓게 한다.

점심을 먹고 북대北臺로 향하였다. 우거진 숲속으로 접어들자 미끄러운 돌이 많아서 쉽게 미끄러졌다. 신택지와 고군은 가마에서 내려서 걸어갔으나, 나는 꿋꿋하게 가마에 앉은 채 내리지 않았다. 심하구나, 나의 노쇠함이여! 자기 편하자고 남을 힘들게 해선 안 된다는 것을 알았지만, 또한 어찌할 방법이 없다. 가마 위에 앉았어도 도리어 숨쉬기가 힘드니, 중들의 어깨가 벌겋게 되었음은 알

만하다. 곧바로 10여 리를 오르는데, 길이 가팔라서 오르막만 있고 내리막은 없다. 험한 곳이 끝나고 산세가 다소 평탄해져서 뭔가 빛이 있는 듯하여 뛰어 오르니 마치 혼이 온몸에서 빠져나간 듯하다. 여기서부터 비로소 산허리로 접어들지만, 도리어 험준한 바위 때문에 힘이 들고 평탄하게 갈 수 없다.

다시 산등성이 하나를 넘고서 북암北庵에 도착하였다. 높고 탁 트였으며 여러 승경을 갖추었다, 중대中臺에 비하면 두터운 맛은 못하지만 트인 맛은 그보다 낫다. 북암에 들어가 먼 산을 바라보니 푸른 하늘에 닿아 있어 태백산太白山이 가까운 곳인 듯하다. 첩첩 산봉우리가 둘러싸고 있는데 가장 가까운 것은 환희령歡喜嶺[60]으로 일명 삼인봉三印峰이라고도 하는데, 정을 머금은 채 두 손을 맞잡고 인사한다.

때마침 경치가 맑고 아득하며 하늘은 청명하고, 수많은 단풍이 빛나는 햇살에 붉다. 떨어져 있는 뜨락에 두루 나무가 있다. 잎은 전나무 같고 줄기는 소나무 같으며 거죽은 약간 푸른빛을 띠었는데 의젓하니 우뚝 서 있다. 산의 절반은 모두가 이 나무다. 감로수甘露水가 나무통으로 콸콸 흘러드는데, 맛은 옥계수와 비슷하다. 역아易牙[61]라야 치수淄水와 민수澠水를 구별할 수 있다. 잠시 부들자리에 앉아 쉬었다. 하얀 안개가 온 산을 뒤덮으며 선실禪室로 밀려들어 지척을 분간할 수 없다. 암자에 일찍 도착해 기뻐한 것을 모두

---

60 환희령(歡喜嶺): 북대로 가기 전에 있는 고개.

61 역아(易牙): 여씨춘추에 공자는 물을 섞을 때 그 물맛을 아는 자는 역아가 최고라고 했다는 기록이 있다.

이해하였다.

암자 주인 축경竺敬은 전에 설악산에서 만난 적이 있었다. 입산해서 소식을 들으니, 축경이 마침 중대中臺로 갔다기에 만나지 못할까 서운하였다. 그런데 축경이 어둠을 뚫고 뒤좇아 와서 말하기를, "좋은 기회를 거의 놓칠 뻔 했습니다."라고 한다. 함께 현묘한 도에 관하여 이야기를 나누다 보니 시간이 흘러도 피로를 몰랐다.

밤이 깊어지자 안개가 갑자기 걷히고 초승달이 하늘에 떠올라 만물을 밝게 비춘다. 갑자기 거동을 하고 싶었으나, 유독 아쉬운 것은 가마 메던 중들이 방안에 가득하여 어지러이 머리를 떨구고 다리를 엇갈려 올려놓고 잠들어 있는 것이다. 장실丈室[62]이 비록 깨끗하나, 담박한 맛이 심히 적다. 새벽이 되어 두 번을 일어나서 절을 산보하는데, 축경이 나를 좇아 나섰고 여기에 달그림자가 참여하여 가히 삼소三笑를 이룰 만하였다. 나는 축경에게 늙어 가며 얻은 것이 뭐가 있냐고 물었더니, 축경이 다만 다음과 같이 말한다. "오로지 일심一心 이외에는 다른 법法이 없음을 통찰하게 되었습니다. 그러나 간혹 노쇠함을 부추기는 마귀에게 간섭을 당하여 아직 순일純一하지 못합니다. 죽을 기한으로 삼년을 정해놓고 이 암자에서 납臘[63]을 마치고자 합니다. 그때 그대가 와서 자리를 같이 하며, 함께 주인공을 불러준다면 또한 좋지 않겠습니까?"한다. 나는 웃으면서 "그리하겠소."라고 하였다. 이 날 60리를 이동하였다.

---

62 장실(丈室): 암자 주인이 거처하는 방.
63 납(臘): 출가 이후의 햇수.

윤8월 9일. 맑음. 일찍 일어나 하산하였다. 축경은 가마 앞에서 합장을 하고는 웃으며 말하기를, "훗날 올 때에는 이 가마는 빼고 오는 것이 좋겠습니다."라고 한다. 산을 내려가는 길은 수월하여 오르는 것보다 배나 빠르다. 새벽에 서리가 내려서 돌이 미끄러워 가마를 이용하기에 좋지 않았으며, 몸이 가마에서 떨어질 것 같아 걸음마다 다리가 욱신거렸다. 어제 묵었던 곳을 돌아보니, 마치 도솔천에 있는 듯하여 거의 다시는 올라갈 수 없을 것이다.

상원사에 도착하여 아침밥을 먹었다. 서대西臺를 찾아 가려고 중대中臺로 가는 갈림길을 가로질러서 등나무넝쿨로 들어섰다. 지름길이 없는 듯하여 돌을 밟고 계곡물을 힘들게 건너서 굽이굽이 산등성이를 올랐다. 말라 죽은 나무가 길을 막아 여러 번 가마에서 내려 쉬었다. 숲 속의 나뭇가지 끝이 보였다 안 보였다 한다. 사리각이 바라보여 마음이 그곳으로 달려간다. 오르는 힘이 북대를 오르는 것에 비해 절반도 되지 않는다. 얼마 되지 않아 암자에 도착하였다. 암자는 몇 년 전에 화재를 당하여 널집을 새로 지었는데, 매우 꼼꼼하게 단장해 놓았다. 또 그 위치가 알맞고 바람이 깊숙이 들어 잠시 쉬었는데 정신이 안정됨을 느꼈다. 고승이 이른바 '조도助道의 경계'라 한 것은 아마도 이를 두고 일컬은 것 같다. 내가 고군에게 말하기를, "3년 동안 여기서 주역을 읽으면 거의 깨우침이 있을 것이다. 자네는 나를 따를 수 있겠나?"라 하였다. 마당에 이끼와 풀이 정강이까지 덮는다. 중들에게 솔가지 빗자루로 지저분한 것들을 쓸어서 없애게 했다.

우통수를 찾아갔다. 외진 곳에 있는데 물빛이 깨끗하여 다른 샘보다 나은 듯하다. 물맛은 마찬가지로 달고 향긋하다. 세상에서는 한강 물이 우통수에서 발원한다고 하는데, 당초 발원지로 우통수를 선택한 데에는 필시 의도가 있을 것이다. 온갖 샘물이 함께 물을 댄 것이지, 어찌 본래부터 장자와 서자처럼 구별이 있겠는가? 알 수 없는 일이다.

상원사로 되돌아와, 두 길손이 신리新里에서 왔다는 소식을 들었다. 가마를 재촉해 중대에 올라가 사문斯文 이숙평李叔平과 종인宗人 김군실金君實이 온 것을 알게 되었다. 호숫가에서 했던 약속을 지켰으니, 가히 미더운 선비라 일컬을 만하며, 또한 기이한 만남이다. 가마를 멘 중들이 급히 탁발을 나가야 하기에, 지체하며 기다릴 수가 없어서 처음 길을 따라 빠르게 내려갔다.

사고史庫로 가는 교차로 중간을 지나다가 학담鶴潭의 물과 바위를 보았다. 자못 물이 거세게 솟구쳤는데, 다른 산에 있었다면 중품中品 정도에 해당할 만하다. 서쪽으로 우뚝 솟은 절벽이 못에 임해 있었는데, 역시 그윽한 분위기가 넉넉하다. 첫 번째 다리에 도착하니 맑고 그윽함이 좋다. 물가에서 신택지와 함께 물에 밥을 말아 먹었는데 운치가 유장悠長하다. 하룻밤 묵을 수 있는 절집이 있다는 말을 듣고 찾아갔으나 비좁아서 볼 만한 것이 없다.

가마를 돌려 월정사로 내려와 잠시 앉았노라니, 두 사람이 좇아와 웃으면서 정을 나누었다. 비를 무릅쓰고 대관령을 넘느라 갖은 고생을 했다고 하니, 그들의 신의 있는 행동에 더욱 부끄러움을 느꼈다. 군실君實은 광주리에서 밤을 꺼내 놓고, 숙평叔平은 꾸러미에서 복어鰒魚와 송이버섯을 꺼냈다. 절에서 내놓은 음식 사이에서 아주 색다른 맛이다. 이 날은 60리를 이동하였다.

윤8월 10일. 비가 내림. 여러 사람들과 함께 선방에서 머물렀다. 비를 바라보니 소나무와 전나무에 떨어지고 홈통에는 물이 넘쳐서 흘러내린다. 나는 유기遊記를 지어서 고군에게 필사하도록 하였다.

대개 이 산은 중후하여 유덕한 군자와 비슷하다. 조금도 가볍거나 뾰쪽한 모습이 없으니, 이것이 한 가지 뛰어남이다. 깊숙한 숲속에 커다란 나무는 크기가 몇 아름이나 되며, 심지어 구름에 닿고 해를 가릴 정도여서 첩첩의 높은 산처럼 가려져 있다. 청한자清寒子[64]가 말하기를 "초목이 우거져 속인俗人이 찾아오기 드문 곳으로는 오대산이 최고다."라고 하였으니, 이것이 한 가지 뛰어남이다. 암자가 깊은 숲속에 자리 잡고 있어 곳곳에서 결하結夏[65]할 만하니, 이것이 한 가지 뛰어남이다. 샘물의 맛이 아주 좋은데 여러 산에서 드문 것이니, 이것이 한 가지 뛰어남이다. 이러한 네 가지 미덕을 지녔으니, 명성이 금강산에 버금가는 것은 당연하도다! 오대산의 장점을 들어 금강산의 뾰쪽한 산봉우리와 장엄한 폭포에 견준다면, 어느 쪽이 으뜸이 될지는 알지 못하겠다.

내가 여러 산을 유람하면서 이 오대산이 마지막을 장식하게 되었으니, 더욱 특이한 행운이다. 대개 산에 올라 위를 우러러보고 아래를 굽어보며 재차 어루만진 것이 어린 시절부터였는데, 머리가 하얗게 되어 오대산을 찾아와 본 것이 늦음을 탄식하니, 이것은 한 가지 행운이다. 올해는 보통의 해가 아니며 어려움에서 벗어나

---

64 청한자(清寒子): 김시습의 호.
65 결하(結夏): 승려가 여름 장마 때 외출하지 않고 한 방에 모여 수도하는 하안거의 첫날.

목숨을 보전하여 이번 유람을 할 수 있었으니, 이것이 또 한 가지 행운이다. 산 밖에서 비를 만나 나막신을 신었다가 곧 날이 개었으니, 이것이 또 한 가지 행운이다. 붉게 물든 단풍잎의 농도가 완상하기에 적당하니, 이것이 또 한 가지 행운이다. 함께 할 사람이 없이 나 혼자만의 흥취일 줄 알았는데 네 사람과 함께 마음껏 즐겼으니, 이것이 또 한 가지 행운이다.

오대산의 네 가지 미덕에 나의 다섯 가지 행운을 합치시켰으니, 기이하고도 기이한 일이다. 이를 모두 기록하지 않을 수 없어서 드디어 졸렬한 글솜씨를 잊고 대충 써서 행낭에 넣고 오대산을 떠났다. 만약 노쇠하고 병들어 기운이 없어진 후에, 또는 벗들과 헤어지고 난 때에 이 글을 본다면 또한 시름을 떨쳐버리고 근심을 흩어보낼 수 있을 것이다. 그렇다고 이 오대산의 승경과 오묘함을 이 유기遊記에 다 기록했다고 생각하지는 않는다.

원문

余於嶺西名山, 遊歷殆遍, 獨於五臺, 有五十年未償之債, 憧憧往來于中者勤矣, 今歲仲秋, 來住臨瀛之湖海亭, 山在境內, 益增翹想, 擬於西還之日, 必欲攀躋, 而念無與爲伴, 乃屬辛院長澤之與同杖鞋, 高生達明亦願從之, 約以丘山書院爲會所, 閏八月初五日, 余自湖亭移次高生家, 詰朝啓行, 澤之則自其家先往, 西行數里, 歷瀛府, 登駕海樓, 周覽少頃而起十餘里, 歷乾金村, 竹樹成團, 間有園亭隱現可喜, 行到訪道橋, 涉川登鳶魚臺, 激湍茂松, 不無幽趣, 此是十餘年前宿踐也, 重到依然, 澤之季胤碩東及金君應 鏡, 皆講書于湖亭者, 恨恨惜別, 來待于此, 同到書院, 與章甫十餘人列坐叙欵, 澤之先已在席矣, 入廟瞻聖像展拜而出, 院儒設酒及食, 食了, 行尋嶺路, 路左泉石, 自詠歸巖以上, 往往可賞, 最上得一處, 石勢平鋪, 承以圓潭, 比諸詠歸, 似勝之, 無何至馬厭峴, 詰曲作羊腸, 勢頗峻急, 人馬皆疲, 遂就其岡脊, 歇鞍少憩, 辛金兩生自此落還, 金君解所佩竹筒, 傾出別酒勸余, 可知其婉變難捨也, 歷熊坐峙, 愈進愈仰, 略無轉折, 所履皆犖确, 無可改轍, 殆不勝困頓, 寸寸艱進幾五六里, 嶺窮而海見, 軒豁無涯, 俯視鏡湖, 僅如杯水, 昨之舟行沿洄者, 知其窄矣, 所謂大關此爲到頭, 路始坦易, 純土無石, 比諸彌水, 無異康莊, 始憂難達, 而過若容易, 顧語僕夫以稱快, 踰嶺而西, 皆厚土豐林, 赤木攢立, 鬱有古色, 在他山所未見者也, 夾路楓林半赤, 似已經霜, 地高風氣之早, 卽此可知, 往往沮澤, 夾以黃葦, 隱若藏虎, 至其曠然受風處, 冬行多凍死云, 到橫溪驛, 日已含山矣, 投宿村北一舍, 卽澤之所居停也, 房室穩愜, 困睡頗濃, 夜有風雨, 和夢而聽之, 隔籬喧警, 虎以狵去云, 是日行六十里, 初七日, 以雨未早發, 路上霏微不已, 身著油衫而行, 岡隴陂陁有 遠勢, 過高橋及廣崖, 大抵行密林中, 森邃蓊潤, 別有一種幽致, 楡木亭路右, 多水田屋舍儼然, 士人姜姓者爲其洞主, 澤之往訪, 余坐大樹下乍憩, 村氓識面於湖亭者供濁醪, 頗潤飢腸, 自此捨珍富大路, 北向月精, 是爲省烏坪, 野色蒼然, 僧徒布路而來問著, 皆月精僧乞糧於嶺東也, 念肩輿無人, 拉欲還寺, 伴諸而暗遁者, 不知其數, 野窮入谷口, 老檜千百株夾路, 皆合抱, 楓葉爛赤, 與之交錯, 小憩沙彌臺, 臨水吟暢, 以待澤之追到, 又進三四里, 到金剛淵, 淵廣可百間, 左右列巖妥帖可坐, 中成魚級, 春時餘項魚競躍, 如

龍門遊者, 稱奇觀云, 入寺觀法堂, 宏麗寡仇, 前有石塔層累十二級,
傍懸風鐸, 上擢金莖, 規制甚巧, 僧言是塔與擎天大寺兩處可甲乙云,
梵宇之肇, 蓋自新羅二王子淨神孝明, 至光廟, 益加莊嚴, 使國師信
眉掌其建立以奉祝釐, 考諸事蹟而然矣, 暮宿三寶房, 雨色冥濛, 霽
意漠然, 澤之與寺僧卜度陰晴, 頗有說話, 余謂此老前後遊山, 未嘗
以雨敗意, 今若不利, 則無乃同伴之爲累歟, 抑此漸衰, 淸緣亦薄而
然也, 相與一噱, 是日行四十五里, 初八日晴, 催整筍輿, 僧故遲發,
却令游興深長, 三人聯輿直北, 沿澗而行, 初 地巖泉幽潔可賞, 約行
十里, 度一木橋, 兩岸對截, 天然作橋址, 淸湍瀉中, 有琴筑聲, 迤西
陟一麓得小菴, 曰金剛臺, 幽奧可棲, 又進數百步, 史庫在焉, 萬嶺扶
拱, 若有百靈擁全, 上下兩閣, 下閟金匱, 上奉璿牒, 繚以石垣, 頗低
小, 距林數十步, 作火巢, 亦恐太偪窄也, 左有靈鑑寺, 守僧與齋郎所
住, 營建蓋自麗代, 壁有金富軾記文, 覽訖, 踰北峴, 十分峻急艱步,
循澗道度橋三四, 皆以百尺, 杉板編成, 下輿玲嶸, 凜不可度, 東有別
澗來, 窺之頗淸幽, 穿去可達于襄陽釜淵云, 有神聖窟在其側, 古名
僧所棲, 今爲廢址矣, 行二十 里到上院, 留僧備炊, 而直向中臺, 攀
躋可十里逕, 多艱棘, 歷獅子菴, 到金夢菴, 取名泉飮之, 不甚冷冽而
甘軟易接口, 其味宜居上品, 恨不令陸羽瀹茶也, 蓋五臺泉各有號,
此爲玉溪水, 西爲于筒, 東爲靑溪, 北爲甘露, 南爲聰明云, 菴後石梯
層躋, 可數十步, 至舍利閣後, 有石築成壘者兩所, 有巖承之, 巧排壇
砌, 天成非人造, 僧云自此至主峰, 累作咽喉, 節節有石築云, 所謂
釋伽藏骨, 未定其於彼於此, 而寂滅寶閣, 在石築之前, 只是空室, 有
若人家之丙舍, 然晨昏香火, 自金夢守僧奉之, 坐前楹擧目, 雲山盡

數百里, 遠近 峰嶺, 擁護若神, 求諸他名山, 罕有其比, 果是第一風水, 則未知其蔭注所産祉者, 歸於何處, 僧輩言一域萬衲之命蔕, 的在于此, 非此則佛種滅矣, 其言亦可笑也, 降至上院, 周覽殿閣與廊寮, 間架旣夥, 藻飾亦盛, 階砌皆細石精礲, 緻若疊壁, 自慶州輸來云, 而有鐘制巧而聲宏, 蓋光廟來巡時百官景從, 今之僧寮, 皆當日寺廨云, 左有眞如閣, 殿畫文殊三十六變態, 可供一笑, 午飯, 向北臺, 轉入蒙密中, 多滑石易蹉跌, 澤之, 高生捨輿而徒, 余則堅坐不下, 甚矣其衰也, 自逸勞人, 雖知不可, 而亦無奈何, 坐輿上, 猶苦脅息, 僧輩之頳肩可知, 直上十餘里, 岌岌有仰而無俯, 險極勢轉, 髣髴有光, 騰躍而上, 若陽神之出泥丸, 自此始轉峰腰, 而猶困巖崚, 未能坦行, 又越一脊, 乃到北庵, 高深曠朗, 揔有諸勝, 比諸中臺, 渾厚不及而疎豁過之, 入望遙山, 空翠接天, 似是太白近地, 而環之以疊嶺複嶂, 最近者歡喜嶺, 一名三印峰, 拱向有情, 適又景色明遠, 天宇沈漻, 萬楓曜日紅, 遍院落有木, 杉葉松身而皮微靑, 儼然攢立, 半山皆是木也, 所謂甘露水, 活活注槽中, 味同玉溪, 除是易牙, 方辨淄澠耳, 少憩蒲團, 白霧冪山, 坌入禪室, 咫尺不可辨, 爭喜到 菴之早, 得悉領略也, 菴主竺敬曾識面於雪岳, 入山得信息, 値往中臺, 悵若有失也, 乘暝追到日, 幾交臂失之, 相與談玄, 亹亹忘疲, 入夜霧氣頓褰, 弦月當空, 朗然萬象之表, 飄忽欲擧, 獨恨擔僧滿室, 有抵頂交跖之撓, 丈室雖淸, 殊乏澹一氣味, 到曉凡再起, 散步紺園, 敬衲隨之, 月影相參, 可作三笑, 余問敬衲以老來所得, 但云惟看一心外無餘法, 而間爲衰魔所攝, 未能純一, 擬作三年死限, 終臘於此菴, 君來同楊, 幷喚主人公, 不亦善乎, 余笑曰諾, 是日行六十里, 初九日晴, 早起

下山, 敬衲叉手輿前而笑曰, 他日來時, 除 此物可矣, 下山之易, 倍
速於上山, 而曉霜石滑, 不利用輿, 身若隕墜, 步步脚酸, 回視昨宿之
所, 若在兜率, 殆不可復攀矣, 到上院朝食, 將尋西臺, 截過中臺之交
達, 便入藤蘿, 若無蹊逕, 蹋石厲澗, 迤上一岡, 薔翳塞路, 頻頻下輿
而憩, 隱現林杪, 舍利閣在望, 令人神往, 登陟之勞, 比北臺減半, 無
何到菴, 菴於年前經回祿, 新構板屋甚靚緻, 又其位置妥愜, 風氣邃
密, 少憩覺神定, 高僧所謂助道之境, 豈此之謂耶, 余謂高生, 三年讀
易于此, 庶有契悟, 君可從余否, 庭際苔草沒脛, 使僧輩掃以松篲, 滌
去荒穢, 往尋于筒水, 處僻而 色潔, 似勝諸泉, 味則一般甘香, 世稱
漢江水發源於于筒, 當初所取舍意必有在, 豈百泉同注而固自有長
庶之別耶, 未可知也, 還到上院, 聞有兩客自新里來, 催輿上中臺, 知
李斯文叔平及宗人君實來, 踐湖上之約, 可謂信士, 亦奇會也, 輿僧
急於乞糧, 未能遲待, 亟循初路而下, 過史庫交達中間, 得鶴潭水石,
頗噴薄, 在他山可居中品, 西有絶壁崱峉臨潭, 亦饒幽態, 到第一橋,
愛其清幽, 與澤之臨水同澆飯, 韻味悠長, 聞有菩提可經一宿, 往尋
之, 窄陋無可觀, 回輿下月精, 坐一餉, 二子追至, 一笑叙欸, 聞其冒
雨踰嶺, 備 經艱辛, 尤愧其有信也, 君實餽以筐栗, 而鰒魚松芝出自
叔平苞苴, 飣餖蒲塞之間, 風味殊絶, 是日行六十里, 初十日雨, 與
諸君同留禪房, 觀雨滴松杉, 迸于槽泉淙然也, 余修遊記, 使高生寫
之, 蓋是山爲器重厚, 似有德君子, 略無輕儇尖峭之態, 是一勝也, 穹
林巨木, 大幾百圍, 至其參雲蔽日, 隱若疊嶂, 清寒子所謂草樹茂密,
俗子罕到, 五臺爲最者, 是一勝也, 菴居森邃, 在在可結夏, 是一勝
也, 泉味佳絶, 諸山所罕有, 是一勝也, 有是四美, 宜乎名亞金剛, 而

揭其長處, 較夫峭峰壯瀑, 未知其誰爲甲乙也, 若余之歷覽諸山, 以是山爲玉振, 尤爲奇幸, 蓋俛仰再撫, 自在幼年, 而皓首來尋, 方嘆相見之晚, 是一幸也, 今年非常年, 逃生險巇, 能辦斯遊, 是一幸也, 山外遇雨, 理屐便開霽, 是一幸也, 楓葉之赤, 淺深適賞, 是一幸也, 孤興難周, 而與四公同做跌蕩, 是一幸也, 以山之四美, 合余之五幸, 奇乎又奇, 俱不可以無記, 遂忘拙潦草, 納諸行橐而去, 若夫衰疾支離之後, 朋知暌散之際, 覽此亦可以遣愁而舒悁, 非謂是山勝妙盡于此記也,

김이만金履萬, 「산사山史」, 『학고집鶴臯集』

김이만 金履萬, 1683~1758

본관은 예안禮安. 자는 중수仲綏, 호는 학고鶴臯. 김득선金得善의 증손으로, 아버지는 경주부윤 김해일金海一이며, 어머니는 진사 이은진李殷鎭의 딸이다. 1713년(숙종 39) 사마시에 합격한 뒤, 이어 이해에 증광 문과에 병과로 급제하여 승문원정자承文院正字가 되었다. 1718년 전적典籍을 거쳐, 이듬해 병조좌랑이 되었다. 그 뒤 1727년 무안현감이 되고, 1737년에는 병조에 들어가 군사에 관한 직무를 4년 동안이나 맡았다. 이어 1740년에는 양산군수가 되었다. 1745년 장령掌令으로서 민생안정의 저해 요인으로 풍속의 사치스러움과 수령·감사의 탐오함을 들어, 현명한 지방관을 선임하도록 주장하여 영조의 치하를 받았다. 그 뒤 정언正言을 거쳐 사간·집의執義 등 청요직을 지내며, 시정時政의 득실을 주청하는 소를 자주 올렸다. 1753년 사간에 있을 때에 수령의 탐학을 막아 흉년에 백성이 유리되는 일이 없도록 주장하였다. 1756년 국가에서 노인을 우대하는 정책에 따라, 통정대부에 올랐고 이어 첨지중추부사에 이르렀다.

유람 경로

1723년 겨울: 진부역-금강연-월정사

다음날: 조그만 암자-월정사

번역

1723년 겨울에 영동嶺東에 일이 있어서 오대산五臺山 유람을 했다. 진부역珍富驛을 지나 큰 시내를 건넜는데 우통수于筒水의 하류다. 멀리 한 줄기 푸른 산을 바라보니 자욱하고 흐릿한 기운이 하늘로 오를수록 엷다. 물가를 따라 올라가 금강연金剛淵에 이르렀다. 오대산 초입새의 아름다운 곳이다. 아까의 자욱하고 흐릿한 기운이 흩어지니 봉우리가 되고 굴이 되며 골짜기와 나무와 바위가 된다. 나는 온통 푸른 곳에서 왔다 갔다 하며 내쉬고 들이마셨다.

월정사月精寺에서 자는데 스님이 신선술 배우는 송씨宋氏와 김창흡金昌翕이 산에서 노닌 일을 말하는데 막힘이 없어 들을 만하다. 오대산사적기五臺事蹟記를 보니 자못 괴이하고 황당하여 이치에 맞지 않다. 대개 스님은 말을 신이하게 하여 속세 사람을 속인다.

밤에 눈이 내리더니 아침에 개었다. 가마를 타고 산에 들어가니 커다란 전나무가 빽빽하다. 사이사이에 소를 가릴 만큼 큰 나무는 천 년은 된 나무 같다. 숲을 뚫고 계곡을 건너며 수십 번 꺾어져서 조그만 암자에 이르렀다가 돌아왔다.

산에는 기이한 봉우리와 괴이한 바위가 없다. 단지 생김새가 넓고 크며 형상이 맑고 빼어날 뿐이다. 그러나 나의 탐승은 거의 1/10도 되지 못하니, 어찌 기괴한 볼거리를 알겠는가? 가장 깊은 곳에 있지 않겠는가? 비유컨대 초지初地[66]에 있는 사람이 부처님 현신現身을 보고 부처님을 다 보았다고 한다면 불가不可하고 부처님을

---

66 초지(初地): 화엄경(華嚴經)에 나오는 보살(菩薩)의 십지(十地) 중 첫째 단계로, 일명 환희지(歡喜地)라고 한다.

아직 보지 못했다고 하는 것도 가능하지 않다. 나는 오대산에서 손가락을 넣어 맛만 보았을 뿐이지[染指]⁶⁷ 만족하여 그친 것이 아니다. 또 10년 뒤에 써서 대부분 잊어버렸으니 1/10 가운데 1/10도 능하지 못한 것이다. 끝내지 못한 인연은 다른 날을 기다린다.

원문

癸卯冬, 余有嶺東役, 因作五臺之遊, 過珍富驛, 渡一大川, 卽于筒下流也, 遙望一帶之碧, 靄靄濛濛, 上薄高穹, 遵渚而上, 至于金剛淵, 乃五臺之劈初頭佳勝處也, 向之靄靄濛濛者, 散而爲峯爲嶂爲洞爲壑爲樹爲石, 吾且回翔噓吸于一碧之間矣, 宿月精寺, 寺僧爲言宋姓人學仙及金昌翁遊山事, 亹亹可聽, 觀五臺事蹟記, 頗詭誕不經, 蓋浮屠氏神其說, 以誑俗子耳, 夜雪朝霽, 肩輿入山, 巨檜森立, 間有蔽牛者, 意千歲物也, 穿林渡澗凡數十折, 至于一小庵而返, 山無奇峯怪石, 第其體局弘偉, 色相淸秀而已, 然余之探歷殆未能十之一, 安知瑰詭之觀, 不在最深處耶, 譬之初地人見佛現身, 謂之能盡佛則不可, 謂不見佛亦未可也, 余於五臺, 亦可謂染指, 而特未屬厭耳, 且追記于十年之後, 太半遺忘, 十一之中, 又未能十一焉, 未了之緣, 當竢異日,

---

67 염지수연(染指垂涎)의 준말로, 고기 국물 속에 손가락을 넣어 맛보면서 침을 흘린다는 뜻이다.

강재항姜再恒, 「오대산기五臺山記」, 『입재유고立齋遺稿』

강재항 姜再恒, 1689~1756

본관은 진주晉州. 자는 구지久之, 호는 입재立齋. 춘양 출신으로 아버지는 강우姜鄅이며, 어머니는 진성이씨眞城李氏로 이세준李世俊의 딸이다. 처음에는 큰아버지 강찬姜酇 밑에서 배웠고, 다음에는 윤증尹拯의 문인이 되었으며, 윤동원尹東源·권구權榘·신익황申益愰 등과 교유하였다. 1735년(영조 11) 학행으로 천거되어 장작감감역將作監監役에 임명되었고, 이어 의영고주부義盈庫主簿·경조부주부京兆府主簿·회인현감懷仁縣監 등을 역임하였다. 회인현감으로 있을 때 청淸·신愼·근勤 세 글자를 지침으로 삼고 선정을 베풀어 많은 치적을 남겼다. 관직에서 물러난 뒤 후진양성에 전념하였다. 경전·제자백가·천문·지리·술수 등에 모두 통하였으며, 이기理氣·성명性命·음양·사생·합산合散·치란治亂 등에 관하여 많은 잡저를 남겼다.

유람 경로

1727년 9월 15일: 강릉-건금촌-구산역-구산사-대관령-횡계역

9월 16일: 높은 다리-유목정-성조평-만과봉-사미대-금강연-월정사

9월 17일: 금강대-사각-고개-백탑동-신성굴-상원사-사자암-금몽암-사리각-적멸각-상원사-백탑동-학담-월정사

9월 18일: 금강연

9월 19일: 소릉동

9월 20일: 가좌리-횡계역

9월 21일: 구산역

번역

영조 3년(1727) 가을 9월 15일. 나는 강릉부에서 오대산으로 들어갔다. 경호鏡湖[68] 사람 최도경崔道經 국경國卿은 일이 있어 도남道南으로 갔다가 오대산에서 함께 만나기로 약속하였다. 그의 아우 도형道亨 형경亨卿은 말을 빌려 탔다. 저물녘에 강릉의 외성을 빠져 나와 시내를 따라 서쪽으로 가다가 건금촌建金村에 이르렀다. 명원군溟原君 김주원金周元의 구허舊墟[69]다. 길가 집들이 모두 소나무와 대나무 숲 속에 있어 청초淸楚하여 사랑스럽다. 벼가 벌써 익어 가을걷이가 한창이다. 붉은 단풍과 누런 국화가 마음을 흔들어 이별을 생각을 하게 만든다.

구산역丘山驛[70]에 도착하였다. 방도교訪道橋를 건너 연어대鳶魚臺에 올랐다. 수면 바위 위에 '방도교訪道橋' 세 글자가 새겨져 있고, 또 '연어대鳶魚臺' 세 글자가 새겨져 있다. 미촌美村[71] 선생이 쓰신 것이다. 지난 갑진년(1664, 현종 5)에 미촌 선생이 영월에서 풍악산으로 들어가실 때, 간성杆城의 정양鄭瀁[72]과 함께 이곳에 이르렀는데,

---

68 경호(鏡湖): 경포호를 말한다.

69 명원군(溟原君) 김주원(金周元)구허(舊墟): 예전에 성이나 건물 따위가 있던 곳. 명주성(溟州城)은 강릉시 성산면 금산리 장안동의 북쪽 구릉(122m)을 정점으로 그 남사면의 2개의 소곡지를 둘러싸고 있는 성이다. 성안에는 몇 개의 건물지가 관찰되며, 토기 및 와편이 흩어져 있는데, 이곳에서 '명주성(溟州城)' 3자가 새겨진 와당이 수집되었다고 한다. 또한 명주성 안은 상장안(上長安)과 하장안(下長安)이라는 2개의 동리로 구분되고, 장안골 입구에는 1942년에 세워진 강릉김씨(江陵金氏)의 시조(始祖)인 김주원의 '명주군왕고도기념비각(溟州郡王古都紀念碑閣)'이 남아 있다.

70 구산역(丘山驛): 성산면 구산리에 역이 있었다.

71 미촌(美村): 윤선거(尹宣擧, 1610~1669)를 가리킨다. 조선시대 후기의 유학자로 본관은 파평(坡平)이다. 자는 길보(吉甫), 호는 미촌(美村)·노서(魯西)·산천재(山泉齋)다.

72 아버지는 강릉부사 정종명(鄭宗溟)이며, 어머니는 남양홍씨(南陽洪氏)로 참의 홍인걸(洪仁傑)의 딸이다. 간성군수를 역임한 바 있다.

그때 쓰신 것이다. 글자의 자획이 엄중하여 가히 공경할 만하다.

구산사丘山祠[73]를 거쳐 대관령大關嶺을 넘는데, 이곳은 새로 난 길이고 옛길은 북쪽에 있다. 예부터 대관령에 아흔 아홉 구비가 있다고 했는데, 지금 이 정도는 아니지만 또한 위험한 곳이 많아 지나기 어렵다. 고개 마루에 앉아 동쪽을 바라보니 푸른 바다가 하늘과 함께 끝없다. 수십 갈래의 시내가 대관령에서 구비 구비 흘러내려 드넓은 들판을 곧장 관통하여 동해바다로 들어간다. 중간에 경호鏡湖가 깨끗한 거울처럼 넓게 펼쳐져 있다. 태사자장太史子長[74]이 광려匡廬[75]에서 본 경관을 어떻게 묘사하였으니, 의당 맑고 영험한 기운이 철인哲人을 탄생시켜서 사문斯文을 빛나게 한 것이다. 저 한급韓汲[76]이란 자는 과연 어떤 사람이란 말인가! -한급은 강릉부사로 있을 때, 밤에 대관령에 올랐다. 강릉의 산수를 바라보며 감탄하여 말하기를 "이 고을에 인재가 많이 나는 데는 다 이유가 있도다."라 하고는, 쇠못으로 산의 맥을 모두 잘랐다.-

대관령 북쪽은 오대산과 접해 있고 남쪽은 태백산과 연결되어 있으니, 참으로 나라의 척추다. 대관령 서쪽은 급격한 경사가 없이 길이 매우 평탄하고 바위가 없어 순전히 흙이다. 수풀이 검푸르게 우거져서 볼만하다. 그러나 계곡은 이미 마르고 나뭇잎이 다 떨어져서 한겨울 마냥 쌀쌀하다. 대개 지대가 높아서 기온이 낮고 겨울

---

73 구산사(丘山祠): 지금의 오봉서원을 가리킨다.

74 태사자장(太史子長): 역사가인 사마천을 말한다.

75 광려(匡廬): 여산의 별칭이다.

76 한급(韓汲): 생몰년 미상. 조선 중기의 문신. 본관은 청주(淸州). 자는 심원(深源). 한영정(韓永)의 증손으로, 할아버지는 한전(韓磌)이고, 아버지는 한충례(韓忠禮)이다. 1510년(중종 5)에 강릉부사로 재직하였다.

바람이 일찍 찾아온 것을 알 수 있다. 겨울에 대관령을 지나는 사람 중에는 동사하는 자가 많다고 한다. 횡계역橫溪驛[77]에서 묵었다.

9월 16일. 국경國卿은 도남道南으로 향하고 나는 월정사月精寺로 향했다. 높은 다리[高橋][78]와 넓은 낭떠러지를 지나 유목정楡木亭[79]에 도착하였다. 지나온 마을이 우거진 수풀 속에 숨겨져 있어서 그윽하고도 널찍하여 좋다. 성조평省鳥坪[80]에 이르니 들 빛이 푸르다. 서남쪽에 네댓 봉우리가 자욱한 구름 사이로 솟았는데, 수려한 자태가 손에 잡힐 듯하다. 만과봉萬科峰[81]에 도착하였다. 광묘光廟[82]가 일찍이 동쪽을 유람할 때, 이곳에서 과거 시험을 보았다고 한다.

시내를 따라 북쪽으로 올라가 골짝 입구로 들어섰다. 오래된 전나무 수백 그루가 의젓하게 줄지어 서 있고 길을 끼고 좌우로 단풍잎이 한창 물들었다. 청색과 홍색이 어우러졌는데, 자못 인간 세상이 아닌 듯하다.

사미대沙彌臺[83]에서 잠시 쉬다가 금강연金剛淵[84]에 이르렀다. 연못의 넓이가 백 길쯤 된다. 온 산골짝의 물이 모여들어 쏟아지며 폭포를 이루는데, 높이가 겨우 두 길 정도 된다. 세상에 전하는 말로는 연못 아래에 신룡神龍이 숨어있다고 한다. 이제 보니 이처럼 물

---

77 횡계역(橫溪驛): 평창군 횡계리에 역이 있었다.
78 높은 다리[高橋]: 유천리에 있는 다리.
79 유목정(楡木亭): 현재 대관령면 유천리를 말한다.
80 성조평(省鳥坪): 월정삼거리가 있는 간평리를 말한다.
81 만과봉(萬科峰): 간평리에 있는 야트막한 동산을 가리킨다.
82 광묘(光廟): 세조의 별칭.
83 사미대(沙彌臺): 전나무 숲길 중간부근 계곡에 있다.
84 금강연(金剛淵): 월정사 앞 계곡에 있는 못을 말한다.

이 맑고 얕은데, 어찌 신룡이란 것을 볼 수 있겠는가? 봄이 되면 열목어가 수천 마리 떼를 지어 아래에 모여 있다가 뛰어오르는데, 대단히 기이한 경관이라고 한다.

월정사에 도착하였다. 경내가 자못 넓고 앞에는 십이층 석탑이 있다. 석탑 옆에 풍경을 매달아 놓았고, 꼭대기에 쇠로 된 기둥이 꽂혀 있다. 김창흡의 「오대산기」에 이르기를, 이 탑은 경천대사擊天大寺의 탑과 자웅을 겨룬다고 했다. 또 월정사는 신라의 왕자 정신淨神과 효명孝明이 창건하였으며, 광묘光廟에 이르러 더욱 꾸미고 수리하였다고 했다.

중 승익勝益이 나를 만나러 찾아 왔다. 승익은 일찍이 부석사에서 만났던 적이 있었는데, 그 사이 십여 년 동안 만나지 못하였다. 승익은 근래 강릉부에 있다가 내가 오대산에 오른다는 것을 알고는 서대西臺에서 내려와 나를 기다린 지 벌써 나흘이 되었다. 서로 만나기를 간절히 바랐던 터라 정의情誼가 참으로 간절하여서 밤에 불전佛殿에서 함께 묵었다.

9월 17일. 견여肩輿를 타고 계곡을 따라 북쪽으로 올랐다. 지나는 바위와 샘이 그윽하고 깨끗하여 좋다. 단풍잎이 아주 붉게 물들어 왕왕 아침 햇살을 받아 사람의 옷을 비추는데, 마치 붉은 비단 장막 안에 들어가 있는 것 같다. 일목교一木橋에 도착하였다. 양쪽 언덕의 바위가 깎아지를 듯이 서 있어서 천연의 교각을 이룬다. 다리 아래로 옥 같은 여울이 물을 흩뿌리며 세차게 흐르고, 거문고와 같은 소리가 난다.

더 북쪽으로 가다가 조금 서쪽으로 이동하여 능선 하나를 올라 금강대金剛臺[85]를 지나서 사각史閣[86]에 도착하였다. 사각은 위아래로 두 개의 서각書閣이 있었는데, 위는 선첩璿牒[87]을 봉안하고 아래는 금궤金匱[88]를 보관한다. 주위는 담으로 둘렀다. 사각 밖의 영감사靈鑑寺에는 재랑齋郎과 직승直僧[89]이 거처하고 있는데, 김부식金富軾의 기문記文이 있다.

북쪽으로 고개 하나를 넘는데 산세가 험준하여 넘기 어렵다. 가마에서 내려 도보로 힘들게 이동하여 백탑동百塔洞에 이르러 정수담鄭壽聃 군을 만났다. 정군은 서울 사람인데 횡성에서 출발하여 풍악산으로 가던 길에 굽이굽이 산길을 가다가 이곳에 이르렀다. 그의 동생은 이제 막 횡성현감에 부임하였다고 한다.

돌 많은 산골짜기 시내를 세 차례 건넜는데, 모두 전나무로 다리를 만들었다. 동쪽에서 계곡물이 쏟아져 나온다. 자익(子益)[90]의 「오대산기」에 이르기를, "이 계곡을 따라가면 양양의 부연釜淵에 도달할 수 있다."라고 한다.

신성굴神聖窟을 지나 상원사上院寺와 사자암獅子庵을 거처 금몽암金夢庵에 잠시 쉬었다. 옥계수玉溪水를 떠온 자가 있어 죽에 섞어서 마셨다. 돌층계를 올라 사리각舍利閣에 도착하였다. 사리각 뒤에는 적멸각寂滅閣이 있는데, 뒤쪽에 부처의 유골을 간직해 두었다고 한다.

---

85 금강대(金剛臺): 오대산 사고 전에 있는 조그만 암자.
86 사각(史閣): 오대산 사고를 말한다.
87 선첩(璿牒): 왕실 족보.
88 금궤(金匱): 실록을 말한다.
89 직승(直僧): 수직하는 중을 말한다.
90 자익(子益): 김창흡의 자(字)이다.

어지러이 바위가 무더기로 쌓여서 층층을 이루는데, 이런 곳이 모두 두 곳이다. 이곳을 중대中臺라 하는데 동서남북의 사대四臺와 아울러 오대五臺가 된다. 오대는 각각 이름이 있다. 중대를 지로봉智爐峯이라 하고, 동대를 만월봉滿月峯이라 하며, 남대를 기린봉麒麟峯이라 하고, 서대를 장령봉長嶺峯이라 하며, 북대를 상왕봉象王峯이라 한다. 오대에는 각각 샘이 있으며 이름이 있다. 중대는 옥계수玉溪水라 하고, 동대는 청계수靑溪水라 하며, 서대는 우통수于筒水라 하고, 남대는 총명수聰明水라 하며, 북대는 감로수甘露水라 한다. 다섯 개 샘이 합류하여 금강연金剛淵에 이르고 한강의 상류가 된다고 한다.

자익子益의 「오대산기」에 이르기를, "석축石築 아래에 바위가 이어져 있는데, 이는 자연적으로 생긴 것이지 사람이 만든 것이 아니다. 여기서부터 주봉主峯에 이르기까지 누차 중요한 길목에 마디마디마다 석축이 있다."라고 하였다. 지금 그곳을 찾아 가서 반드시 그런가를 징험해 볼 시간이 없지만, 이치상 그러할 것이다. 적멸각 안에 종이로 만든 조화가 가득 꽂혀 있다. 첩첩 구름 낀 산이 마치 신처럼 감싸서 지키니 참으로 특이하다. 자익子益이 이르기를, "비록 명산이 많다고 하나, 이 오대산에 비할 곳은 드물다."라고 하였는데, 빈말이 아니다.

다시 상원사로 돌아왔다. 상원사는 전각殿閣과 낭료廊寮가 붙어있고 축조한 것이 정교하다. 층계는 모두 잘 다듬어진 정석精石이며, 이끼가 전혀 끼어있지 않다. 중이 말하길, "광묘光廟 때에 동경東京[91]

---

91 동경(東京): 경주.

의 옥산석玉山石을 캐어 바다로 운반하여 온 것입니다. 종은 정교하게 만들어졌고 소리도 웅장한데, 또한 동경에서 운반해 온 것입니다. 광묘가 동쪽으로 유람하실 때 이곳에 행차하였는데 문무백관들이 수행하였습니다. 지금의 승방은 모두 당시의 건물입니다."라고 한다.

내가 을사년(1725, 영조 1) 가을 강릉에 왔을 때, 한구재韓久哉에게 편지를 보내 그와 함께 이 산을 유람하기로 약속했다. 마침 주인이 갑자기 병이 나서 의리상 외면하고 갈 수 없었다. 끝내 한구재에게 편지를 보내어 약속을 어기게 된 것에 대해 용서를 구했다. 한구재는 마침내 혼자 오대산에 갔다. 이듬해 가을 내가 다시 강릉에 오게 되었다. 마침 동궁同宮의 상이 있어서 오대산에 가볼 생각조차 할 겨를이 없었다. 금년에야 비로소 오대산을 유람할 수 있게 되었다. 한구재는 또 서쪽으로 올라갔다. 오대산에 나는 실로 삼년 동안 빚을 지고 있었다. 분수에 넘치는 좋은 유람을 일찍 할지 늦게 할지는 모두 인연이 있다. 또한 가깝게 지내는 이를 만나는 것도 절로 운수가 있다.

동서남북의 사대四臺에서 가볼 만하다고 하는 곳을 아직 다 보지 못하였는데, 가마를 멘 중이 동냥을 나갈 일이 급하다며 가는 곳마다 이동을 재촉한다. 이들의 뜻을 어길 수가 없어 바쁜 여정 속에서 대충 지나쳐갈 뿐, 충분한 시간을 두고 자세히 보지 못하였다. 한구재와 만나기로 이미 약속을 하였는데 지키지 못하게 되었다. 정군은 재촉하지 않았는데도 서로 만났다. 지우를 한 번 만나는 것이 참으로 이와 같고, 만나서 오래도록 함께 지내기는 더욱 드물다. 참으로 세상의 일이란 예정할 수 없지만, 우연히 만나는 경우도 있다. 세상일이란 것이 대개 모두 이러하니 개탄스럽다. 가마에 묵묵히 앉아있다가 정군과 함께 이번 인연에 대해 이야기하며 서로 한바탕 웃었다.

상원사에서 왼편으로 돌아 진여각眞如閣에 들러 이른바 삼십육변상三十六變相을 보았다. 남쪽으로 이동하여 백탑동百塔洞과 학담鶴潭[92]을 지났다. 저물녘에 월정사로 돌아와 정군과 함께 불전佛殿에서 묵었다. 밤중에 나는 눈이 찔끔하고 머리가 어지러운 증세를 느껴서 침석에 기대어 쉬었다.

9월 18일. 정군이 집으로 돌아갔다. 나는 잠자리에서 억지로 일어나 절문 밖까지 가서 전송하고 다시 불전으로 돌아와 누웠다. 저녁때가 되어서야 몸이 괜찮아지는 것 같다. 사미승 둘을 따라 밖으로 나가서 금강연 너럭바위 위에 앉아 흐르는 시내를 보며 시를 읊조렸다. 저녁에 중 승익이 나를 만나러 다시 찾아 왔다. 함께 화로를 끼고 앉아서 산중의 고사에 대해 얘기를 나누었다. 창밖으로 달빛이 밝아 뜰을 산보하였는데, 위아래 승방에는 사람 소리도 없이 고요하다. 구름 너머에서 이따금 종과 경쇠 소리가 들려온다. 밤이 깊어 불전으로 돌아와 잤다.

9월 19일. 새벽에 일어서 중 승익과 이별하고 소릉동少陵洞에 도착하였다. 국경國卿 또한 이곳에 도착하여 그와 함께 잤다.

9월 20일. 국경은 이화지梨花池로 향해 가고 나는 가좌리可坐里[93]로

---

92 학담(鶴潭): 오대산 사고 가기 직전에 있는 연못을 말한다.
93 가좌리(可坐里): 개자니골을 말하는 것 같다.

이동하였다. 풀과 잡목 덤불이 길을 꽉 막아서 쉽게 찾아갈 수 없다. 동부洞府[94]가 자못 드넓게 통창하고 물이 맑으며 바위가 기이하다. 이곳은 참으로 세속을 떠난 은둔자가 마땅히 귀의할 곳이다.

나는 일찍이 호상湖上의 여러분들과 띠집을 짓고 살 것을 모의한 적이 있었다. 이번 유람에서 비로소 이 계획을 결정하고 은거할 곳을 와서 보았다. 거주하는 사람이 거의 없고 수풀이 우거져서 아직 개간하기가 쉽지 않다. 또 사람의 힘으로는 왕래할 수 없으니, 자못 내 마음을 흔들어 놓을 만한 곳이다. 만약 이 계획이 완수된다면, 숲 가까이에 누樓를 짓고 바위에 의지해 담을 쌓아 태평성대의 한가한 백성이 될 수 있을 것이다. 어찌 행운이 아니겠는가? 그러나 사람의 일이란 것이 어긋나기 십상이니, 또한 어찌 이를 기필할 수 있겠는가?

이 날 횡계역橫溪驛에서 묵었다. 도남道南 사람 곽현郭炫이 나를 만나러 찾아왔다. 곽군은 현풍玄風 곽씨로, 이 때 도남에 우거하고 있다가 내가 왔다는 얘기를 듣고는 이틀을 묵으면서 나를 기다렸다. 부평초처럼 떠돌다 만난 것인데, 생각해 보면 우연이 아니다.

9월 21일. 구산역丘山驛에 도착하였다. 국경國卿이 쫓아와서 마침내 그와 만나게 되었다. 국경은 경호鏡湖로 돌아가고 나는 강릉부로 돌아갔다. 초나라 사람들이 말한 "이미 시작이 있으면 또한 반드시 끝이 있는 법이다"이다.

자익子益이 말하기를 "오대산에는 네 가지 승경勝景이 있고, 다섯

---

94 동부(洞府): 신선들이 사는 곳.

가지 행운이 있다."라 하였는데, 그의 말이 합당하다.-자익이 말한 네 가지 승경은 이러하다. 첫째는 산의 모습이 중후하여 뾰족하고 가파른 자태가 없는 것이다. 둘째는 초목이 울창한 것이다. 셋째는 암자가 산기슭 깊은 곳에 있어 곳곳에 선방禪房을 둘 수 있는 것이다. 넷째는 샘의 물맛이 아주 좋으니, 다른 산들에는 드문 곳이다. 자익이 말한 다섯 가지 행운은 이러하다. 흰 머리가 되어 찾아와 서로 만난 것이 늦음이 첫째다. 몸이 건강하여 이곳에 와서 노닌 것이 둘째다. 비가 오다가 곧장 갠 것이 셋째다. 단풍잎이 절기에 맞게 알맞게 물든 것이 넷째다. 함께 유람한 네 사람이 모두 한껏 질탕하게 즐긴 것이 다섯째다.-

자익子益은 무술년(1718, 숙종 44) 윤8월 6일에 오대산에 들어가 중대부터 북대와 서대를 거쳐서 11일에 산을 내려왔다. 자익은 비록 남대와 동대를 가보지 못한 여한이 있지만, 나의 경우는 정미년(1727, 영조 3) 9월 16일에 입산하여 19일에 산에서 나왔는데 본 것이라고는 오직 중대뿐이다. 또 자익은 네 사람과 함께 유람하며 한껏 질탕하게 즐겼지만, 나는 혼자만의 흥취가 있었을 뿐 여럿이 함께 한 즐거움이 없다.

자익子益은 여러 산을 두루 유람하였는데, 오대산을 옥진玉振으로 삼았다.-자익이 말하기를 "많은 산을 두루 유람하였는데, 이 오대산을 옥진玉振으로 삼았다."라고 하였다.-나에게 오대산은 금성金聲이 되니[95], 내가 산을 유람한 경험의 일천함이 참으로 가소롭다. 그러나 세상사 모든 인연을 만나는 대로 편안하게 여긴다면, 이것이 곧 자기 나름의 도리

---

95 『맹자』「만장하(萬章下)」에 "공자는 집대성한 분이시다. 집대성이란 종(鍾)과 같은 금의 소리가 먼저 퍼지게 하고 나서, 맨 마지막에 경쇠와 같은 옥의 소리로 거둬들이는 것을 말한다.〔孔子之謂集大成 集大成也者 金聲而玉振之也〕"라는 말이 나온다.

니, 그 사이에서 어찌 우열과 장단이 있겠는가?

구지久之[96]가 적다.

원문

三年秋九月戊辰, 余自瀛府入五臺, 鏡湖人崔道經國卿, 以事往道南, 約與之偕, 其弟道亨, 亨卿, 借馬乘之, 當晚出郭, 緣溪而西, 至建金村, 盖溟原君金周元舊墟, 道傍廬舍, 皆在松竹林中, 淸楚可念, 秔稻已熟, 秋事已闋, 赤葉黃花, 攪人離思, 至丘山驛, 渡訪道橋, 上鳶魚臺, 水面石上, 刻訪道橋三字, 又刻鳶魚臺三字, 卽美村先生所題, 往在甲辰年間, 先生自于越入楓嶽, 因與鄭杆城澰至此, 必其時所書, 字畫嚴重可敬, 過丘山祠, 踰大關嶺, 是謂新道, 舊道在其北, 舊稱大關嶺有九十九盤, 今不至是, 而亦多危險難度, 據顚而坐, 東望滄海與天無際, 數道川流自嶺下縈紆, 直貫巨野入于海, 中間鏡湖泂若明鏡, 太史子長匡廬所見作何狀, 而宜其淑靈之氣降生哲人, 以光斯文也, 彼韓汲者, 果何人哉, 韓汲爲臨瀛府, 夜登大關嶺, 望臨瀛山水歎曰, 此地人才之盛有由也, 以鉅釘盡截其山脉, 嶺北接五臺, 南連太白, 實國中之脊也, 自嶺以西, 更無下勢, 路極平坦, 純土無石, 林麓蒼黝陇衍可觀, 而谿壑已涸, 木葉盡脫, 凜若隆冬, 盖以地勢高寒, 風氣之早可知, 冬行者多凍死云, 宿橫溪驛, 己巳, 國卿向道南, 余向月精, 過高橋廣厓, 至楡木亭, 所過村庄, 翳然在林木中, 幽曠可喜, 至省鳥坪, 野色蒼然, 西南四五峯, 出沒於雲氣杳靄中, 秀色

---

96 구지(久之): 강세황의 자(字).

可攬, 至萬科峯, 光廟嘗東游, 設科於此云, 緣溪而北, 入谷口, 老檜數百, 儼立成列, 夾道左右, 楓葉正酣, 靑紅交錯, 殆非人間之境, 小憩沙彌臺, 至金剛淵, 廣可百丈, 山中萬壑, 合注瀉而爲瀑, 高僅二丈, 世傳其下有神龍藏之, 今水淸淺如是, 惡覩夫所謂神龍者耶, 然春時, 餘項魚集于其下, 騰躍而上者, 千百爲羣, 甚爲奇觀云, 至月精寺, 頗宏敞, 前有石塔高十二層, 傍懸風鐸, 上擢金莖, 金子益云, 是塔與擎天大寺甲乙云, 寺兆於新羅王子淨神孝明, 至光廟, 益加飾治云, 山人勝益來見, 曾識面於浮石, 中間阻闊十許年, 頃於瀛府, 知余有此行, 自西臺下來, 見待已四日, 相見傾倒, 其意良勤, 夜同宿佛殿, 庚午, 肩輿緣澗而北, 所過巖泉幽潔可悅, 楓葉深紅, 往往得朝旭映人衣裾, 如入紅錦帳中, 至一木橋, 兩巖石巉絶, 天然作橋閣, 玉溜激灑, 有琴筑聲, 益北小西, 陟一岡過金剛臺, 至史閣, 閣有上下二閣, 上奉璿牒, 下鎖金匱, 繚以周垣, 閣外靈鑑寺, 齋郎及直僧所居, 有金富軾記, 北踰一嶺, 峻急難度, 下輿艱步至百塔洞, 邂逅鄭生壽聃, 鄭生洛人, 自橫城入楓嶽, 逶迤來此, 盖其弟方爲橫城守云, 三渡石澗, 皆以檜木爲橋, 東有一澗來注, 子益云, 沿之可達于襄陽釜淵云, 過神聖窟, 歷上院獅子庵, 小憩金夢庵, 取所謂玉溪水者, 和糜飮之, 遵石梯至舍利閣, 閣後寂滅閣, 後藏佛骨云, 而亂石錯置, 累累成級, 如是者凡二所, 是謂中臺, 并東南西北四臺爲五臺, 臺各有號, 此爲智罏峯, 東爲滿月峯, 南爲麒麟峯, 西爲長嶺峯, 北爲象王峯, 臺各有泉, 泉各有號, 此爲玉溪水, 東爲靑溪水, 西爲于筒水, 南爲聰明水, 北爲甘露水, 五泉合流至金剛淵, 爲漢水上游云, 子益云, 石築之下, 有巖承之, 天成非人造, 自此至主峯, 累累作咽喉處, 皆有石築,今不暇究尋, 驗其必然, 而理或然也, 閣內紙花盛挿, 百重雲山, 擁護若神, 誠爲奇特, 子益云, 雖甚名山, 鮮有其比, 非逼言也, 還至上院, 殿閣廊寮位置穩貼, 制造精巧, 階砌皆精石熟礲, 苺苔不蝕, 僧謂光廟時, 取東京玉山石, 海運以來, 有鍾制巧而聲宏, 亦自東京運至, 蓋光廟東遊時, 駐蹕于此, 百官景從, 今之僧寮, 皆當日寺廟云, 余於乙巳秋, 至臨瀛, 以書約韓久哉, 期與之同遊此山, 適主人暴病, 義不可舍去, 遂折簡於久哉, 謝其負約, 久哉遂獨往, 其翌年秋, 余復來臨瀛, 余方有同宮喪, 念不暇及此, 今年始得來游, 而久哉又西上, 余於此山, 實有三年未償之債, 分外淸游遲速有緣, 而親知之逢塲, 亦自有數也, 東南西北四臺, 猶未及見其所謂得見者, 與僧急於乞糧, 到處催行, 其意不可奪, 遂皆忙中看過, 未能熟爛, 久哉旣約而失期, 鄭生不速而相遝, 一遇之難, 固如此, 而遇而能久者, 爲尤鮮矣, 信乎天下事不可預定, 而亦有偶合者, 世間萬事, 類皆如是, 可慨也已, 默坐與上, 與鄭生譚此因果, 相與一笑, 自上院左轉, 過眞如閣, 觀所謂三十六變相, 南過百塔洞, 過鶴潭, 至暮還月精, 與鄭生同宿佛殿, 夜余感風眩, 倚席將息, 翌日辛未, 鄭生歸, 余強起送至沙門外, 還臥佛殿, 當晚頗覺蘇健, 從二沙彌, 出坐金剛淵盤石上, 弄水吟玩, 暮, 益上人又來見, 相與擁爐深坐, 共話山中故事, 窓外月出皎然, 散步庭中, 上下僧房, 闃無人語, 雲外時聞鍾磬聲, 夜久, 還宿佛殿, 壬申, 晨發與益別, 至少陵洞, 國卿亦至, 與之同宿, 癸酉, 國卿向梨花池, 余向可坐里, 葊翳塞路, 未易究尋, 而洞府頗寬敞, 水石尤淸奇, 眞隱遯遲棲者所當歸也, 余曾與湖上諸人, 謀有誅茅卜居之意, 今行, 始決策來觀, 而居人鮮少, 林木繁夥, 未易開拓, 又無人力可以往來, 殊可撓念, 此計若遂, 則可以卽林成樓, 因巖爲堵, 爲聖世閑民, 豈非幸歟, 然人事喜乖, 亦何可必也, 是日, 宿橫溪驛, 道南人郭生炫來見, 郭玄風人也, 時寓道南, 聞余來, 信宿而待, 萍水之逢, 意非偶然, 甲戌, 至丘山驛, 國卿追至, 遂與之偕, 國卿還鏡湖, 余歸瀛府, 楚人所謂旣以此始, 亦必以終者耶, 子益謂此山有四勝, 而已有五幸, 其言當矣, 四勝, 一謂山體重厚, 無輕儇尖峭之態, 二謂草樹欝密, 三謂庵居深邃, 處處可安禪房, 四謂泉味絶佳, 諸山所罕, 五幸白首來尋, 相見之晩一也, 身健來游二也, 山雨卽霽三也, 赤葉淺深中節四也, 同伴四人, 共做跌蕩五也云矣,

　而子益以戊戌閏八月初六日入山, 自中臺歷北西二臺, 以十一日出山, 雖於南東兩臺, 不無遺恨, 而余則以丁未九月十六日入山, 以十九日出山, 所見惟中臺, 子益同伴四人, 共做跌蕩, 而余則孤興未周, 子益歷覽諸山, 而以此爲玉振, 子益言歷覽諸山, 以此爲玉振, 余則爲金聲, 余之淺陋, 固爲可笑, 而世間萬緣, 隨遇而安, 便是自家道理, 更何優劣短長於其間哉, 久之記,

권섭權燮, 「유행록遊行錄」, 『옥소고玉所稿』

권섭 權燮, 1671~1759

숙종·영조 때의 문인. 자는 조원調元, 호는 옥소玉所·백취옹百趣翁. 문집으로 『옥소집』 52책이 전한다. 안동 권씨의 명문에서 태어난 그는, 송시열宋時烈을 위시한 주변 인물들의 사사賜死 또는 유배의 참극을 겪은 뒤, 관계官界 진출의 길보다는 문필 쪽을 택하였다. 일생을 전국 방방곡곡 명승지를 찾아 탐승探勝 여행을 하며 보고 겪은 바를 문학 작품으로 승화시켰다. 따라서 그의 작품 세계는 내용이 다양하고 사실적이며 깊이가 있을 뿐만 아니라, 광범위하고 섬세하다고 평가받고 있다. 시만 해도 방대한 양을 남기고 있어 오늘날 전해진 것만도 한시 3,000여 수, 시조 75수, 가사 2편이 된다. 시조 75수 중에는 연시조가 많은 편이다.

유람 경로

1732년 윤5월 16일: 대화역-석굴-모로령-청심대-진부역

윤5월 17일: 금강연-월정사-동대 관음암-월정사

윤5월 18일: 부도-금강대-사고-영감암-화암암-진여원-상원사-사자암-금몽암-적멸보궁-골짜기 입구 마을

윤5월 19일: 횡계-대관령-오봉서원-구산역촌-강릉 칠사당

번역

1732년 윤5월 16일. 아침에 비가 부슬부슬 내렸다. 오후에 주진

注津⁹⁷과 주현舟峴⁹⁸을 지나고 안미雁昧⁹⁹를 바라보았다. 대화역大華驛에서 점심을 먹으면서 강릉 태수에게 보내는 편지를 써서 창리倉吏에게 먼저 가서 알리도록 시켰다. 석굴石窟¹⁰⁰과 모로령毛老嶺을 지나서 청심대淸心臺에 올랐다. 진부역珍富驛 김선원金善元의 집에서 잤다. 90리를 다녔다.

○ 17일. 일찍 출발하여 골짜기 입구 마을에 있는 김익겸金益堅 집에서 아침을 먹었다. 군경君敬이 뒤떨어져 남고 김익겸金益堅과 함께 월정사月精寺로 올라갔다. 먼저 금강연金剛淵에 가보고 절에 도착했는데, 나와서 맞이하는 승려가 하나도 없지만 절에 들어가서 사적事蹟을 적은 책을 보았다. 점심을 먹은 다음 동관음東觀音 앞에 나옹懶翁이 심은 전나무를 보았으나, 극락전極樂殿, 동대東臺 및 여러 암자들은 보지 못했다. 월정사로 돌아와 자는데 군경君敬이 와서 자다가 김익겸金益堅과 함께 떠나고, 초순草淳이 와서 여러 명승지를 설명해 주었다.

○ 18일. 부도와 금강대金剛臺, 선원보각璿源寶閣인 사고史庫, 영감암靈鑑菴, 화암암華岩菴, 진여원眞如院, 나옹懶翁의 가사와 금경, 세조 때 주석으로 만든 병, 상원사上院寺 응진전應眞殿 밖 나옹이 심은 계수나무 두 그루, 사자암獅子菴, 금몽암金夢菴, 옥계수玉溪水, 중대中臺 적멸보궁寂滅寶宮 등을 보았다. 승통僧統 도각道覺이 따라 다녔으며

---

97 주진(注津): 평창군 주진리에 있던 나루.
98 주현(舟峴): 평창군 방림면 방림리에 있는 뱃재를 말한다.
99 안미(雁昧): 평창군 대화면 상안미리와 하안미리를 말한다.
100 석굴(石窟): 대화면 광천선굴을 말한다.

저녁에 골짜기 입구 마을에서 묵었다.

○ 중대中臺의 북북서北北西쪽에 비로봉毗盧峯이 있는데, 내룡이 경방庚方[101]으로 들어오다가 크게 낙맥하여 기룡혈을 만들며 술좌진향戌座辰向 강릉 쪽의 파랑산波浪山을 보고 있다. 북대北臺가 내청룡, 동대東臺가 외청룡, 서대西臺가 내백호, 남대南臺가 외백호이며 기린봉麒麟峰이 뒤가 된다.

○ 남대南臺의 안수암安壽菴, 방중암防中菴, 보리암菩利菴, 종봉암鍾峰菴과 보제암普濟菴, 선장암仙掌菴 및 동대東臺의 육수암六水菴, 서대西臺의 정수암淨水菴, 북대北臺의 고운암孤雲菴, 상두암上斗菴, 함허당涵虛堂, 자씨암慈氏菴 등 여러 암자들은 보지 못했다.

○ 남쪽의 극락전極樂殿, 동쪽의 동관음東觀音은 모두 5리, 부도는 1리, 중앙의 화암암華岩菴, 진여원眞如院, 환적암幻寂菴, 상원사上院寺는 모두 30리, 사자암獅子菴, 금몽암金夢菴, 중대中臺는 모두 40리, 동대東臺 만월산滿月山, 남대南臺 기린산麒麟山, 서대西臺 장령산張嶺山, 북대北臺 상왕산象王山은 모두 4~50리에 있다.

○ 월정사 사적으로 민지閔漬와 김승인金承印의 기문과 권선勸善 두 첩이 있다. 「상원중창기上院重創記」아래에 세조의 이름과 '체천지보體天之寶'도장이 찍혀 있다. 물목物目 아래에 세자의 수결과 왕세자의 도장이 찍혀 있고, 효령孝寧, 임영臨瀛, 영응永膺 세 대군과 정하동鄭河東 이하 230명의 수결이 있다.

○ 월정사는 신라 왕자 정신淨神 지명志明이 건립했다.

---

101 경방(庚方): 정서(正西)에서 남으로 15도 방위를 중심으로 한 15도 각도 안의 방향이다.

○ 19일. 일찍 출발했다. 횡계橫溪에서 점심을 먹고, 대관령大關嶺을 넘었다. 지나는 길에 구이연九二淵, 쌍암雙岩을 보고, 오봉서원五峯書院에서 공자께 참배하였으며, 연어대鳶魚臺, 방도교訪道橋를 보았다. 구산역촌丘山驛村에서 말을 먹이고, 영귀암詠歸岩을 봤다. 저녁에 강릉에 도착하니 주수主守 어경우魚景雨가 마중을 나왔다. 삼일 전에 이미 월정사에 양식과 반찬을 보냈고, 이틀 전에 간성杆城 주수 이자평李子平에게 사람을 보내서 우리 일행이 온다는 통보를 했다고 한다. 칠사당七事堂에 들어가서 함께 잤다. 90리를 다녔다.

원문

○ 十六日.

朝雨霏霏 午後過注津舟峴 望見雁味, 中火大華驛村 載書江陵守付倉吏先報 過石窟毛老嶺 登淸心臺 宿珍富驛金善元家 行九十里

○ 十七日.

早發 朝飯洞口村金益堅家 君敬落留 與金生上月精寺 先臨金剛淵 到寺無一僧出迎者 入寺見事蹟冊 午飯後東觀音前有懶翁檜木 不見極樂殿東臺及諸菴 還宿月精 君敬來宿而與金生去 草淳來說諸勝

○ 十八日.

見浮圖金剛臺史庫璿源寶閣靈鑑菴華岩菴眞如院懶翁袈裟錦經世祖時錫甁 上院寺應眞殿外懶翁桂樹二木 獅子菴金夢菴玉溪水中臺寂滅寶宮 僧統道覺從行 夕宿洞口村

○ 中臺辛方立毗盧峯 庚來大斷穴騎龍 戌座辰向 向江陵之波浪山, 北臺爲內龍, 東臺爲外龍, 西臺爲內虎, 南臺爲外虎 麒麟峰爲後堂.

○ 南臺安壽防中菩利鍾峰普濟仙掌 東臺六水 西臺淨水菴, 北臺孤雲上斗涵盧堂慈氏 諸菴不見

○ 南邊極樂殿, 東邊東觀音 皆五里 浮圖一里, 中邊華岩眞如院幻寂菴上院 皆三十里, 獅子金夢 中臺 皆四十里, 東臺滿月山南臺麒麟山西臺張嶺山北臺象王山 皆四五十里.

○ 月精寺蹟閔漬記 金承印記 勸善二帖 上院重創記 下有世祖御諱 着體天之寶圖章 物目下有世子着押 孝寧臨瀛永膺三大君 鄭河東以下二百三十人着押

○ 月精皆新羅王子淨神志明所建

○ 十九日.

早發 中火橫溪 踰大關嶺 歷見九二淵雙岩 歷拜孔子五峯書院 歷見鳶魚臺訪道橋 秣馬丘山驛村 見詠歸岩 夕到江陵 主守魚景雨出見 送糧饌於月精已三日 送人於杆城守李子平 報吾行已二日云 入七事堂聯枕 行九十里

채지홍蔡之洪, 「동정기東征記」, 『봉암집鳳巖集』

채지홍蔡之洪, 1683~1741

본관은 인천仁川. 자는 군범君範, 호는 봉암鳳巖 · 삼환재三患齋 · 봉계鳳溪 · 사장와舍藏窩. 아버지는 첨지중추부사영용領用이며, 어머니는 유씨柳氏로 승주承冑의 딸이다. 권상하權尙夏의 문인으로 강문팔학사江門八學士 중 한 사람이다. 동문인 한원진韓元震 · 윤봉구尹鳳九 · 이간李柬 · 윤혼尹焜 등과 교유하며 학문을 강론하였다. 성리학을 깊이 연구했으며, 경학 · 예학을 비롯하여 역사 · 천문 · 지리 · 상수象數 등에도 두루 통달하였다. 호락논쟁湖洛論爭에 있어서는 한원진과 함께 호론에 속하였다. 저서로는 『봉암집鳳巖集』, 『성리관규性理管窺』, 『세심요결洗心要訣』, 『독서전보讀書塡補』, 『천문집天文集』 등이 있다.

유람 경로

1740년 4월 19일: 주천-약수역藥水驛-웅진雄津-이현梨峴-방림芳林

4월 20일: 대화大化-신촌新村-모노령毛老嶺-곡건曲建 주막

4월 21일: 청심대淸心臺-진보역眞保驛-월정사月精寺-사고-고개-상원사上院寺

4월 22일: 사자암獅子菴-금몽암金夢菴-적멸암寂滅菴-상원사-월정사-유령杻嶺-횡계역 시골집

번역

1740년 4월 19일. 주천에서 출발했다. 평창平昌의 약수역藥水驛에

서 점심을 먹었다. 자정子正 형제가 또 따라온다. 웅진雄津에 이르기 몇 십 보 전에 자정子正과 이별했다. 이윽고 이현梨峴을 넘어 방림芳 林에서 잤다. 이곳은 강릉江陵 지역으로 강릉까지 100여 리가 넘는 먼 거리다.

20일. 대화大化를 지나 신촌新村 주점에서 점심을 먹었다. 사고史 庫를 수리하러 가는 한림翰林 이익보李益輔[102]를 만났다. 윤서응尹瑞膺 이 그를 맞이하여 이야기를 나누었다. 모노령毛老嶺에 이르니 비가 내린다. 고개 아래 곡건曲建 주막에서 잤다.

21일. 맑음. 새벽에 출발하여 청심대淸心臺에 올랐다. 이곳은 오 대산 바깥 동네 입구의 문 안쪽에 해당한다. 100척의 험한 바위가 시냇가에 우뚝 솟아 있는데, 바위 꼭대기로 난 길은 겨우 발을 놓 을 수 있다. 가운데 허공에 높이 솟아 있는 큰 돌을 부여잡고 앞으 로 나아가서 절벽을 굽어보니 모골이 송연하다. 문득 세속을 떠나 산 속으로 숨었으면 하는 생각이 인다. 나와 윤서응尹瑞膺은, "이 정 도는 관동 지방에서 아름답다고 할 수 없네. 만약 옥병玉屛과 봉암 鳳巖 사이에 있어 한가한 날에 유람할 수 있으면 어찌 상쾌한 일이 아니겠는가?"라 하였다. 오랫동안 이리저리 거닐다 떠났다.

진보역眞保驛 마을에서 아침을 먹고 월정사月精寺로 들어갔다. 절 은 오대산 동쪽 변두리에 있는데 골짜기 입구에서 15리 정도 된다. 나무가 빽빽이 우거졌고, 절문에서부터 몇 리에 걸쳐 아름드리 늙

---

102 이익보(李益輔, 1708~1767): 본관은 연안(延安). 자는 사겸(士謙). 이일상(李一相)의 증손으 로, 할아버지는 이성조(李成朝)이다. 아버지는 참판 이우신(李雨臣)이며, 어머니는 윤빈(尹彬) 의 딸이다. 1739년(영조 15) 알성문과에 병과로 급제하였으며, 판의금부사·우참찬·회양부 사·병조판서·이조판서·판돈녕부사·좌참찬 등을 역임하였다.

은 전나무가 길옆에 줄지어 서 있다. 시험 삼아 어린 종에게 세어 보게 하니 200그루가 넘는다고 한다. 건물은 매우 아름답고 금빛과 푸른빛이 눈부시다. 뜰에 서 있는 9층 석탑 네 모퉁이에는 구리로 된 목탁이 매달려 있다. 모두 36개. 스님이, "임진란 때 매우 영험이 있었다."라고 하는데, 어찌 믿을 수가 있겠는가?

시내와 바위는 별로 볼 만한 것이 없다. 오직 금강일대金剛一臺만이 경치가 뛰어나다. 물은 대 아래에서 서남쪽으로 수백 리를 흘러 네 개 군을 지나 충주忠州 서북쪽에서 달천達川과 합해지고 양근楊根 서쪽에 이르러 용진龍津과 합해져 한강이 된다.

점심을 먹고 말에서 내려 견여肩輿를 타고 북쪽으로 15리를 가니 선원璿源과 실록實錄을 보관하는 두 각閣이 있다. 각각 기둥이 셋이고 이층이다. 위에는 책을 아래에는 잡다한 준비물[雜備]를 쌓았다. 담장을 둘러치고 자물쇠를 채워 두었다. 곁에는 작은 암자 두 채가 있다. 참봉과 승려들이 매우 부지런히 지키고 있다. 영동과 영서의 모든 승려들이 번을 나눠 교대로 지킨다고 한다. 나무가 울창하고 고목이 서로 섞여 겨우 길이 한 줄기 나 있다. 동북쪽으로 험한 고개를 넘어 15리를 가서 상원사上院寺에 이르렀다. 전하는 말로는 '세조대왕世祖大王이 창건했고, 비빈妃嬪을 거느리고 와서 머물렀다'고 한다. 큰 건물과 작은 건물, 계단과 담은 토목 공사의 부역으로 매우 아름다워 모양이 궁중과 비슷하다. 절 승려가 자못 지혜와 학식이 있고 주문을 외우는 이가 있어 더불어 이야기를 나누었다. 밤에 승려에게 부탁해 등잔을 설치하고 경전을 강설하니 여행의 피로를 충분히 씻을 수 있다.

22일. 아침 일찍 일어나 북쪽으로 10여 리를 가서 사자암獅子菴을 지나 금몽암金夢菴에 이르렀다. 암자는 중대中臺 아래 열 걸음 정도에 있는데, 곁에는 작은 우물이 있다. 세조대왕이 꿈속에서 얻은 우물이라고 한다. 암자에서 잠시 쉬면서 보니 앞쪽 서까래 모서리에 이름들이 죽 적혀 있다. 우물 동쪽에서 중대로 걸어 올라갔다. 일찍이 들으니, 이곳은 오기조원五氣朝元을 하기 좋다고 하는데 사방의 산에 별다르게 빼어난 봉우리가 없으니 그 어떤 것을 이르는지 알 수 없다. 큰 산의 정맥正脈이 북쪽에서 와서 형세를 열고, 한 줄기가 그 가운데서 나와 작은 산등성이를 만든다. 우뚝 솟아 뇌가 된 곳으로 가니 흙이 모이고 돌이 쌓여 있는데 석가여래의 두골頭骨이 묻혀 있는 곳이라고 한다. 그 아래는 적멸암寂滅菴이 있는데, 불상을 세우지 않고 다만 향로를 올려놓는 탁자만 놓았다. 금몽암의 승려가 한밤중에 왕래하면서 불공을 드린다고 한다.

내가 일찍이 지봉芝峰 이수광李晬光[103]의 책을 보니 '석가의 몸은 키가 6장이다. 영남 통도사通道寺에 여래의 두골이 있는데 크기가 화분만 하고 치아의 크기는 2촌寸이다'라 했다. 세상에는 지장智藏의 스승인 도선道詵이 서역에서 가져왔다고 전한다. 따져 보면 이 산에 석가여래의 두골頭骨이 묻혀 있단 말이 더욱 의심이 간다. 지봉芝峰이 혹 잘못 듣고 그렇게 적은 것은 아닐까? 황당한 말을 어찌

---

103 이수광(李晬光, 1563~1628): 본관은 전주(全州)이며, 자는 윤경(潤卿), 호는 지봉(芝峯)이다. 이수광은 뛰어난 외교력과 문장능력을 인정받아 28세 때 성절사(聖節使)의 서장관(書狀官)으로, 35세 때 진위사로 명나라 파견되었으며, 49세 때인 1611년에도 중국을 다녀왔다. 그는 다양한 분야의 학문을 연구하고 국가 중흥을 위한 사회, 경제정책을 수립하는 데 일생을 바쳤다.

다 분별하겠는가?

상원사로 돌아와 아침을 먹고 다시 월정사에서 출발하여 유령杻
嶺을 넘어 횡계역横溪驛의 시골집에서 잤다. 모두 목판으로 밖을 장
식했고 여러 방과 마구간, 창고가 모두 그 안에 있다. 이곳부터는
가는 곳마다 민가들의 모양이 비슷비슷한데, 호랑이와 도적을 막
기 위해서다. 백성의 풍속이 삼남 지방에 비해서 매우 순박하다.
먹는 것은 오직 기장뿐이고, 보리를 쌀처럼 여기고 익혀 먹을 줄
모르니 걱정이 된다. 참으로 예맥穢貊의 땅이다.

원문

丙子, 發酒泉, 午炊于平昌藥水驛, 子正兄弟亦從之, 到雄津未數
十步, 別子正, 仍踰梨峴宿芳林, 是爲江陵界, 而去府百餘里而遠丁
丑, 過大化, 午炊于新村酒店, 偶逢李翰林益輔史庫修理之行, 瑞膺
邀與相語, 到毛老嶺遇雨, 止宿於嶺下曲建酒店, 戊寅晴, 曉發歷登
淸心臺, 是爲五臺山外洞門之內也, 巉巖百尺, 突起於川上, 巖頂一
路, 僅可容足, 中有巨石特立半空, 攀緣前進, 俯臨絶壁, 令人毛骨竦
然, 輒有儦儦逡巡擧想, 余與瑞膺相謂曰, 此在關東, 不必稱奇, 而若移
置於玉屛, 鳳巖之間而暇日逍遙, 則豈不快適哉, 仍彷徨良久而去,
朝炊于眞保驛村, 仍入月精寺, 寺在五臺東邊, 而洞口十五里許, 樹
木蒙密, 去沙門數里, 則連抱老檜, 列立路傍, 試使奚童數之, 二百有
餘云, 梵宇精麗, 金碧輝煌, 庭有九層石塔, 四隅各懸銅鐸, 幷三十有
六, 僧言壬辰之亂, 極有靈驗, 而何可信也, 泉石別無可觀者, 而惟
金剛一臺最勝, 水自臺下西南流數百里, 歷四郡到忠州西北, 與達川

合, 至楊根西, 與龍津合而爲漢水者也, 午炊訖, 舍馬肩輿, 北去十五里, 有璿源. 實錄所藏二閣, 各三楹二層, 上儲策書, 下積雜備, 而繚以墻垣, 鎖以扃鐍, 傍有二小菴, 參奉與釋徒, 看守甚勤, 嶺東西諸寺僧, 分番更直云, 萬木叢鬱, 枯朽相仍, 僅通一路, 東北踰峻嶺, 行十五里, 到上院寺, 傳言世祖大王所刱造, 而鑾妃嬪遊幸處, 殿寮堦垣, 功役精美, 有似掖庭貌樣, 居僧頗辯慧業誦呪, 稍有可與語者, 夜使其徒張燈說經, 足以忘勞, 己卯, 早起, 北行十許里, 過獅子菴, 至金夢菴, 菴在中臺下十武之地, 而傍有一小井, 稱以世祖大王夢中所得也, 少休庵中, 仍列書姓名于前面椽端, 遂自井東步上中臺, 曾聞此地有五氣朝元之格, 而四山無甚奇峰, 未知其何謂也, 盖大嶺正榦, 北來開局, 一脉中出, 作一小岡, 就其陡起作腦處, 聚土積石, 稱以釋迦如來頭骨所藏處, 其下又有寂滅菴者, 不立塑像, 只設香卓, 金夢庵僧, 中夜往來供佛云, 余嘗見芝峯說, 釋迦身長六丈, 嶺南通道寺, 有如來頭骨, 大如盆, 齒長二寸, 世傳智藏師道詵, 自西域取來, 審然則此山頭骨之說, 尤可疑, 豈芝峯所聞或有所訛誤而然耶, 大抵荒唐之說, 何足多辨也, 還到上院朝炊, 復自月精踰杻嶺, 宿橫溪驛村舍, 皆以木板餙其外面, 而堂室廐庫, 皆在其中, 自此以往, 民家制度, 大抵同然, 盖所以備虎而防寇也, 氓俗視三南頗淳厚, 而所食惟黍耳, 難見稻米, 不知所炊, 輒以爲憂, 眞穢貊地也

정기안鄭基安,「유풍악록遊楓岳錄」[104],『만모유고晩慕遺稿』

정기안 鄭基安, 1695~1767

본관은 온양溫陽. 초명은 사안思安. 자는 안세安世, 호는 만모晩慕. 좌의정을 지낸 정순붕鄭順朋의 후손이며, 정휘鄭暉의 증손으로, 할아 버지는 정하경鄭夏卿이고, 아버지는 정유신鄭維新이며, 어머니는 변 석징邊錫徵의 딸이다.

1728년(영조 4) 별시문과에 병과로 급제하였고, 1738년 지평持平, 1741년 정언正言이 된 뒤 계속 이 두 직을 번갈아 역임하다가 1750 년 헌납獻納이 되었고, 이듬해 사간·집의를 지냈다. 1752년 동지 사 겸 사은사冬至使兼謝恩使의 서장관으로 청나라에 다녀온 뒤 보 덕·승지를 거쳐 대사간이 되었다. 이어 1766년 한성부우윤·지 중추부사를 지내고 기로소耆老所에 들어갔다. 저서로『만모유고』 가 있다. 시호는 효헌孝憲이다.

유람 행로

1742년 9월 경신庚申: 모로현毛老峴-청심대淸心臺-진부역珍富驛

9월 신유辛酉: 월정사月精寺

9월 임술壬戌: 사고史庫-사자암獅子菴-중대中臺-적멸보궁寂滅寶宮-금 몽암金夢庵-상원사-월정사

9월 계해癸亥: 대관령大關嶺-구산서원丘山書院-강릉江陵

---

104 영조 18년인 1742년에 강원도 도사(都事)가 되었는데, 이 때 지은 작품이다.

번역

9월 경신庚申. 모로현毛老峴을 넘으니 고개 앞에 큰 시내가 있다. 오대산에서 흘러 내려온다. 시냇가에 절벽이 깎아지른 듯 서 있는데, 청심대淸心臺라 한다. 저녁에 진부역珍富驛에서 잤다.

신유辛酉. 월정사月精寺에 이르렀다. 절 아래에 큰 시내가 있다. 시냇가 층진 너럭바위 위에 '금강연金剛淵'을 새겼다. 연못은 흐르면서 폭포가 되는데 폭포는 바위에 드리워지고 바위는 층계가 있다. 물고기 층계[魚級]라 한다. 스님이 말하길 시내의 열목어가 무리를 지어 뛰어오르는 것이 용문龍門에 오르는 것과 같다고 한다. 한번 올라간 후에 다시 하류로 돌아오지 않는데, 여기서부터 상류는 바위 위로 흐르는 여울이 모두 얕아서 말라 죽는 것이 많다. 하지만 뛰어 올라간 것은 즐기는 바가 있는 것 같고, 오르지 못한 것은 부끄러워하는 바가 있는 것 같다. 뛰어오르는 것은 누차 뛰어서 반드시 올라간 뒤에 그친다. 아! 몸을 잊고 영화에 도박을 하여 나가는 것만 알고 물러나는 것을 알지 못하는 것은 이 물고기일 것이다. 스님의 말이 비록 풍자를 내포하지 않은 것이라도 또한 분명한 경계가 될 수 있다. 계곡을 따라 내려가니 둑이 연못에 임해있다. 물과 바위가 맑고 아름다우며 소나무와 전나무가 그늘을 드리운다. 시를 읊조리다가 시간이 지나서 되돌아왔다.

임술壬戌. 절 뒤로 계곡을 따라 올라갔다. 새로 서리가 짙게 내리니 단풍나무 잎이 한창이어서 붉은색이 옷에 비친다. 산수의 정취를 논할 것 없이 이것 또한 자연스런 기이한 구경거리다. 사고史庫

에 이르니 조화숙趙和叔[105]이 어제 햇볕에 쬐는 일로 이곳에 왔다. 이야기를 오래 나누었다. 북쪽 길을 따라 내려가니 고개를 모두 둘러싸고 있는 것은 푸른 나무가 우거진 숲이다. 속세를 돌아보니 인간계와 천상계가 멀리 떨어져 다스리는 일과 어지럽히는 일, 영광과 치욕, 시비에 대한 시끄러움이 귀에 들어오지 않을 뿐만 아니라, 마음에 누가 되는 것이 없어서 초연히 속세를 떠나려는 뜻이 있게 한다.

네 번 시내를 건넜는데 모두 나무를 엮어 다리를 만들었다. 수레에서 내려 걸어가니 몸이 벌벌 떨려 건너갈 수 없다. 사자암獅子菴에 이르니 더할 수 없이 높고 고결하며 매우 맑고 깨끗하다. 시야가 또한 널찍하여 즐길만하다. 잠깐 앉아 있다가 중대中臺에 이르렀다. 대개 이 산은 오대五臺가 있는데, 동대는 만월산滿月山, 남대는 기린산麒麟山, 서대는 장령산長嶺山, 북대는 상왕산象王山, 중대는 지로산地爐山이다. 지로산은 오대의 가운데 있어서 여러 산들이 에워싸듯이 하니 형세는 제후가 천자를 알현하는 것 같다. 중대의 서쪽에 적멸보궁寂滅寶宮이 있다. 무척 크지 않으나 사치를 다하였다. 피곤하여 오랫동안 있다가 지팡이를 짚고 수백 보 내려오니 길 왼쪽에 샘 하나가 있다. 옥계수玉溪水라 하는데 맛이 자못 달고 부드럽다.

오대에 있는 샘은 각기 이름이 있다. 동대는 청계수靑溪水, 남대는 총명수聰明水, 북대는 감로수甘露水, 서대는 우통수于筒水인데 모

---

105 조명정(趙明鼎, 1709~1779): 본관은 임천(林川). 자는 화숙(和淑), 호는 노포(老圃). 조시형(趙時馨)의 증손으로, 할아버지는 조현기(趙顯期)이고, 아버지는 지평 조정순(趙正純)이다. 어머니는 이공간(李公柬)의 딸이다.

두 유명한 샘이다. 우통수는 한강이 발원發源한 곳이다. 옥계수 서쪽에 조그만 암자가 있는데 금몽암金夢庵이라 편액을 했다. 몇 스님이 거주하며 새벽 저녁으로 적멸보궁에서 향을 피운다. 높고 험하며 텅 빈 공간에서 구하는 것 없이 이것을 하는 자는 지극한 정성으로 능히 하는 것이 아니겠는가? 이 마음을 옮겨 도道로 향한다면 어찌 이르지 못할 것이 있겠는가? 아깝도다! 외교外敎에 빠짐이여! 상원사에 이르니 절 동쪽에 응진각應眞閣이 있고, 응진각 동쪽에 나무가 있는데 하나는 크고 하나는 작다. 잎이 측백側栢 같이 부드럽다. 스님이 말하길 이것은 나옹懶翁이 손수 심은 것인데 나옹이 떠날 때 말하길, 이 나무가 죽으면 나도 마땅히 죽을 것이고, 죽었다가 다시 살아나면 나도 다시 이 세상에 나올 것이라고 했는데, 수십 년 전에 홀연히 말라 죽었다가 지금 다시 잎이 났다고 한다. 모시는 관리가 또한 말하길 가지와 잎이 썩고 마른 것을 보았다고 말한다. 조금 있다가 산에서 내려와 월정사로 되돌아왔다.

계해癸亥, 대관령大關嶺을 넘었다. 고개 서쪽은 길이 넓고 평탄한데 동쪽의 형세는 자못 험하고 급하며 꺾이고 굽어서 양의 창자를 만든다. 해질녘에 구산서원丘山書院[106]에 도착했다. 공자의 진영을 보니 검은 바탕에 흰색으로 그렸다. 세속에 전해지길 오도자吳道子[107]가 그렸다고 한다. 참배하고 나왔다. 큰 시내가 흘러 동구로

---

106 구산서원(丘山書院): 오봉서원을 말한다.

107 오도자(吳道子): 오도현(吳道玄)으로 중국 당나라 현종 때의 화가이다. 지방의 하층 관리였으나 현종에게 재능을 인정받아 궁교 박사가 되었다. 인물·산수·초목 등을 그리는 데 있어서 당대 제일이었고, 제자들을 데리고 수도원의 사원 등에 그린 벽화의 수는 300점이 넘었다. 현존하는 작품은 없으나 생동적이고 양감에 넘친 표현으로 유명하다.

내려간다. 시냇가 큰 바위에 방도교訪道橋와 연어대淵魚臺를 새겼다. 급히 흐르는 여울과 무성한 소나무의 풍치가 감상할 만하다. 저녁에 강릉江陵에 도착하여 머물렀다.

원문

庚申行踰毛老峴, 峴前有大川, 自五臺流下, 川上石壁削立, 名淸心臺, 夕宿珍富驛, 辛酉行至月精寺, 寺下有大川, 川上層巖盤陀, 上刻金剛淵, 淵流成瀑, 瀑垂于石, 石有級, 名曰魚級, 僧言川中餘項魚作隊躍上, 如登龍門, 一登之後, 不復歸下流, 從此以上, 石瀨皆淺, 或多枯死, 而苟躍而上, 若有所樂, 其不上者, 若有所恥, 躍者累躍, 必上而後已, 噫忘身賭榮, 知進而不知退者, 皆是魚也, 僧言雖未必含諷, 而亦足爲炯戒矣, 循洞而下, 有堤臨淵, 泉石淨佳, 松檜蔭映, 嘯詠移晷而還, 壬戌由寺後緣溪以上, 新霜方濃, 楓葉正酣, 爛赤稠紅, 照映人衣, 無論山水之趣, 此亦爲天然奇賞, 行至史庫, 趙和叔昨以曝晒役到此, 敍話良久, 由北路下, 萬嶺環擁, 樹林葱蒨, 回視塵界, 人天迥隔, 凡理亂榮辱是非啾喧, 不徒不入于耳, 亦且無累於心, 使人有超然長往之意矣, 凡四渡川, 皆編木成橋, 下輿而步, 凌兢不可度, 行至獅子菴, 高絶精灑, 眼界亦寬敞可喜, 坐少頃又行至中臺, 盖是山凡五臺, 東曰滿月山, 南曰麒麟山, 西曰長嶺山, 北曰象王山, 中爲地爐山, 地爐居五臺之中, 衆山拱抱, 勢若朝宗, 中臺之西, 有寂滅寶宮, 不甚宏大, 而窮極侈靡, 息疲良久, 扶筇下數百步, 路左有一泉, 名爲玉溪, 味頗甘軟, 五臺泉各有號, 東爲靑溪, 南爲聰明, 北爲甘露, 西爲于筒, 皆名泉, 而于筒乃漢江所發源也, 玉溪之西有小菴,扁以金夢, 數僧居之, 晨昏瓣香于寂滅宮, 高險空寂之地, 無所求而爲此者, 非至誠能之乎, 移此心而嚮道, 亦何所不至乎, 惜乎其溺於外敎也, 至上院, 院東有應眞閣, 閣之東有樹, 一大一小, 葉如側栢而柔, 僧言此乃懶翁手植, 而翁去時謂曰此木死吾當死, 死而復生, 吾復出世, 數十年前忽枯死, 今復生葉, 陪吏亦言見其柯葉朽槁云, 少頃下山, 還到月精寺, 癸亥踰大關嶺, 嶺以西, 路廣而夷, 以東勢頗峻急, 詰曲作羊腸, 晡到丘山書院, 瞻先聖眞像, 黑質白畫, 俗傳吳道子所摹, 展拜而出, 大川流下洞口, 川上大巖刻訪道橋淵魚臺, 激湍茂松, 風致可賞, 初更到江陵止宿,

허훈許薰, 「동유록東遊錄」, 『방산선생문집舫山先生文集』

허훈 許薰, 1836~1907

본관은 김해金海. 자는 순가舜歌, 호는 방산舫山. 경상북도 선산군 임은林隱 : 지금의 구미시 임은동에서 출생하였다. 아버지는 증 참찬 조祚 이다.

29세에 허전許傳의 집지문인執贄門人이 되었는데, 허전은 이익李瀷 -안정복安鼎福-황덕길黃德吉로 이어진 성호학파의 실학을 이은 인물이고 허훈은 허전의 학통을 이었다. 의병義兵 군수軍帥인 허위許蔿가 아우인데, 허위의 손자들은 모스크바에 진眞, 타시켄트에 선산善山 등이 거주하고 있다.

허훈의 성리설에 관한 생각을 짐작할 수 있는 글은 「심설心說」과 「사칠관견四七管見」이며, 실학과 유관한 것은 「염설鹽說」·「포설砲說」·「차설車說」·「패수설浿水說」·「해조설海潮說」 등이 있다.

그는 「사칠관견」과 「심설」에서 이이李珥의 성리설이 이황李滉의 견해와 다른 문제들을 비판하였고, 이황의 학문적 정통성을 재천명, 계승하였다.

유람 경로

1898년 5월 29일: 명주사明珠寺

5월 30일: 고개-송천松川

6월 1일: 장현長峴-오대동문五臺洞門-금강연金剛淵-월정사月精寺

6월 2일: 영감사靈鑑寺-내원內院-적멸궁寂滅宮-내원內院

6월 3일: 월정사-진부역珍富驛

번역

5월 29일. 명주사明珠寺에 이르러 오대산을 보려고 이곳에서 길을 잡았다. 다시 대은大隱과 지홍誌洪을 보니 기쁨을 알만하다.

5월 30일. 전후령前後嶺을 넘었다. 험준한 것이 구령狗嶺에 버금간 다. 송천松川에서 잤다.

6월 1일. 장현長峴[108]을 지나는데 바람이 세게 분다. 지나가던 석 갈釋喝은 기분이 상쾌하다고 한다. 오후에 오대동문五臺洞門에 도착 했다. 큰 전나무가 길을 끼고 있어 녹음이 짙게 푸르다. 갑자기 넓 게 펼쳐진 너럭바위와 밑에 맑고 깊은 물이 보인다. 금강연金剛淵이 라 한다. 금강산을 나왔을 때는 잃은 듯 슬펐는데 또 여기서 금강 金剛 연못을 만나니 매우 기쁘다. 얼마 가지 않으니 월정사月精寺다. 불당佛堂 앞에 19층 석탑이 위엄 있다. 앞 만세루萬歲樓에 고금 시인 들의 시가 많이 걸려 있다. 요사채가 벌집처럼 빽빽하니 큰 가람이 다.

6월 2일. 절에서 나와 서쪽으로 10리 가서 영감사靈鑑寺에 이르렀 다. 사책史册을 보관하고 있는 곳이다. 북쪽으로 산의 어깨를 넘었 다. 고죽苦竹이 무더기로 자라 겨우 오솔길로 가는데 잡목이 우거 져 그늘지니 햇볕이 들지 않는다. 20리 가서 내원內院에 이르렀다. 세조世祖가 일찍이 행차했었다. 지금까지 임금 계셨던 누각이 아직 도 있다. 또 10리를 올라가 지로봉地盧峯에 이르렀다. 정상에 적멸 궁寂滅宮이 있다. 금빛과 푸른빛이 빛난다. 가운데와 북쪽 벽에 채

---

108 장현(長峴): 진고개를 말한다.

색을 했고 탁자에 불상이 없다. 대장경大藏經 50 상자를 보관하고 있다. 지형이 우뚝 솟고 장엄하다. 동부洞府는 깊고 여러 봉우리가 모여 조회를 하는 것 같다. 참으로 지관이 말한 최고의 길한 땅이다. 이 산의 흙 언덕이 활처럼 높고 쌓인 기가 푸르고 무성하다. 동쪽은 만월봉滿月峰, 남쪽은 기린봉麒麟峰, 서쪽은 장령봉長嶺峰, 북쪽은 상왕봉象王峰, 가운데는 지로봉地盧峰이다. 기린봉 남쪽에 사고史庫가 있다. 만월봉에서 붉은 바다에서 떠오르는 해를 볼 수 있다. 장령봉에서 신비한 샘이 솟으니 우통수于筒水라 한다. 산 속의 물이 기린봉의 동쪽에 이르러 반야연般若淵과 금강연金剛淵이 되고 한강의 근원이 된다. 산이 차지하고 있는 것이 300리다. 이날 내원內院에서 잤다.

6월 3일. 다시 월정사에 이르렀다. 오후에 출발하여 진부역珍富驛에서 잤다.

원문

二十九日, 抵明珠, 欲觀五臺, 取路於此, 而復與大隱誌洪相見, 喜可知也,

三十日, 踰前後嶺, 險峻亞於狗嶺, 宿松川,

六月一日, 過長峴, 風大作, 行者釋喝, 爲之一快, 申抵五臺洞門, 高檜挾路, 重陰漲綠, 忽見盤石橫鋪, 下積澄泓, 名曰金剛淵, 一出金剛, 悵若有失, 又逢此金剛之淵, 令人殊喜, 行未幾, 有月精寺, 佛堂前, 十九層石塔峨峨, 前有萬歲樓, 多揭古今人詩, 僧寮呀呀, 若蜂房, 亦一大伽藍也,

二日, 出寺西十里, 至靈鑑, 太史所藏, 北踰山胛, 苦竹叢生, 僅通線逕, 雜樹交蔭, 日光不漏, 二十里至內院, 世祖嘗臨幸, 至今御樓尙在, 又上十里, 至地盧峯, 頂有寂滅宮, 金碧絢耀, 中北壁設彩, 卓, 無佛塑, 藏大藏經五十函, 地勢阧壯, 洞府邃深, 羣巒聚朝, 誠形家所謂上等吉地也, 蓋此山土岡隆崒, 積氣蔥菀, 東曰滿月, 南曰麒麟, 西曰長嶺, 北曰象王, 中曰地盧, 麒麟南, 史庫在焉, 滿月望赤海出日, 長嶺出神泉, 名于筒, 山中之水, 至麒麟東, 爲般若淵, 爲金剛淵, 爲漢水之源, 山凡盤據三百里, 是日宿內院,

三日, 復到月精, 午後發行, 宿珍富驛,

홍인우洪仁祐, 「관동록關東錄」, 『치재유고耻齋遺稿』

홍인우 洪仁祐, 1515~1554

본관은 남양南陽. 자는 응길應吉. 호는 치재耻齋. 아버지는 첨지중추부사僉知中樞府事를 지낸 덕연德演이며, 어머니는 용인이씨龍仁李氏로 사량思良의 딸이다. 서경덕徐敬德·이황李滉의 문인이다.

1537년(중종 32) 사마시에 합격하였으며, 『심경』·『근사록』·『중용』·『대학』에 전심하였다. 또한, 성리학에 조예가 깊어 당시 명인들과 강마하고 논란하였다. 노수신盧守愼과 허엽許曄은 학문하는 중에 의심나는 것이 있으면 서신이나 구두로 물었고, 김안국金安國도 그의 학행을 칭찬하였다고 한다.

어버이의 병환으로 의서를 배워 약의 처방을 알았다. 뒤에 영의정에 추증되었고, 여주의 기천서원沂川書院에 배향되었다. 저서로는 『치재집』 2권과 『관동일록關東日錄』이 있다.

유람 경로

1553년 5월 12일: 대관령大關嶺-제민원濟民院-반정현半程峴-대관령 정상-횡계역橫溪驛-독산원禿山院-성야省野-진부역珍富驛

5월 13일: 청심대淸心臺-모노현毛老峴-대화역大和驛-방림역芳林驛

번역

1553년 5월 12일.

새벽부터 아침까지 가랑비가 내렸다. 도롱이를 쓰고 대관령大關嶺 골짜기로 들어가는데, 자못 그윽하고 조용하다. 맑은 시내와 흰 바위가 있는 것이 금강산 구정봉九井峰 골짜기와 비슷하다. 세 번이나 시내를 건너 5, 6리를 가서 제민원濟民院[109]에 이르렀다. 구름과 안개가 자욱하였으므로 반정현半程峴에 이르러 말을 쉬게 했다. 우리도 서로 도롱이를 두르고 쉬었다. 고갯길은 비로 인해 여기저기 파여서 사람과 말이 엎어지고 넘어졌다. 일행에게, "안개가 멀리까지 걷히면 만 리 푸른 바다가 끝없이 바라보이며, 한송정寒松亭과 경포대鏡浦臺가 마치 내 발 아래에 있는 듯하여 호수와 바다의 즐거움이 있을 것이니 어찌 돌아보지 않겠는가?"라고 하였다.

마침내 대관령에 오르니, 비가 그쳤다. 대관령을 거쳐 서쪽으로 내려갔다. 앞뒤로 25~6리나 되는 나무 숲 그늘을 지나 큰 시내를 건너 횡계역橫溪驛에 이르러 밥을 먹었다. 산기운이 조금 흩어지는데다가 찬바람이 크게 불어오니 마치 초가을처럼 서늘해졌다. 횡계역은 바로 산등성이에 있어서 차가운 날씨가 먼저 닥친다. 4월에 얼음이 녹고 8월이면 눈이 내려, 이곳의 사람들은 다만 귀맥鬼麥만을 심어 생계를 꾸린다고 하니 참으로 딱하다. 서쪽으로 26~7리를 가서 독산원禿山院[110]을 지나 성야省野[111]에 이르렀다. 오대산五臺山을 바라보면서 십년 전의 내 행적을 찾아보고 싶었으나, 비로 인해 길이 막힐까 두려워 그냥 지나갔다. 오대천五臺川을 건넜다.

오대천의 근원은 만월봉滿月峰, 기린봉麒麟峰, 장령봉長嶺峰, 상왕봉

---

109 제민원(濟民院): 원(院)이란 공적인 임무를 띠고 파견되는 관리(官吏)나 상인(商人), 기타 여행자들에게 숙식을 제공하기 위해 요로에 원우(院宇)가 설치되어 있었다. 원(阮)은 공공적인 시설로서 전국 대·중·소로(路)에 두어 그 기능을 담당했는데, 대체로 30리마다 설치되었다. 대관령박물관이 위치하고 있던 곳에 제민원이 있었다고 한다.

110 독산원(禿山院): 유천리에 있었던 역원.

111 성야(省野): 월정삼거리가 있는 간평리를 말한다.

象王峰, 지로봉智爐峰 등 다섯 봉우리 사이에서 시작하여 30여 리를 졸졸거리면서 흘러내려와 월정사月精寺 앞에서 모여 금강연金剛淵이 된다. 다시 30여 리를 흘러 정선旌善 경계에 이르러서는 희복령希福嶺의 서쪽 시내와 합치고 여량역餘糧驛의 북쪽으로 또 100여 리를 흘러 영월군寧越郡을 지나 남쪽으로 죽령강竹領江으로 들어간다. 이 냇물이 우통수竽筒水로 서대西臺의 아래에서 처음 발원하는데 색깔과 맛이 매우 뛰어나다. 서쪽으로 수백 리를 흘러 한강으로 흘러든 뒤 바다로 들어간다. 한강이 수많은 지류를 받아들이지만 이 물이 가히 중심 줄기였다. 중국의 양자강처럼 우리나라의 대표적인 강이다. 양촌陽村 권근權近의 글에 나온다. 이날 진부역珍富驛에 이르러 묵었다.

5월 13일, 무오일

서쪽으로 7~8리쯤을 가니 길 왼쪽으로 바위 봉우리가 우뚝 서 있었고, 큰 시내가 이를 끼고 돌았다. 참으로 아름답다. 남시보를 불러, "이곳이 바로 청심대淸心臺일세."라고 하였다. 남시보가 손으로 가리키자 혜보惠寶가 혼자 올라갔다. 나와 허국선은 모노현毛老峴에 이르러 말에게 먹이를 먹였다. 남시보가 뒤따라 와서 함께 그 늘진 숲길로 들어가 20여 리를 갔다. 햇빛은 조금도 새어 들어오지 않을 정도로 숲은 짙었다. 긴 시내는 어지러이 흐르고 날짐승도 울지 않는다. 그 사이로 사람이 걸어가니 마치 천태天台의 땅에 들어온 듯하다.

7~8리를 더 가서 대화역大和驛에 이르러 밥을 먹었다. 또 30리 떨

어진 방림역芳林驛을 지나 노일路—이라는 언덕을 넘어 큰 시내를 건넜다. 이 시내의 근원은 모노현의 서쪽에서 발원한다 하였다. 서남쪽으로 40여 리를 흘러 평창平昌 북진北律이 되고, 동남쪽으로 흐르면서 평창군을 감싸고 서쪽으로 거슬현琚瑟峴을 둘러 100여 리를 흘러 죽령강竹嶺江으로 들어간다. 이날 저녁 평창군의 한 이속吏屬 집에서 묵었다.

원문

丁巳, 自曉迄朝細雨, 冒蓑入大關嶺洞, 洞壑頗幽閴, 淸川白石, 略與風岳九井峯之洞相似, 三涉川, 行五六里, 至濟民院, 雲霧晦冥, 登半程峴歇馬, 相與擁蓑而憩嶺路爲雨所齒, 人馬顚仆, 謂同行曰, 海霧長卷, 萬里滄洲, 一望無際, 寒松鏡浦, 如在脚下, 稍有湖海之樂, 豈不顧戀, 遂登嶺, 雨止, 由嶺而西下, 前後行樹陰二十五六里, 涉大川, 抵橫溪驛攤飯, 山嵐稍散, 寒風大吹, 爽如九秋, 是驛正在山脊, 天寒先至, 四月氷消, 八月下雪, 故居民只種鬼麥爲生, 甚可憐, 西行二十六七里, 過禿山院, 至省野, 望五臺山, 欲探十年之迹, 恐阻雨仍過, 涉五臺川, 川之源, 發滿月, 麒麟, 長嶺, 象王, 智爐等五峯之間, 潺湲汨瀇三十餘里, 至月精寺前爲金剛淵, 又三十餘里, 至旌善境, 與希福嶺西川合, 餘糧驛之北又百餘里, 經寧越郡, 南入竹嶺江, 蓋是川爲竿筒水, 初發西臺之下, 色味勝常, 西流數百里, 爲漢江入于海, 漢雖受衆流, 此水爲中泒, 若中國之有楊子江, 出權陽村記, 是日, 抵宿珍富驛, 戊午, 西行七八里, 路左石峯屹起, 臨大川, 頗可愛, 呼時甫曰, 此淸心臺也, 時甫揮, 惠寶獨登, 余與國善, 至毛老峴秣

馬, 時甫至, 共入樹陰, 前後行二十餘里, 天日不漏, 長川亂流, 禽鳥
不鳴, 人行其間, 疑入天台境界, 又行七八里, 至大和驛攤飯, 行三十
里, 過芳林驛, 路一峴, 涉大川, 川之源, 發毛老峴之西, 西南流四十
餘里, 爲平昌北津, 東南抱平昌郡, 西繞琚瑟峴百餘里, 入于竹嶺江,
是夕, 宿平昌郡吏家

이세구李世龜, 「동유록東遊錄」, 『양와집養窩集』

이세구 李世龜, 1646~1700

본관은 경주慶州. 자는 수옹壽翁, 호는 양와養窩. 이항복李恒福의 증손이며, 아버지는 성주목사 이시현李時顯이다. 박장원朴長遠의 문인이다. 1673년(현종 14) 진사시에 합격하고, 1685년(숙종 11) 에 음보蔭補로 경양도찰방景陽道察訪에 임명되었으나 사직하였다. 그 뒤 1695년 다시 추천을 받아 예산현감에 임명되고, 1697년 장령을 거쳐 서연관書筵官·상의원첨정尙衣院僉正·홍주목사 등을 역임하였다.

경학經學·예설禮說·역사 등에 걸쳐 박통하였다.『대학』의 물격설物格說에 대하여 이황李滉과 이이李珥의 해석이 모두 정주程朱와 다르다고 반박하고, 정심장正心章에 대해서도 이황의 해석에 비판을 가하였다. 기해예설에 관해서는 비교적 객관적인 견해를 보였다.

여러 학설을 집대성하여『가례』를 독자적으로 주석하였다. 역사에도 밝아 한사군과 삼한의 위치를 논증하는 글을 남겼다. 박세채朴世采·윤증尹拯·남구만南九萬·최석정崔錫鼎 등 소론에 속하였던 학자들과 학문적 교류가 있었다. 영의정에 추증되었고, 홍주의 혜학서원惠學書院에 제향되었다. 저서로는『양와집養窩集』13책이 있다.

유람 경로

1691년 9월 4일: 유치杻峙-고교高橋-월정천月精川-진부역촌珍富驛村-청심대淸心臺-모로원촌毛老院村

번역

1691년 9월 4일. 어지러운 나무 사이로 북쪽으로 10리 가서 유치柚峙에 이르렀다. 고개 아래서 또 5리를 가서 고교高橋[112]를 지났다. 이곳 이후로 눈이 비록 많으나 길이 막히지 않는다고 한다. 5리를 가니 평평한 뜰이다. 뜰 북쪽 길로 오대산五臺山 월정사月精寺에 이를 수 있다. 겨우 20리지만 사람이 피곤하고 말은 매우 피곤하니 힘차게 쏜 화살도 마지막에는 힘이 떨어지는 것과 같다. 형세가 들어갈 수 없어, 머리를 들어 슬퍼할 뿐이다. 2리쯤을 가서 월정천月精川[113]의 큰 다리를 건넜다. 시내는 넓지만 얕다. 우통수于筒水의 하류이며 한강의 근원이다. 오대산五臺山에 다섯 봉우리가 있는데 크고 작은 것이 서로 맞선다. 동쪽은 만월봉滿月峰, 남쪽은 기린봉麒麟峰, 서쪽은 장령봉長嶺峰, 북쪽은 상왕봉象王峰 가운데는 지로봉智爐峰이다. 중국의 오대산과 비슷하다. 우통수于筒水는 서대西臺 아래서 솟아나와 흘러가 시내가 된다. 영월寧越 여량역餘粮驛의 북쪽을 지나 죽령강竹嶺江과 합쳐지고 수백 리를 흘러가 한강漢江이 된다고 한다. 13리를 가서 진부역촌珍富驛村에서 말을 먹였다. 또 서쪽으로 15리를 가서 남쪽으로 천도遷道[114]를 건넜다. 왼쪽으로 월정천月精川을 끼고 오른쪽은 비탈이다. 청심대淸心臺를 지나는데 바위가 위태로워 올라갈 수 없다. 서쪽으로 5리쯤 가서 모로원촌毛老院村에서 잤다. 마을 앞산에서 사슴 우는 소리가 아침까지 이어졌다. 궁벽한 곳임을 알 수 있다.

---

112 고교(高橋): 평창군 유천리에 있는 높은다리를 말한다.
113 월정천(月精川): 오대천을 말한다.
114 천도(遷道)란 하천변의 절벽을 파내고 건설한 길을 말한다.

원문

　四日乙酉, 北行亂樹間十里至杻峙, 峙底又西行五里過高橋, 自此以後則雪雖多路不塞云, 行五里有平郊, 郊北路可抵五臺山月精寺, 纔二十里, 而人疲馬極, 有同強弩之末, 勢不得迤入, 矯首悵然而已, 行二里許涉月精川大橋, 川廣而淺, 是于筒水下流而漢水之源也, 五臺山有五峰, 大小相敵, 東滿月南麒麟西長嶺北象王中智爐, 似中國五臺, 于筒水湧出西臺之下, 流而爲川, 經寧越餘粮驛之北, 合竹嶺江, 流數百里爲漢江云, 又行十三里秣馬珍富驛村, 又西行十五里, 南涉遷道, 左挾月精川右有峻崖, 歷淸心臺, 巖危不上, 西行五里許宿毛老院村, 村前山鹿鳴達曉, 可知其深僻也,

송환기宋煥箕, 「동유일기東遊日記」, 『성담집性潭集』

송환기 宋煥箕, 1728~1807

본관은 은진恩津. 자는 자동子東, 호는 심재心齋·성담性潭. 송시열宋時烈의 5대손이며, 인상寅相의 아들이다. 남달리 총명하여 어릴 때부터 『태극도설』·『역학계몽』·『가례』 등을 배웠다.

1766년(영조 42) 진사가 되고 1772년 생원시에 합격하였다. 1799년(정조 23) 사도시주부司䆃寺主簿가 되고, 사헌부지평·시헌부장령·군자감정軍資監正을 거쳐 진산군수가 되었으나 병을 평계로 사직하였다. 1807년(순조 7) 형조참의·예조참판, 1808년 공조판서, 1811년 의정부우찬성에 올랐다.

당시 심성心性의 변辨으로 성리학계에서 논쟁을 벌일 때 한원진韓元震의 주장을 지지하였다. 그는 학덕을 겸비하여 조야의 존경을 받았으며, 문하에 많은 선비가 모여들었다. 저서로는 『성담집』이 있다. 시호는 문경文敬이다.

유람 경로

1781년 8월 14일: 대화大和-모로현毛老峴-청심대淸心臺-민가

8월 15일: 유현杻峴-횡계橫溪-대관령大關嶺-오봉사五峰祠

번역

1781년 8월 14일. 날씨가 어둡고 차갑다. 새벽에 길을 나서 대화大和-강릉 땅이다. 강릉부에서 150리 떨어져 있다-에서 아침을 먹었다. 모로현毛老峴[115]-강릉 땅이다. 강릉부에서 125리 떨어져 있다-을 넘어 5리 쯤 가니, 뚝

---

115 모로현(毛老峴): 진부와 평창을 잇는 모릿재를 말한다.

끊어진 산등성이에 기이한 바위가 말머리에 불쑥 솟아 있는 것이 보인다. 나도 모르게 기쁨이 솟구쳐서 고삐를 당겨 말에서 내리고 돌 비탈을 따라 오른쪽으로 갔다. 좁은 길이 경사가 심하고 미끄럽다. 신을 벗고 옷깃을 풀어헤치고 어렵게 정상에 이르렀다. 바위는 널찍하여 앉아서 쉴 만하고, 돌부리는 나란히 솟아 서서 기댈 만하다. 열 길 푸른 절벽과 주변의 맑은 시내를 굽어보니 매우 마음에 든다. 다만 거주하는 사람들이 즐겁게 노는 곳이 아니라, 지나가는 사람들이 잠시 쉬는 곳이라는 점이 아쉽다.

군술君述이 저 멀리 앞서 가고 자유子有는 뒤에 쳐져서 좇아온다. 홀로 오랫동안 이리저리 거닐었다. 어떤 사람을 만나 물으니, 청심대清心臺라고 한다. 청심대가 이름을 얻은 것이 잘 어울린다. 오대산의 우뚝 솟은 여러 봉우리들이 시야에 들어온다. 청심대는 오대산을 방위하는 문일 것이다. 기이하고 기이하다.

저녁에 오대산 자락 아래 마을 민가에 투숙하였다. 순사巡使가 임금의 명을 받들어 사실史室[116]을 살피기 위하여 월정사月精寺에 머무르고 있다는 말을 들었다. 이곳에서 월정사까지의 거리는 10여 리다. 군술君述은 이미 절을 향하여 떠났다. 주인은 어리석은 백성인데, 메조로 만든 떡을 내어 놓는다. 설에 먹는 메떡으로 만든 떡과 비슷하다. 옆에 맑은 꿀 한 그릇을 놓아두었는데, 참으로 산중의 별미다.

산을 둘러싸고 있는 소나무는 하늘까지 솟아 해를 가린다. 지나온 길을 보니 옆으로 몇 십 리에 걸쳐 이어져 있는데, 모두 황장목으로서 베지 못하게 금지하여 가꾸는 것이다. 관동의 오대산·동쪽의 포월봉蒲月

---

116 사실(史室): 오대산사고를 말한다.

峰, 남쪽의 기린봉麒麟峰, 서쪽의 장령봉長嶺峰, 북쪽의 상왕봉象王峰, 중앙의 지로봉知爐峰 등 다섯 봉우리가 빙 둘러 늘어서 있다-은 본래 금강산과 설악산의 절경에 버금간다고 한다. 이제 오대산 아래를 지나면서도 일에 구애되어 월정사에 들어가 금강연金剛淵을 보고, 산 정상에 올라 사방을 굽어보며, 여러 승경지를 구경하지 못한 것이 매우 아쉽다. 등불 아래에서 봉암鳳巖의 『해산록海山錄』[117]을 펼쳐 보니, 오대산의 장엄함을 크게 칭찬하고 있다. 선배의 번성한 자취를 이을 수 없어서 더욱 아쉽다.

8월 15일. 새벽에 비가 내려 먼지를 씻어 내렸다. 일찍 출발하여 유현柚峴을 넘는데, 북쪽 넘어 몇 십 리는 들판이 황량하고 산기슭이 민둥민둥하다. 바다가 가깝고 지대가 높아 거센 바람이 항상 불고, 혹독한 서리가 일찍 내려서 그렇게 된 것이다. 영서 지방은 근래 자주 흉년이 들었는데, 전부 다 바람과 서리의 해를 입어서 그렇다. 이번 가을 추수 또한 이미 서리를 맞아서 태반이 열매를 맺지 못하였다. 보고 있자니 너무 시름겹고 참담하다.

횡계橫溪-강릉 땅이다. 강릉부에서 60리 떨어져 있다-에서 아침을 먹었다. 관사 안은 순찰사의 행차를 맞이하느라 매우 분주하다. 잠시 앉아 있는데도 괴롭다. 남여를 타고 대관령大關嶺을 넘었다. 대관령은 전체 길이가 20여 리가 넘고, 매우 험준하다. 일찍이 지리지를 살펴보고 대강을 알았지만, 이제 보니 진실로 그러하다. -지리지에는 "대관령은 부府의 서쪽 45리에 있으니, 곧 주州의 진산鎭山이다. 여진女眞 땅의 장백산長白山으로부터 종횡으로 구불구불 남쪽으로 내려와 동해 가에 웅거하고 있는 것이 몇 개인

---

117 『해산록』은 봉암(鳳巖) 채지홍(蔡之洪)이 남당(南塘) 한원진(韓元震), 병계(屛溪) 윤봉구(尹鳳九)와 함께 관동지역을 유람하고 기록한 것이다.

지 헤아릴 수 없다. 그러나 이 고개가 가장 높다. 좁은 길이 산허리를 돌아 모두 아흔 아홉 굽이를 이루고 있다. 서쪽에 서울과 통하는 큰 길이 있다."라고 했다. 또 이렇게 적혀 있다. "원읍현員泣峴이 고개의 허리 부분에 있는데, 세상에서는 한 관원이 벼슬이 갈려서 강릉으로 가다가 이곳에 이르러, 굽어보며 슬프게 눈물을 흘렸던 까닭에 원읍員泣으로 이름 지었다."고 한다. 산의 중턱에 도착하니 띠풀로 지은 집이 있다. 견여를 멈추고 잠시 쉬었다. 강릉의 바다와 산이 모두 한 눈에 들어온다. 경포鏡浦와 송담松潭 같은 아름다운 곳도 행인이 손으로 가리켜 주니 뚜렷하여 지척에 있는 것 같다. 아아! 장엄하구나.

평탄한 땅에 내려와 고개의 정상을 바라보니 거의 하늘의 구름과 맞닿아 있다. 실제로 오르기 어렵다는 탄식이 있을 만하다. 더하여 동서 지세의 높낮이가 현격하게 다르다는 것을 알았다. 횡계 사람 중에 '지대가 매우 높아 겨울이면 눈이 몇 길이나 쌓인다'고 말하는 자가 있는데, 과연 빈 말이 아니다. 고개 아래에 있는 너럭바위와 폭포의 승경은 길옆에서도 특별히 볼 만하다. 10여 리를 가서 역로驛路를 버리고 서쪽으로 방향을 바꿨다. 시내를 건너 1리 정도 들어가 오봉사五峰祠-구산 서원丘山書院-를 찾아 배알하고 영정을 살펴보았다.

일찍이 한수재寒水齋[118]가 어떤 사람에게 준 편지를 보니, "강릉의 구산 서원은 공자의 진영을 받들었는데, 다만 향을 피우고 네 번 절할 뿐 음식을 차려 예를 올리는 의식은 행하지 않는다."고 적혀 있는데, 옛날에 소장했던 진영이 바로 이 검은 비단에 그린 그림인지 알 수가 없으며, 경건하게 제향을 받든 것이 언제 시작되었는지도 알 수 없다.

---

118 한수재(寒水齋): 권상하(權尙夏, 1641~1721)의 호. .

오봉사 앞으로 시내가 흘러가는데, 다섯 봉우리가 시내의 남쪽을 둘러싸고 있다. 산과 골짜기는 자못 그윽하고 깊으며, 고개 아래로 물이 동문洞門을 돌아 지나간다. 바위와 대臺, 못이 또한 매우 아름답다. 이곳은 골짜기로 들어갈 때 건너야 하는 곳이다. 골짜기를 나와 몇 마장馬場을 가서 역촌驛村에서 잠시 말에게 먹이를 먹고, 저녁에 부府에 도착하였다. 지나온 시내와 평원, 우물과 촌락은 좋은 낙토樂土로 거주할 만하다.

원문

十四日陰冷, 曉發朝飯大和, 江陵地, 距府百五十里, 踰毛老峴, 江陵地, 距府百二十五里, 行五里許, 見斷岡奇巖, 突兀馬首, 不覺聳喜, 乃控轡而下, 緣磴而右, 微遄仄滑, 脫鞋披襟, 艱抵于巓, 巖臺盤陀, 可坐而憩, 石角駢矗, 可立而倚, 十丈翠壁, 一帶晴川, 俯臨極可愛, 所恨實非居人碩蒘之所, 徒爲行者小歇之處也, 君述在前已遠, 子有落後追至, 獨盤桓良久, 逢人問之則曰淸心臺, 臺之得此名宜矣, 五臺數峯, 嶙岣入矚, 此臺卽其捍門也歟, 奇哉奇哉, 暮投五臺山支麓下村民家, 聞巡使以史室奉審, 方留月精寺, 此去月精爲十餘里, 君述已向寺裏去矣, 主人卽一蚩氓, 供以黃粱餠, 如歲時白粳餠樣, 傍置一器淸蜜, 儘山中別味也, 環山松木, 參天蔽日, 歷路所見, 橫亘數十里, 盡是黃腸禁養矣, 關東之丑臺山, 東蒲月南麒麟西長嶺北象王中智爐, 五峰環列, 素稱亞於金剛雪岳之勝, 今夏過山之下, 而事有掣碍, 未得入月精寺, 觀金剛淵, 登臨絶頂, 撫玩諸勝, 令人極悵失, 燈下披看鳳巖海山錄, 極稱五臺之壯, 尤恨不能續先輩盛躅也,十五日曉雨浥塵, 蚤發踰杻峴, 自北以後數十里, 原野蕭條, 岡麓童濯, 盖近海地高, 獰風恒作, 嚴霜早墜而然耳, 嶺西之頻年失稔, 專由風霜災, 今秋稽事, 亦已被霜, 太半不實, 見甚愁慘, 朝飯橫溪, 江陵地, 距府六十里, 舘中將迎巡行劇紛囂, 暫坐亦覺苦惱也, 籃輿踰大關嶺, 嶺之兩垂遠可二十餘里而極險峻, 嘗按地誌而槩知之, 今見之良然, 誌云在府西四十五里, 卽州之鎭山, 自女眞之長白山, 縱橫邐迤, 延袤南蟠, 據東海之濱者不知其幾, 而此嶺最高, 有徑縵廻山腹凡九十九曲, 西通京都之大路也, 又云員泣峴在嶺之腰, 世傳有一員遞官江陵而還到此, 顧瞻悽然泣下, 因有此峴名, 行到中半, 有茇舍, 停輿少憩, 江陵海山, 都入一眺, 如鏡浦松潭諸佳處, 行人指點, 歷歷如咫尺間, 壯哉, 及下到平易地, 回瞻嶺頭, 殆接雲霄, 實有難上之歎, 可見嶺之東西地勢高深懸殊, 橫溪人以爲地極高爽, 每冬雪深數丈云者, 果非虛語也, 嶺底盤石瀑流之勝, 傍路殊可觀, 行十里許, 捨驛路西折, 涉水而入一里約, 祇謁五峯祠, 丘山書院, 奉審影幀, 嘗見寒水齋與人書有曰, 江陵丘山書院奉先聖眞像, 只行焚香四拜之禮, 而未有俎豆之儀, 未知舊時所藏, 卽此黑絹粉繪, 而其虔奉妥享, 始在何歲也, 一川橫帶院前, 五峯環列川南, 丘壑頗幽夐, 嶺下水繞過洞門, 巖臺潭泉亦甚佳, 卽入洞時所渡處也, 出洞行數馬塲, 暫秣驛村, 暮抵府下, 所經川原井落, 儘樂土可居矣,

송병선宋秉璿, 「동유기東遊記」, 『연재집淵齋集』

송병선 宋秉璿, 1836~1905

본관은 은진恩津. 자는 화옥華玉. 호는 연재淵齋·동방일사東方一士. 송시열宋時烈의 9세손이며, 송면수宋勉洙의 맏아들이다. 1877년(고종 14) 태릉참봉에 제수되었으나 나아가지 않았다. 그 뒤 여러 번 벼슬을 내렸으나 나가지 않고 몸과 마음을 닦는 데 힘을 쏟았으며, 도학을 강론하는 일에만 몰두하였다.

1905년 11월 일제가 무력으로 위협하여 을사조약을 강제 체결하고 국권을 박탈하자 두 차례의 「청토흉적소請討凶賊疏」를 올렸다. 그러나 이에 대한 비답이 없자 상경하여 고종을 알현하고 을사오적을 처형할 것, 현량賢良을 뽑아 쓸 것, 기강을 세울 것 등의 십조봉사十條封事를 올렸다. 을사오조약에 대한 반대운동을 계속 전개하려 하였으나 경무사 윤철규尹喆圭에게 속아 납치되어 대전으로 호송되었다. 그 해 음력 12월 30일 국권을 강탈당한 것에 대한 통분으로, 황제와 국민과 유생들에게 유서를 남겨 놓고 세 차례에 걸쳐 다량의 독약을 마시고 자결하였다.

유람 경로

1868년 윤4월 1일: 대관령大關嶺-반정半程 주막-정상-월정거리-주막
윤4월 2일: 청심대淸心臺-인락원仁樂院-모로현毛老峴-대화점大化店

번역

강릉江陵부터 영월寧越까지 기록하다.

1868년 윤4월 1일. 대관령大關嶺을 넘는데 지세가 험준하다. 밑에서부터 정상까지 거의 30리다. 기암괴석이 이리저리 뒤섞여 있어 잘 가린 후에야 발을 디딜 수 있다. 시냇물은 길 좌우를 따라 끊임없이 이어지고, 나무는 춤을 추는 듯 해를 가린다. 험해서 나아갈수록 더욱 우러러보니 자와 같이 곧게 올라간 길이 몇 리 된다. 뒷사람은 앞 사람의 신발 밑을 보고 앞사람은 뒷사람의 머리 위를 보니, 목구멍과 입술이 타는 듯해서 열 걸음에 한번 쉰다. 비스듬한 양의 창자 같은 길에 의지해서 고개 허리에 이르니 반정半程[119] 주막이 있다. 끝없는 바다를 보니 가까워 누르며 임하는 것 같다. 경호鏡湖의 모습은 반대로 잔의 물 같다. 어제 배를 타고 물을 따라 오르내린 곳이 좁은 것을 알겠다. 나무 그늘에서 앉아 쉬면서 술을 가져오게 해서 갈증을 해소했다.

또 7~8리를 올라가 정상에 올랐다. 길이 비로소 평탄해지고 순흙이라 돌이 없다. 미수瀰水[120]에 비유한다면 번화한 거리와 다름이 없다. 대개 단발령斷髮嶺, 안문재雁門岾, 구현狗峴 등 여러 고개는 모두 지금 여행에서 지나온 곳인데 험준한 것으로 이름이 있는 것은 마땅히 이곳보다 낮다. 고개 꼭대기 나무숲은 아직 활짝 피어나지 않았다. 거의 이른 봄의 기후 같다. 대개 기후는 지대가 높은 것에서 말미암은 것으로 강릉과 현격히 다르다. 30여리를 가서 월정月精거리[121]에 이르렀다. 이곳은 대관령 밑보다 아래다. 해가 이미 기

---

119 반정(半程): 강릉 쪽 구산역과 서울 쪽 횡계역의 중간 지점이어서 반정이라고 일컫던 곳이다. 옛 영동고속도로 옆에 위치하고 있다.

120 미수(水); 미시령을 말한다.

121 월정(月精)거리: 간평리에 있는 월정삼거리를 말한다.

울어 주막에 들려 머물렀다.

윤4월 2일. 월정사月精寺에 들어가 국사國史를 보관한 것을 보고 오대산五臺山에 올라 삼연三淵[122]이 말한 네 가지 아름다운 승경[123]을 보려고 했으나 행장을 넣은 주머니가 비었다. 진陳나라에서 아주 어려운 지경에 처했던 공자孔子의 탄식[124]이 없지 않아서 마음을 따를 수 없다. 지금 수천 리를 여행하면서 두루 돌아다녔으나 홀로 설악산雪嶽山과 오대산五臺山에 갚지 못한 부채가 있다. 조물주가 원만圓滿한 것을 미워해서 일부러 하나의 잘못된 속세의 일을 남겨 뒷날 다시 오게 하는 바탕을 삼으려는가? 지나는 길에 청심대淸心臺에 올랐는데 시내를 임해 우뚝 솟았고 위에 바위 두개가 높고 험하다. 모습은 매우 기괴하니 하나의 가산假山이라 할 수 있다. 인락원仁樂院[125]에서 점심을 먹고, 모로현毛老峴[126]을 넘는데 매우 험하다. 저녁에 대화점大化店[127]에 도착했다.

원문

自江陵至寧越記

閏月戊申朔, 踰大關嶺, 地勢峻險, 自趾至頂, 殆過三十里, 怪石交

---

122 삼연(三淵): 김창흡의 호.

123 네 가지 아름다운 승경: 삼연 김창흡은 오대산의 아름다움을 산이 중후하여 유덕한 군자와 비슷한 점, 초목이 우거져 속인(俗人)이 찾아오기 드문 점, 암자가 깊은 숲속에 자리 잡고 있어 곳곳에서 수도할 만한 점, 샘물의 맛이 아주 좋은 점을 들었다.

124 공자(孔子)가 열국(列國)을 주유하다가 진(陳)에서 식량이 떨어지고, 시종하는 사람들이 병들어 곤란을 겪었다는 고사.

125 인락원(仁樂院): 청심대 서쪽에 있는 역원 마을.

126 모로현(毛老峴): 평창 대화와 진부 사이에 있는 모릿재를 말한다.

127 대화점(大化店): 평창군 대화리에 있던 주막.

錯, 擇而後可投足, 澗水屬路, 左右不絶, 樹木偃蹇, 亘蔽天日, 其峻也愈進愈仰, 如丈尺直上者爲幾里, 後人見前人履底, 前人見後人頂上, 咽疲脣焦, 十步一休, 而賴其羊腸逶迤, 到嶺腰, 有店曰半程, 海見無際, 近似壓臨, 鏡湖一面, 反如盂泓, 昨之舟行沿洄者, 知其窄矣, 坐憩樹陰, 呼酒救渴, 又上七八里到頭, 路始坦夷, 純土無石, 比諸瀾水, 無異康莊, 蓋斷髮鴈門狗峴諸嶺, 皆今行所經歷, 而以險峻有名, 然當在此下風矣, 嶺巓林木, 尙未敷榮, 殆如早春氣候, 蓋風氣, 因其地高而懸殊也, 行三十餘里, 抵月精街, 是下嶺之底, 而日已含山矣, 投店宿,

　己酉, 欲入月精寺, 觀國史之藏, 登五臺山, 究見三淵所稱四美之勝, 而行橐垂乏, 不無在陳之歎, 未能從心, 今行數千里, 遊歷殆遍, 而獨於雪嶽五臺, 爲未了之債, 豈造物惡其圓滿, 故留一障塵業, 以爲後日重來之資耶, 歷路登淸心臺, 臨溪阧峻, 上有兩石嵯峨, 形甚奇怪, 可當一假山矣, 午炊仁樂院, 逾毛老峴, 亦甚險巇, 暮抵大化店,

성해응成海應, 「오대산五臺山」, 『연경재전집研經齋全集』

성해응 成海應, 1760~1839

폐쇄적인 성리학 연구방법을 비판하고 고증학적 방법론에 입각하여 한학과 송학의 결합을 주장했으며, 경학에 대한 많은 저술을 남겼다. 본관은 창녕昌寧. 자는 용여龍汝, 호는 연경재研經齋. 포천 출생. 할아버지는 찰방 성효기成孝基이고, 아버지는 부사 성대중成大中이다. 1783년(정조 7) 진사가 되었고, 1788년에는 규장각검서관이 되었다. 규장각에 근무하면서 각종 서적을 광범위하게 섭렵했고, 이덕무·유득공·박제가 등의 북학파 인사들과 교유하여 학문의 기초를 마련했다. 1790년 왕이 규장각에 명하여 『춘추좌씨전』을 편찬했는데, 이에 깊이 참여하여 권수의 범례를 작성했다. 1801년(순조 1) 통례원인의로 옮겼고, 금정찰방을 거쳐 1803년 음성현감을 지냈다. 1813년 정조의 어제를 간행할 때 3차례 규장각에 들어갔다. 1815년 사직하고 고향으로 돌아와 학문에만 정진했다.

그는 당시 성리학자들이 오직 의리만을 숭상하고 주자朱子와 정이 형제의 학설만을 금과옥조로 여겨 다른 학설을 모두 배척하고, 심지어 사문난적으로 공격하는 학문적 풍토를 개탄하면서 이에 대신하여 한학과 송학을 합하여 그 요점을 함께 잡아 박문약례의 교훈에 돌아갈 것을 주장했다. 즉 그는 한학의 훈고고증과 실사구시의 방법에 입각하여 송학의 궁구심성과 담론의리의 철학을 결합할 것을 주장했다. 이에 따라 편견을 좇지 않고 선인들의 정론을 과감히 받아들였으며, 정확한 견해가 아니면 취하지 않았다. 그는 체계를 갖춘 큰 역사 저술은 남기지 않았으나 우리나라의 사전과 지리, 중국의 역대 제왕, 명말청초의 조선과 명·청과의 관계, 선만국경, 풍속과 법제, 경제에 대한 자료를 남겼다. 저서로『연경재전집研經齋全集』이 있다.

번역

오대산은 강릉부江陵府 서쪽 120리 거리에 있다. 설악산의 남쪽을 차지하고 있는데 높고 웅장하며 깊다. 다섯 봉우리가 빙 둘러싸고 있기 때문에 오대五臺라 일컫는다. 북쪽에 상왕봉象王峰과 지로봉地爐峰 두 봉우리가 있고, 남쪽에 기린봉麒麟峰, 동쪽에 만월봉滿月峰, 서쪽에 장령봉長嶺峰이 있다. 산세가 서로 대등하게 맞서서 비슷하다.

오대 중에 상왕봉이 가장 높은데 꼭대기가 비로봉毗盧峯이다. 다음으로 높은 것은 북대北臺다. 비로봉의 남쪽으로 지로봉이 있고, 지로봉 꼭대기는 중대中臺다. 산세가 깊고 공기가 맑으며 날짐승과 길짐승의 자취가 없으니 산에서 지극한 곳이다. 아래에 사자암獅子庵이 있는데, 우리 태조가 기원을 드리던 사찰이다.

북대 동남쪽에 만월봉滿月峰이 있다. 꼭대기는 동대東臺다. 동쪽으로 푸른 바다가 보이며 북쪽으로 설악산과 마주한다. 상왕봉의 서남쪽은 장령봉長嶺峰이며 꼭대기는 서대西臺다. 동남쪽은 기린봉麒麟峰이며 꼭대기는 남대南臺다.

영감사靈鑑寺는 남쪽 기슭에 있는데 국사國史를 비장하고 있다. 상원사上院寺는 지로봉 동쪽 기슭에 있는데 요조窈窕라 일컫는다. 동쪽에 큰 나무가 있는데 줄기와 가지는 붉고 잎은 전나무와 비슷하다. 서리가 내리면 잎이 시든다. 이 나무를 노삼老杉이라 하는데, 어떤 이는 비파나무枇라 한다.

상원사에서 중대까지 오르는 길이 5리이며, 북대를 오르는 길은 또 5리가 된다. 서쪽으로 장령봉을 오르는 길이 10리며, 다시 남쪽으로 10리를 가면 월정사月精寺다. 월정사 위는 관음암觀音庵인데 서쪽으로 종봉鐘峰과 마주하고 있다. 종봉은 장령봉 서남쪽에 있으며 흙이 많고 바위가 적으며 노송나무가 많다. 서대에서 발원한 샘을 우통수于筒水라 하는데 한송정寒松亭의 선정仙井과 함께 신령스러운 샘으로 일컫는다. 우통수는 한강의 발원이다. 동대에서 발원한 것은 청계淸溪며 북대에서 발원한 것은 감로甘露다. 남대에서 발원한 것은 총명聰明이며 중대에서 발원한 것은 옥계玉溪다. 산 속의 모든 계곡에서 나오는 물은 합해져서 반야연般若淵이 되고 월정사 아래에 이르러서 금강연金剛淵이 된다.

원문

五臺山, 在江陵府西一百二十里, 據雪嶽之南, 高大深邃, 五峯環列, 故謂之五臺, 北象王. 地爐兩峯, 南麒麟峯, 東滿月峯, 西長嶺峯, 其勢相敵, 莫肯下, 象王之臺最高峻, 其絶頂爲毗盧, 其次爲北臺, 毗盧之南地爐, 地爐之上爲中臺, 山深氣淸, 無鳥獸跡, 山之極也, 下有獅子菴, 我太祖願刹也, 北臺之東南爲滿月, 其頂爲東臺, 東望滄海, 北對雪嶽, 象王之西南爲長嶺, 其上西臺, 其東南爲麒麟, 其上南臺, 靈鑑寺在南麓, 以藏國史, 上院在地爐之東麓, 以窈窕稱, 其東大木枝榦赤葉類檜, 霜隕則葉凋, 謂之老杉, 或曰枇也, 由上院登中臺五里, 又登北臺五里, 西登長嶺十里, 靑溪十五里, 南臺十里, 又南十里月精, 月精上觀音, 西對鐘峯, 鐘峯在長嶺西南, 多土少石, 木多檜, 其泉之發於西臺者曰于筒之水, 與寒松. 仙井幷稱靈泉, 爲漢江之源, 其發於東臺者爲淸溪, 其發於北臺者爲甘露, 其發於南臺者爲聰明, 其發於中臺者爲玉溪, 山中衆谷之水, 合爲般若淵, 至月井下爲金剛淵,

유몽인柳夢寅, 「제감파부묵유금강산록후題紺坡副墨遊金剛山錄後」,
『어우집於于集』

유몽인柳夢寅, 1559~1623

문장가 또는 외교가로 이름을 떨쳤으며 글씨에도 뛰어났다. 야
담집 〈어우야담〉의 지은이로 유명하다. 본관은 고흥. 자는 응문應
文, 호는 어우당於于堂·간재艮齋·묵호자默好子. 사간 충관忠寬의 손
자이며 진사 당欓의 아들이다.

1589년 증광문과에 장원급제했으며, 1592년 수찬으로 명나라
에 다녀오던 중 임진왜란이 일어나 평양까지 선조를 모시고 따라
갔다. 임진왜란을 겪는 동안 명나라 관원을 상대하는 외교적인 임
무를 맡아 일했다. 광해군 시절에는 북인에 가담했으나 인목대비
유폐에 찬성하지 않는다 하여 배척되었다. 그뒤 벼슬을 버리고 고
향에서 은거하던 중 대제학에 추천되었으나, 거절했다. 이로 인해
1623년 인조반정 때 화를 면할 수 있었으나 그해 7월 현령 유응경
이 광해군의 복위를 꾀한다고 무고하여 아들 약瀹과 함께 사형되
었다.

그의 깨끗한 이름을 기려 전라도 유생들이 문청이라는 사시를
올리고 운곡사雲谷祠에 봉양했다. 신원된 뒤 나라에서 의정義貞이라
는 시호를 내리고 운곡사를 공인했으며 이조판서에 추증했다. 저
서로는 야담집『어우야담』과 시문집『어우집』이 있다.

번역

금강담金剛潭은 강릉江陵의 대관령 서쪽 오대산五臺山 월정사月精

寺 아래에 있다. 높이는 백 척이며 둘레는 수십 척 되는 푸른 전나무가 오륙 리 서있다. 금강담은 십 묘畝쯤 되며 깊이는 한 자를 넘는다. 폭포가 수십 척 높이에서 쏟아져 내리면서 못에 방아를 찧는다. 열목어 수백 마리가 그 속에서 꼬리를 물고 헤엄친다. 매번 봄 3월 복숭아꽃이 필 때 열목어는 스스로 꼬리를 물고 한 번에 뛰어서 금강담 위로 올라갈 수 있는데 펄쩍 뛰며 서로 잇는다. 어떤 것은 올라가기도 하고 어떤 것은 오르지 못하기도 하지만 모두 활발하게 누가 더 나은가를 다툰다. 참으로 제일 기이한 볼거리다. 산에 다섯 봉우리가 있다. 우통수牛筒水는 상원암上院菴 아래서 나오는데 한강의 근원이다. 중국 사신 기순祈順[128]의 제천정濟川亭[129] 시에 이르길, '오대산 물줄기가 하늘에서 온 것이네'가 바로 이것이다.

원문

金剛潭在江陵嶺西五臺山月精寺下, 蒼檜高百尺圍數十尺者立立五六里, 潭可十畝, 深過仞, 瀑數十尺飛瀉春于潭, 有餘項魚數百尾游泳其中, 每春三月桃花時, 魚能自銜其尾, 一躍之, 登其潭上, 撥剌相繼, 或過或不及, 皆洋洋爭長, 眞第一奇觀, 山有五峯, 牛筒水出上院菴下, 實漢江之源, 祈天使順濟川亭詩曰, 五臺川脈自天來卽此也,

---

128 1476년(성종7) 1월, 명나라 사신 기순(祈順)과 장근(張瑾)이 황태자 책봉을 알리는 조칙을 반포하기 위해 나왔다. 이때 서거정은 원접사(遠接使)가 되어 압록강까지 마중을 나갔으며, 한 달쯤 뒤에 다시 그들을 배웅하기 위해 황해도까지 갔다.
129 제천정은 한강(漢江) 북쪽 언덕에 있었다고 한다.

허목許穆, 「오대산기五臺山記」, 『기언記言』

허목 許穆, 1595~1682

조선 후기 때인 17세기 후반 군주권 강화를 통한 정치·사회 개혁을 주장했던 문신. 본관은 양천, 자는 화보, 문보, 호는 미수, 대령노인으로 1660년 인조의 계비인 조대비의 복상문제로 제1차 예송이 일어나자 당시 집권세력인 송시열 등 서인이 주장한 기년복(만 1년상)에 반대하고 자최삼년을 주장했다. 1675년 덕원에 유배 중이던 송시열의 처벌문제를 놓고 강경론을 주장하여 온건론을 편 탁남과 대립, 청남의 영수가 되었다. 남인이 실각하고 서인이 집권하자 관작을 삭탈당하고 고향에서 저술과 후진교육에 힘썼다.

번역

한계산寒溪山 동쪽이 설악산雪嶽山이고 설악산 남쪽이 오대산인데, 산이 높고 크며 골짜기가 깊어 산 기운이 최대로 쌓인 것이 다섯 개이므로 오대五臺라고 부른다. 최북단은 상왕산象王山으로 산이 매우 높고 험준하며, 정상은 비로봉毗峯이다. 그 동쪽 두 번째로 높은 봉우리가 북대北臺이며 감로정甘露井이 있다. 비로봉 남쪽이 지로봉地爐峯이고, 지로봉 위가 중대中臺인데 산이 깊고 기운이 맑아 조수鳥獸가 살지 않는다. 승 효례曉禮가 이곳에 무상불無像佛을 모셨으니, 이곳이 가장 깊은 산중이라고 한다. 중대에서 조금 내려오면 사자암獅子庵이 있는데 우리 태상신무왕太上神武王[130]이 창건한 것으

---

130 태상신무왕(太上神武王): 태조를 가리킨다.

로, 참찬문하부사參贊門下府事 권근權近에게 명하여 사자암기獅子庵記를 짓게 하였다. 옥정玉井이 있는데 아래로 흘러 옥계玉溪가 된다.

북대 동남쪽이 만월봉滿月峯이고, 그 북쪽이 설악산이다. 만월봉의 정상이 동대東臺이고, 동대에서 흐르는 물이 청계靑溪가 된다. 동대에 올라 붉은 바다에서 떠오르는 해를 바라보았다. 상왕산 서남쪽이 장령봉長嶺峯이고, 그 위가 서대西臺이다. 서대에는 신정神井에서 샘물을 길어오는데 이를 우통수于筒水라고 이르는바, 한송정寒松亭의 선정仙井과 함께 영험 있는 샘으로 알려져 있다. 장령봉 동남쪽이 기린봉麒麟峯이고, 그 위가 남대南臺다. 그 남쪽 기슭에 영감사靈鑑寺가 있는데, 이곳에 사책史册을 보관하고 있다. 상원사上院寺는 지로봉 남쪽 기슭에 있으니, 산중의 아름다운 사찰이다. 절의 동쪽 구석에 큰 나무가 있는데, 가지와 줄기가 붉고 잎은 전나무와 비슷하다. 서리가 내리면 잎이 시드는데 노삼老杉이라 부르며, 비파枇杷나무라고도 한다.

상원사를 구경하고서 중대에 오르기까지 5리이고, 또 북대에 오르기까지 5리이며, 서쪽으로 장령봉에 오르기까지 10리이다. 청계까지는 15리이고, 남대까지는 10리이며, 또 남쪽으로 10리 지점에 월정사月精寺가 있다. 월정사 위가 관음암觀音庵이다. 서쪽으로 종봉鍾峯과 마주하여 굽어보고 있는데, 종봉은 장령봉 서남쪽에 있다. 이상은 가장 큰 것을 들어 기록한 것이다.

이 산은 흙이 많고 돌이 적으며, 나무는 전나무가 많다. 산중의 물이 합류하여 큰 내가 되는데, 남대 동쪽 계곡에 이르러 반야연般若淵이 되고 월정月井 아래에 이르러 금강연金剛淵이 된다.

원문

寒溪東爲雪嶽, 雪嶽南爲五臺, 山高大深邃, 山氣最積者五, 謂之五臺, 其最北爲象王山, 極高峻, 其絶頂爲毗盧峯, 其東次峯爲北臺, 有甘露井, 毗盧南地爐, 地爐上爲中臺, 山深氣淸, 無鳥獸, 釋子曉禮無像佛於此, 此最極也, 中臺少下, 有獅子庵, 我太上神武王所建也, 命參贊門下近, 作獅子庵記, 有玉井, 下流爲玉溪, 北臺東南爲滿月, 其北雪嶽, 滿月絶頂爲東臺, 東臺之水, 爲靑溪, 登東臺, 望赤海出日, 象王西南爲長嶺, 其上西臺, 西臺汲神井, 謂之于筒之水, 與寒松仙井幷稱靈泉, 長嶺東南爲麒麟, 其上南臺, 其南麓有靈鑑寺, 藏史於此, 上院, 在地爐南麓, 山中佳寺, 東隅有大木, 枝幹赤, 葉類檜, 霜隕則葉凋, 謂之老杉, 或曰枇也, 遊上院, 登中臺五里, 又登北臺五里, 西登長嶺十里, 靑溪十五里, 南臺十里, 又南十里月精, 月精上觀音, 西與鐘峯, 相對而俯, 鐘峯在長嶺西南, 此擧其最大者識之, 山蓋多土少石, 山木多檜, 山中之水合流爲大川, 至南臺東墅, 爲般若淵, 至月井下, 爲金剛淵,

허목許穆, 「오대산기五臺山記」, 『기언記言』

허목 許穆, 1595~1682

조선 후기 때인 17세기 후반 군주권 강화를 통한 정치·사회 개혁을 주장했던 문신. 본관은 양천, 자는 화보, 문보, 호는 미수, 대령노인으로 1660년 인조의 계비인 조대비의 복상문제로 제1차 예송이 일어나자 당시 집권세력인 송시열 등 서인이 주장한 기년복(만 1년상)에 반대하고 자최삼년을 주장했다. 1675년 덕원에 유배 중이던 송시열의 처벌문제를 놓고 강경론을 주장하여 온건론을 편 탁남과 대립, 청남의 영수가 되었다. 남인이 실각하고 서인이 집권하자 관작을 삭탈당하고 고향에서 저술과 후진교육에 힘썼다.

번역

오대산은 창해蒼海의 서쪽 140리 지점에 있다. 오대산 북쪽은 설악산으로 옛 예맥獩貊 지역이다. 산이 높고 크며 골짜기가 깊어서 기운이 쌓인 것이 많은 바, 상왕象王·지로智爐·청계靑溪·장령長嶺·기린麒麟 등 다섯 개의 산이 있고, 정상에 모두 대臺가 있어서 오대五臺라고 부르는데, 인적이 멀리 떨어져 있으며 바위 봉우리가 아득히 높다. 청계靑溪의 동대東臺에서 붉은 바다에서 떠오르는 해를 바라본다. 상왕봉 남쪽이 지로봉인데, 가장 깊은 산속에 있어서 맑은 기운이 많아 조수鳥獸가 살지 않는다. 도인道人 효례曉禮가 이곳에 무상불無像佛을 모셨으니, 이곳이 가장 깊은 산중이라고 한다. 기린봉의 영감사靈鑑寺는 사책史冊을 보관하고 있는 곳이다. 장령봉의 우통수于筒水는 영험 있는 샘이라고 알려져 있는데, 산중의 물과

합류하여 기린봉 동쪽 골짜기에 이르러 반야연般若淵이 되고, 월정
月井 아래에 이르러 금강연金剛淵이 되니, 한강의 발원지이다.

원문

五臺, 在蒼海西百四十里, 其北雪嶽, 古獩貊之域, 山高大深邃, 多
積氣者, 象王, 智爐, 靑溪, 長嶺, 麒麟五山, 絶頂皆有臺, 謂之五
臺, 人跡絶遠, 巖岫杳冥, 靑溪東臺, 望赤海出日, 象王南智爐, 最在
山中, 多灝氣, 無鳥獸, 道人曉禮無像佛於此, 此最極云, 麒麟靈鑑,
太史所藏, 長嶺于筒之水, 稱神泉, 與山中之水合流, 至麒麟東墅, 爲
般若淵, 月井下爲金剛淵, 漢水之源,

찾아보기